检察调研指导

2019年检察理论研究年会专辑

2019年

贵州省人民检察院／编

JIANCHA
DIAOYAN
ZHIDAO

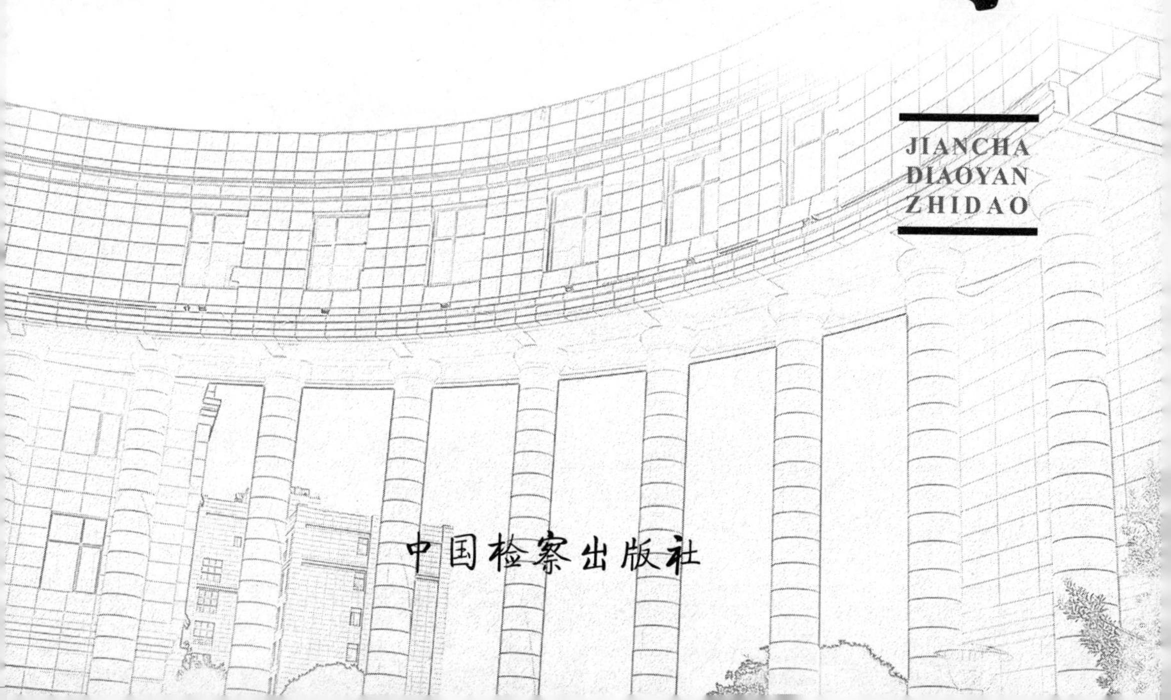

中国检察出版社

目　录

刑事检察

民事检察

公益诉讼检察

未成年人检察

控告申诉检察

司法体制改革

刑事检察

“放权不放任”实现途径探索

——以公诉工作为视角

杨 滨 刘 茗*

习近平总书记在党的十八届三中全会上提出，要推进国家治理体系和治理能力现代化。法治作为国家治理最高效的方式，依法治国就必然成为提高国家治理体系和治理能力的题中之义。而要真正使依法治国的方式发挥到最优势的作用，前提是保障司法公正和公信力，所以国家必须进行司法体制改革。司法责任制是司法体制改革的“牛鼻子”，要求法官、检察官在授权范围内依法独立行使职权，做到“谁办案，谁决定，谁负责”，用明晰司法责任主体的方式来保证执法公正。而落实司法责任制的关键在于做到“放权不放任”，这才是决定司法体制改革成败的重要因素。

一、“放权不放任”的背景及意义

司法责任制改革后，检察权运行已经从“三级审批制”转向“授权清单制”，结束了公诉职权行使的同步“流程监督”时代。以前的“三级审批制”既是一种办案模式，也是一种内部办案监督模式，检察官没有独立行使职权的权力，要完成案件的办理，需要通过层层审批，这就使得在对案件作出处理决定的同时，也对办案质量实现了同步的内部管控。“三级审批制”是一种工作推进与内部监督同时进行的工作模式，每个环节都发挥着完成案件办理和监督案件办理的作用，但同时又因每个环节都由不同的人在

---

* 作者单位：贵州省遵义市人民检察院。

发挥着相应的作用，而导致责任主体模糊，如果案件出现问题无法追责。而“授权清单制”则是通过制定授权清单，明确列明检察官可以独立行使的职权范围，并选择部分符合条件的检察官依照授权清单依法独立行使职权，并要求其对所作出的决定负责。修订的《人民检察院组织法》第29条规定：检察长可以将部分职权委托检察官行使，可以授权检察官签发法律文书，这即是“授权清单制”办案模式的法律依据。这样的办案模式无疑提高了诉讼效率，但却缺乏监督机制。我们无法保证每一个被授权的检察官都具有很高的执法水平，不会出现认定事实错误或法律适用错误等问题，也不能保证在没有监督的情况下，每一个检察官在执法过程中始终做到公正廉洁。

检察权的运行主体不是检察院而是检察官，但在突出检察官主体地位的同时，如何防止“放权之后灯下黑”，做到既鼓励行使职权担当作为，又有力约束权力任性妄为，真正实现“有权必有责，行权受监督”，所以检察官权力滥用是我们迫切需要解决的课题。我们既不能走老路退回到“审批制”，又必须要在新路上行稳致远，我们需要探索新的监督机制来确保下放权力的同时不放松监督、提高效率的同时不降低案件质量，新的监督机制的建立就变得十分的必要和迫切。

二、“放权不放任”的实现模式

以前检察机关的办案模式有完善的监督机制，但没有明确的责任主体。而在司法责任制改革的要求下，检察官独立行使相应职权，由此明确了责任主体，但却缺乏对权力行使同步监督的有效机制。于是我们应积极思考检察官独立行使职权的有效监督模式，实现“放权不放任”，目前各地检察机关有以下几种监督模式探索，笔者在此一一进行探讨。

（一）双主体办案制

双主体办案制是指一个案件由两个检察官（或办案组）办理，其中一个检察官是实质的案件承办人（称“第一承办人”），履行法定的办案职权，实际负责推进案件诉讼进程；另一个检察官是案件办理监督人（称“第二承办人”），虽然也同样办理案件，但办案不是为了履行诉讼法律职责，而是验证第一承办人的案件办理结果是否公正、正确。第二承办人的办案目的是内部监督，在办案过程中可以简化程序，重点在于实体处理。

双主体办案模式是一种在检察官独立行使职权的改革背景下有探索性的内部监督制度设想，该制度的施行能够达到监督承办人案件办理质量、效果的目的，但也存在不少弊端。一是该制度实际运行的成本高。一个案件检察机关要安排两个承办人来办理，内部自行增加了双倍工作量，付出的成本代价太高。二是无法保证第二承办人的办案水平。该制度设计要达到有效内部监督有一个必要前提，那就是第二承办人的办案水平一定大于第一承办人，无论是在证据审查水平还是在法律适用能力上，只有第二承办人的水平大于第一承办人，才能真正起到后者验证前者正误的目的。但在实际业务中，承办人的办案水平高低缺乏衡量标准。三是双主体办案模式下，责任主体再次被模糊。既然一个案件有两个承办人来办理，若两个承办人的意见不一致，以谁的意见为准？若第一承办人依据第二承办人的意见作出了另外的决定，导致案件质量出现问题，该由谁来负责？

（二）专门力量监督制

1. 案管监督制

检察机关案件管理部门重要职责中的一项就是对检察机关所办理的案件进行案件质量评查与监督，对案件进行一种事后监督。由此，在司法体制改革后，在有的地方仍由案件管理部门对检察官独立行使职权进行监督，只是将以往的"事后监督"变为"动态监督"与"事后监督"相结合。即案管办的检察官通过在统一业务系统上适时查看案件承办检察官的办案情况及进程，监督案件承办检察官案件办理程序是否规范、实体处理结果是否正确。

这样的监督模式也是探索实现"同步监督"的一种途径，但在实际效果上同样存在问题，一是所谓的"动态监督"仅仅是案管办的检察官通过办案系统查看办案流程、文书、案卡的方式，了解案件承办人的办案情况，这样的"了解"是有限甚至是局限的，最多也只能掌握到案件办理的程序是否出现问题，而对案件实体处理的监督仍然是滞后的。二是案件管理部门属于检察机关的内部监督、管理部门，案管办的检察官与长期在一线办案部门的承办人相比，由于缺乏丰富的实际业务经验，实际上站在高于承办人的监督角度来评判一线办案部门检察官对案件作出的处理决定的正误。但若将长期在一线办案的业务骨干调到案件管理部门承担监督职责，不但得不偿失，也同样会存在脱离实际办案经验能力水平退化的问题。

2. 检务督察制

检务督察部门是监察体制改革后，检察机关内部进行机构改革，而成立的涵盖"党务、业务、事务"三大监督内容的检察机关内部执纪部门。更名转型后的检务督察要求在司法办案活动中监督聚焦业务，通过开展司法责任制追究，强化对检察官执行法律、法规情况的督查，从而强化对检察权运行的监督制约，保证检察人员依法履职，公正司法。

从职责上看，检务督察部门可以发挥对检察官独立行使职权的监督作用。但根据司法体制改革人员分类管理的要求来看，检务督察部门的检察人员属于司法行政岗，由司法行政岗的检察人员来监督被选拔出来的具有较高业务水平的员额检察官办案，在认定事实、法律适用是否正确的实体处理结果的评判上，很难让人信服。同时，这种监督模式，同样使责任主体丧失，同样存在若被监督人与监督人意见相左，被监督人依照监督人的意见作出决定，案件处理结果由谁负责的问题。而最为关键的是，它仍然是一种无法同步监督的监督方式，很难达到“放权不放任”的监督效果。

（三）检委会监督制

检察委员会是审议、研究检察机关重大工作事项，讨论、决定重大案件的重要机构。有人提出，在司法责任制的要求下，检察官独立行使职权不能是“无监督状态下的空转”，仍然要在检察机关内部形成有效的监督机制。要做到有效，就要有内部的权力机构来行使监督权。检察委员会能够代表检察机关的最高办案水平，也能够通过本身的决策方式——民主集中制来保证案件办理的公正、廉洁。

检察委员会虽然是检察机关的常设机构，但检察委员会主要职责在于研究、讨论检察机关办理的重大案件，对于检察官独立承办的普通刑事案件，检察委员会不可能“案无巨细”的全方位进行监督，更不可能每案均在检委会上进行讨论、研究、督查，所以通过检察委员会内部督查的方式，来实现案件办理质量的监督，虽然解决了监督人办案水平不如实际案件承办人的问题，但仍然存在监督成本高，监督无法全覆盖的问题。

（四）重要办案环节事项公示制

重要办案环节事项公示制是指以公诉案件办理的关键环节为节点，以独立行使公诉职权容易出现办案风险的裁量情形为案件质量内部监督内容，结合科学的内部控制方式，来监督检察官在授权清单内独立行使职权。该制度要围绕检察机关作出案件处理实体、程序决定的环节，对重要办案环节作出明确界定，结合司法实践实际，对容易出现办案风险的情形作具体化的规定，合理设计“环节”，规定“事项”，再结合行之有效的“控制方式”，以此保障公诉案件的质量。

该制度是现阶段最好的“放权不放任”的实现方式，它能够合理运用检察机关的人力资源，保证司法责任制改革稳步推进，在几乎不增加成本的情况下，达到案件办理内部监督、质量内部控制的效果。上述讨论的三种监督机制存在一个共同的不可行的原因，即没有把监督融合到办案流程中去，导致监督成本高、效率低，责任主体模糊。而重要办案环节事项公示制，解决了这些问题，能够切实可行的在“授权清单制”的办案模式下，做好职权独立行使的监督。

三、遵义市检察院对“放权不放任”工作机制的探索与反思

司法责任制改革后，遵义市人民检察院为贯彻落实检察官职权划分要坚持“突出主体地位与强化监督制约相统一”的原则，以公诉工作为切入点，为切实加强对公诉案件承办检察官的监督制约，于2017年4月5日制定并印发了《遵义市人民检察院公诉案件质量控制办法（试行）》（以下简称《质量控制办法》），在全市检察机关贯彻执行。

（一）《质量控制办法》的主要规定

1. 公诉案件质量控制的方式

《质量控制办法》规定对公诉案件的质量控制主要强调对案件质量的风险防控，是确保案件质量、防范冤假错案的预防性措施，不以此妨碍检察官独立行使办案职权。案件质量控制与案件管理部门的案件流程监督、案件评查等监督手段相互配合，共同发挥作用，实现对案件质量的全方位管控。公诉案件质量控制分为“起诉前控制”“起诉后控制”“检察长审核监督”三个环节。案件质量控制采取承办人主动申报、部门负责人重点审核，必要时由检察官联席会、检察长、检委会综合实施监督的方式进行。

“起诉前控制”包括“拟作出非法证据排除决定，且排除后会影响定罪量刑的案件”，“拟决定提起公诉，但审查结论增加、减少、改变了侦查机关（部门）移送审查起诉的罪名、犯罪事实、法定量刑情节的案件”，“危害国家安全犯罪案件、暴恐案件、邪教组织案件、黑社会性质组织案件、涉港澳台及外国人、无国籍人犯罪案件”及“拟建议改判或建议发重审的二审案件、拟撤回抗诉的案件”等六种情形；“起诉后控制”包括“拟变更起诉、撤回起诉的”，“法院判决认定的事实、罪名、刑罚与审查起诉环节的审查意见或发表量刑建议不一致，又拟提出不抗诉意见的”等三种情形；“检察长审核监督”是指检察长可以根据检察官联席会议讨论情况、部门负责人反映的情况，审核监督相关案件，若检察长不同意承办检察官处理意见的，可以进行审核监督，并视情况要求复核、审核、提交检委会审议、直接决定改变意见。

2. 公诉案件质量控制的内部程序

办案部门的负责人作为审核人对纳入质量控制范围的案件进行审核，可以采取阅卷、阅读案件审查报告、与案件承办人沟通交流等方式进行，审核人要提出明确的审核意见，填入案件质量控制审核表。审核人对案件的审核情况纳入执法业绩档案，作为其执法业绩的考核内容。审核人同意案件承办人意见的，由承办人按照办案授权清单进行处理；审核人在审核过程中，可视情况决定召集办案部门检察官联席会议，并由承办人将会议讨论情况写入案件质量控制审核表。审核人不同意案件承办人意见或认为有必要的，可以将审核情况报告分管副检察长，由分管副检察长决定是否召集办案部门检察官联席会议，或提请检察长决定召开跨部门的检察官联席会议，或按程序决定提交本院检察委员会讨论决定。属于检察长审批权限范围内的案件，审核人审核完毕后，由案件承办人将案件质量控制审核表层报至检察长。

3. 公诉案件质量控制的执行与责任

承办检察官对于审核意见和检察官联席会议讨论意见，可以参考、可以与审核人沟通，是否改变案件原意见应当由承办检察官自主决定。但对于检察长的决定、检委会的决议应当执行。承办检察官坚持个人意见处理案件确有错误，导致错案的，应当按照“谁办案谁负责、谁决定谁负责”的原则，启动司法责任的认定与追究程序。应当申报填写案件质量控制审核表而不申报填写的，对承办检察官要实施问责并启动对该案的重点评查。

（二）《质量控制办法》发挥的作用

《质量控制办法》将监督融合到了办案流程之中，是一种可持续、有效率的监督方式。通过程序筛选，明晰了检察长、检察委员会监督的对象，使监督更具针对性，也更有效果。同时，通过明确要求承办人申报的相关事项，具体规定申报内容的处理由检察官联席会、检察长、检察委员会把关，实现了案件处理的集思广益，在重大案件、案件重要环节的处理上，超越了检察官个人的知识、经验、智慧的狭隘，弥补了个人业务水平及案件处理能力的不足，用集体智慧的决策真正保障了案件质量。该《质量控制办法》的施行，对保障检察官公正、廉洁也起到了相应的作用，因为案件办理仍然存在同步监督，检察官个人行使职权不敢任意妄为；又因为案件不一定是检察官个人能够“一竿子插到底”，相对人收买检察官的难度、成本都增加，在一定程度上减少，甚至杜绝了司法不廉洁的行为。

《质量控制办法》在全市检察机关执行以来，很好的解决了在司法体制改革后“放权不放任”的问题，理顺了“放权与监督”的关系，在实行检察官独立办案的情况下，部门负责人、分管领导仍然能够较为清楚的掌握员额制检察官的案件办理情况，科学的对区域内的案件进行控制和指导，有针对性的对员额制检察官办理的案件进行监管，并可以通过检察官联系会议制度等进行把关，及时发现和纠正案件问题，确保案件质量。这个创新的案件内控举措，以办案主体为中心，界定了办案职权和权力行使的正确方式，在保障员额检察官独立行使办案职权的同时，增强了员额检察官的责任意识，提高了员额检察官对案件定性准确把握的能力，同时督促员额检察官提出精准量刑建议，提高案件的量刑建议采纳率。在"放权"的情况下，仍然确保检察机关对法院审判活动、裁判结果的有效监督。

《质量控制办法》在全市检察机关施行以来，凡通过该内控机制进行把关的案件，仅一件撤回起诉案件，无拟判无罪、生效无罪案件发生，基本上实现了"凡诉即判"。没有发生该抗诉而未抗诉的案件，也未发生检察官办案过程中出现不廉洁的行为。

（三）对《质量控制办法》的问题总结与反思

施行以后，全市仍出现了撤回起诉案件，通过对此类案件进行评查分析，我们发现这些案件均不属于《质量控制办法》所规定的内控情形，在起诉前、起诉后均未进行质量内控，如"二次发回重申的案件""拟判无罪案件""重大、敏感类案件"等，这就说明现试行的《质量控制办法》对于应当进行质量内控的案件情形并未充分列明，需要根据工作实际进行进一步完善。如《质量控制办法》并未对"检察长审核监督"的具体案件类型进行明确，导致该项规定的适用及执行效果不理想。为更好的使检察长对全院办案的集中统一领导，在下一步的工作中，我们将对"检察长审核监督"的相关规定进行完善，力求充分发挥检察长对案件质量的把控与监督作用。

同时，为提高《质量控制办法》在实际运行过程中内部控制的能力，切实保障案件质量，我们还将增设动态听取意见和检察官惩戒相关规定。动态听取意见包括反映检察官廉洁情况的渠道、处理反馈办法等，保障检察官在办理案件过程中廉洁、公正。检察官惩戒并非是对处理结果的惩戒，而是针对检察官的司法行为，是检察官的行为责任要求。对出现质量问题的案件，对检察官的司法行为进行倒查，明确责任，并提出进一步的规范意见。

对经济行为失范刑事认定的界限把握

张　宇　李　丹　王　嫡*

从犯罪学的角度看，犯罪变迁史某种程度可以管窥社会发展史。法律所强调的稳定性，必然相伴而生的是其滞后性。法从其诞生伊始，便滞后于社会发展，但是在社会转型幅度较大的时期，这种滞后效应被进一步放大。随着改革开放程度的加大，市场经济出于动态发展之中，各种业态模式不断创新，刑法相关规定出现不相适应之处。客观而言，这是造成民营企业家犯罪案件增多的因素。典型的如改革开放前后的投机倒把罪的认定，回过头看，这几乎就是市场经济运行最直接的模式。如果我们以历史和发展的眼光来审视司法进程，还是应该得到必要的启示，那就是立法总会受其时代限制，但是作为司法者而言，是否该以适度超前的视角来看待经济发展所涌现出的问题和现象，对趋势保有必要的敏感性和洞察力。尤其作为调整社会关系最为严肃的刑法而言，更应该在对经济行为的调整中保持其应有的谦抑性和该当性。正如陈兴良指出："从根本上说，各种经济关系与经济矛盾还是通过市场的自发调整得以解决，过分严厉的刑罚与市场经济的内在逻辑本身是矛盾的。"①

当然，要看到在构建市场经济体制的背景下，完善法律是健全市场经济秩序的重要内容，但也必须正视经济行为失范亦是经济发展的必然产物，"失范，是行为为既有系统所不容，但是失范标示社会演化并推动社会改新，如果所有的行为都是中规中矩，那么表明社会始终是在封闭系统内重复而没有改新，亦无法促动规范更新。"② 如将经济失范行为皆纳入刑法规制，将导致人们的经济行为动辄受咎，难以充分展现市场经济的创新活力。社会应对经济失范行为的手段是多元的，"在立法上出现了对经济活动领域的一

* 作者单位：贵州省安顺市人民检察院。

① 陈兴良：《走向哲学的刑法》，法律出版社 1999 年版，第 468 页。

② 刘忠：《读解双规》，载《中外法学》2016 年第 1 期。

些无序、失范行为，在没有取得规律性认识，没有动用民商法、经济法和行政法手段予以有效调整的情况下，就匆忙地予以犯罪化，纳入刑罚圈的现象，是刑罚的触须不适当地伸入到经济活动的某些领域”。[①] 具体到经济刑法，面对破坏经济秩序的行为，并不意味着可以不经慎重地选择就加以犯罪化。[②] 当前，司法实践中应对以下问题审慎把握。

一、项目申报不实与诈骗界分

这些年来，各级政府投入到相关领域的项目资金均较多，从各地纪检监察机关通报的情况和司法情况查处的情况看，存在的问题不少，其中有一个较为突出的问题就是申报不实，包括申报主体的资格、申报主体的资质、申报主体的实力等方面存在隐瞒夸大甚至弄虚作假的情况。特别是随着脱贫攻坚地深入，国家对“三农”支持力度的加大，不少地方出现了认定为骗取国家农业补贴的案件。对这类案件的处理，应当准确把握政策精神，严格区分诈骗犯罪与项目申报中行为违规的界限，避免刑事打击扩大化。

在诈骗罪的认定上，张文中无罪案件已经给出了明确的司法意见。该案原一、二审判决认为其构成诈骗罪的主要理由就是物美集团作为民营企业不具有申报2002年国债技改贴息项目的资格，物美集团不属于国债技改贴息资金支持范围，存在虚假不实申报，而再审认定无罪的理由是物美集团有资格申报2002年国债技改贴息项目，张文中等人在物美集团申报项目过程中，虽然存在违规行为，但未实施虚构事实、隐瞒真相以骗取国债技改贴息资金的诈骗行为，并无非法占有国债技改贴息资金的主观故意，不符合诈骗罪的构成要件。“在刑法上，诈骗与欺诈是两个不同的概念，诈骗的成立要求行为人客观上虚构或者隐瞒了作为取得财物之对价的关键事实，且主观上具有非法占有的目的。不是行为客观上带有一定的欺骗性就是诈骗。”[③]

值得注意的是，张文中案件的再审判决认可了作为民营企业的物美公司具有该项目申报的主体资格，而在实践中，相关情形则更为复杂。如我们办理的多起案件中，发现当前扶贫攻坚项目一般要求以农业合作社为主体进行申报，且需要农业合作社具有一定数量的农户参与，以实现带动共同脱贫致

① 储槐植：《罪刑矛盾与刑法改革》，载《中国法学》1994年第5期。

② 林东茂：《危险犯与经济刑法》，五南图书出版公司1996年版，第74页。

③ 袁彬：《民营企业产权刑法保护的司法出罪路径及其扩张》，载《法律适用》2018年第12期。

富的目的。实践中，由于对于零散农户的整合较为困难等因素，有的民营企业或个人就采取组织成立农业合作社，以小利说服农户签字但并不实际参与经营，或直接提供虚假的农户参与的签字进行项目申报，并获得相关项目资金或补贴；有的完全不从事农业生产，但虚假申报获得补贴。对这些情况需要具体甄别对待，结合实际我们认为可区分三种情形分别对待：

（一）不该享有而享有

企业或个体完全不从事该产业经营开发，或者所从事的经营开发项目不属于享受国家补贴的范围，而采用伪造材料的方法骗取国家相关补贴，涉嫌构成诈骗罪。

（二）可以享有但不达条件

企业或个体实际从事可享有国家补贴的产业经营开发项目，但因主体资质、实力等达不到政策规定的享有补贴的条件，而弄虚作假申领国家补贴，但申领后全部或主要用于该项目经营开发的，应属于补贴申报中的违规行为，不应当以诈骗罪定性。对违规获取的补贴，可由相关部门按规定收回、责令经营者整改以符合补贴条件并进行行政处罚。

（三）具备条件但夸大申报

企业或个体实际具备享受国家补贴的条件，但弄虚作假夸大申报的范围和数额，并获得超出应得的补贴，该情形要结合获取超额补贴的比例数量、用途来具体判定，如尽管获得超额补贴，但相较正常补贴比例不大且全部或主要用于该项目经营开发的，不宜以犯罪论处。

二、行政因素介入对入罪的影响

任何事物都有其存在所依托的环境。在市场经济不断发展的过程中，处处都可见到作为“看得见的手”的政府调控、审批、管理、引导、扶持的存在，由于政策变化，利益驱动、部门衔接、地方保护等因素的介入，对市场主体的经营行为往往也会产生直接的影响。作为司法办案，不能视而不见予以简单屏蔽，对涉及的相关案件中，要注重从预见性、有责性等方面予以综合考量。典型的如在开展生态环保检查、公益诉讼检察等工作中，发现较为突出的问题是不少地方存在项目违规提前上马，先建设后审批，先排放后治理、先用地后办证、先砍伐后修复等情况，甚至有的项目一直处于无证违规建设运行状态，因为政策变化等原因完善手续遥遥无期。如果仅就该企业未办理手续违规占用农地、砍伐林木的行为和数量看，这些企业和企业主不少都达到入罪的标准，但这样处理的却就过于简单，因为这些行为很多在当时是经过地方政府研究并认可的，有的还在办理手续过程中，有的则是因为涉及多头管理而部门之间的要求不衔接甚至存在矛盾冲突是的企业难于把握，必须具体分析妥善处理，尤其是在主观归责方面要充分考虑当时片面强调发展的背景和公权力介入的因素。

如在办理一起违规占用农村集体土地建设经营性公墓的案件中，的确该民营企业尚没有在民政部门取得建设经营性公墓的许可，且按照相关规定，且农村自建公墓应用于本村人员的安葬。仅从客观上看，该企业实际已占用土地进行建设，并对土地进行了破坏，涉嫌构成非法占用农用地罪。但在案证据也反映，对于该企业在此地建设公墓一事，村里组织开过会决定并以村的名义入股、所在乡镇开会进行过专题研究同意其施工，并上报过相关资料给县有关部门，县政府对此也明确知晓并开会进行过协调，我们认为对于该行为不宜简单的入罪处理，应当从后续手续完善、妥善补救的角度先做好工作。又如一起涉民营企业与当地政府国有平台公司正式签订合作协议，对当地某地块进行合作开发，证据反映当地政府对此认可和支持，后该民营企业按照协议自筹资金进行开发过程中，因土地手续问题被上级有关部门发现并启动调查，后公安机关以非法占用农用地罪立案侦查，后检察机关依法作出不起诉处理。

这两起典型案件中，主要是政府认可并支持实施的情形。在田某非法占用农用地罪案件中，则反映法律规定不衔接和部门管理冲突的问题，这在实践中也较为常见。简言之，田某与王某及当地村委会签订转承包合同而获得甲县某乡一责任山的经营管理权，此前一直为王某承包。田某后到甲县国土局办理了《采矿许可证》，并正式成立采石场，类型为个人独资企业。之后田某又办理了《安全生产许可证》，开始进行矿山开采一系列经营活动直至案发，甲县森林公安局以非法占用农用地罪对田某经营的采石场立案侦查。① 本案存在的一个重要问题是相关法律规定的冲突，根据森林法及其实施条例的规定，用地单位开采矿藏要占用、征用林地的，要向县级以上林业主管部门提出用地申请，并按照标准预交森林植被恢复费，领取使用林地审核同意书后才能办理建设用地手续。但《土地管理法实施条例》对于办理《采矿许可证》并没有要求先行办理建设用地许可的规定。“田某按照甲县

---

① 李涛：《合法经营的采石场未办理征占用林地审批手续是否当然构成非法占用农用地罪》，载《法制博览》2016 年 11 月（上）。

国土局的审批要求办理了《采矿许可证》及其他相关的《安全生产许可证》、工商营业执照等，同时在甲县国土局缴纳了因采矿而用于被破坏矿山地质环境的恢复费用。因此，田某经营采石场是否需要办理‘占用土地’的手续因为部门法的不同规定和甲县国土局与甲县林业局的执法冲突导致其法律义务上的冲突而难以履行。”① 该类案件通过行政手段处理更为适宜。

三、合理界定行贿罪“不正当利益”

认定行贿罪最为关键的是作为构成要件的“为谋取不正当利益”。最高法、最高检2008年发布的《关于办理商业贿赂刑事案件适用法律若干问题的意见》规定：“在行贿犯罪中，‘谋取不正当利益’，是指行贿人谋取违反法律、法规、规章或者政策规定的利益，或者要求对方违反法律、法规、规章、政策、行业规范的规定提供帮助或者方便条件。在招标投标、政府采购等商业活动中，违背公平原则，给予相关人员财物以谋取竞争优势的，属于‘谋取不正当利益’”；2012年发布的《关于办理行贿刑事案件具体应用法律若干问题的解释》规定：“行贿犯罪中的‘谋取不正当利益’，是指行贿人谋取的利益违反法律、法规、规章、政策规定，或者要求国家工作人员违反法律、法规、规章、政策和行业规范的规定，为自己提供帮助或者方便条件。违背公平、公正原则，在经济、组织人事管理等活动中，谋取竞争优势的，应当认定为‘谋取不正当利益’。”以上规定较为原则，在实践中理解和运用有扩大化的倾向，如有实务者提出“只要是向司法机关、行政执法机关工作人员行贿的，都属于‘谋取不正当利益’；几乎所有商业活动、人事任免活动中发生的利益都可以评价为‘不正当利益’；只有那种依据正当程序必然获得的确定利益，才有可能成为‘正当利益’。”②

对此，我们认为，实践中的情形是复杂多样的，我国一直以来是大行政权模式，行政权几乎覆盖社会经济方方面面，无论在项目建设、资格审批、资金拨付、监督检查等各个领域和环节，即便是在行政合同或行政主体与民营企业的民事交易、合作中，其身份也往往是其实质处于控制和主导的地位。对此，我们认为在认定“不正当利益”的问题上有几点值得重视：

---

① 李涛：《合法经营的采石场未办理征占用林地审批手续是否当然构成非法占用农用地罪》，载《法制博览》2016年11月（上）。

② 苗有水：《解读刑法上的“谋取不正当利益”》，载《人民法院报》2018年4月11日。

（一）“为谋取不正当利益”是主观要件，但需要结合客观证据判断

根据法条和解释，行贿罪的“为谋取不正当利益”体现为行为人的主观意图，但案件办理中要结合客观事实进行判断，不能仅凭办案人员想当然去推测认定，一是结合证据审查行贿人要求提供的帮助是否违反法律、法规、规章、政策和行业规范的规定或违背公平、公正原则。二是在实际已谋取到利益的情况下，结合该利益是否属于不正当利益来判定。从张文中案中单位行贿再审改判无罪的理由中已充分体现该要旨——在向李某公司支付500万元上，认定物美集团与粤财公司最终股权交易价格，是在粤财公司挂牌转让未果的情况下经多次谈判确定，且高于物美集团提出的受让价格，物美集团没有获取任何不正当利益。[①] 三是贿赂手段本身不是认定“不正当利益”的依据。否则立法对该类犯罪规定“不正当利益”的要件没有独立存在的意义。

（二）不应太过宽泛理解“谋取竞争优势”

对于是否“谋取竞争优势”，要结合具体经济行为予以认定，当前事件中存在较大分歧的是在建设工程领域，因受到经济下行、地方负债高等因素影响，不少地方政府或平台公司发包的项目工程普遍存在结款难的问题，除正常的催要方式外，民营企业主往往为结款事宜托人寻求帮助，其中也出现以贿赂方式通关以顺利结款。典型的如任某某行贿案。任某某通过时任聊城市政府副秘书长的胡某给东阿县交通局打招呼，帮助李某讨要修路款，送给胡某好处费现金6万元。山东省冠县人民法院于2017年2月作出判决，未认定此事实构成犯罪。后经审判监督程序指令再审判决构成行贿罪，其理由之一是：“虽然催要修路款本身是合法的，任某某也未获得任何利益，但是任某某找到时任聊城市政府副秘书长的胡某给相关人员打招呼，在同样索要修路款的平等主体中谋取了竞争优势。”苗有水认为：“结算工程款虽然是合法行为，但不是一种确定的可得利益”，[②] 进而认同讨要工程款属于“谋取竞争优势”。

我们认为，应当具体分析案件中讨要工程款是否符合合同约定，如果符合，则不存在竞争优势的问题，因为依照合同履行确定义务乃市场经济之应

---

① 参见张文中案件再审判决书。

② 苗有水：《解读刑法上的“谋取不正当利益”》，载《人民法院报》2018年4月11日。

有规则，何来竞争之说。如果此时不存在第三方也同样有主张债务履行的情况，更谈不上竞争一说。在张文中案件中，同样体现对谋取竞争优势需具体判断的精神。再审判决对在给赵某的30万元好处费上，认定物美集团与国旅总社经多次谈判后就股权转让达成一致，其间没有第三方参与股权收购，不存在排斥其他买家、取得竞争优势的情形，双方的交易没有违背公平原则。① 值得重视的是，2018年11月最高检出台的《充分发挥检察职能为民营企业发展提供司法保障——检察机关办理涉民营企业案件有关法律政策问题解答》（以下简称《检察机关涉企简答》）虽未直接指出对本问题的意见，但也明确企业为开展正常经营活动而给付“回扣”“好处费”的行为涉嫌行贿犯罪的，具有因国家工作人员不作为而不得已行贿等情形的，要依法从宽处理，并强调因被勒索给予国家工作人员以财物，没有获得不正当利益的，不能认定为行贿犯罪。

（三）不能仅因为存在挂靠行为而认定为利益不正当

自改革开放始，在建设工程等领域“挂靠”现象就一直存在。尽管《建筑法》明确禁止挂靠行为，该法第26条规定“禁止建筑施工企业超越本企业资质等级许可的业务范围或者以任何形式用其他建筑施工企业的名义承揽工程。禁止建筑施工企业以任何形式允许其他单位或者个人使用本企业的资质证书、营业执照，以本企业的名义承揽工程”。但在实践中并没有得到很好执行。不得不正视的是，在资质审核较严，社会建设需求大，相关有资质企业有资质但无力广泛开拓市场的情况下，挂靠方式的灵活性的确在一定程度上迎合了经济建设的需求，也使得其至今仍是存在或变相存在于建设开发领域的一种常态。最高人民法院《关于审理建设工程施工合同纠纷案件适用法律问题的解释》时并没有直接将该行为定义为“挂靠”，而是表述为“借用”，并明确借用人的诉讼地位和法律责任。最高人民法院研究室《关于如何认定以“挂靠”有关公司名义实施经营活动并让有关公司为自己虚开增值税专用发票行为的性质》征求意见的复函中，也明确挂靠方以挂靠形式向受票方实际销售货物，被挂靠方向受票方开具增值税专用发票的，不属于刑法第二百零五条规定的“虚开增值税专用发票”，实际上对挂靠行为予以客观确认。② 实践中，曾有行贿案件仅因为民营企业或个体系挂靠后

① 参见张文中案件再审判决书。

② “确认”是中性词，并无肯定和认可的意义，只是承认在该形式的客观存在并在法律关系中予以实事求是的对待。

正常中标并从事项目建设，后仅以其系挂靠违反相关规定，进而认定其取得并实施项目建设行为本身就是不正当利益。这种认定是不正确的，实质上反映司法与现实的脱节。

四、对于口袋和兜底罪名的限缩认定

司法实践中，对于非法经营罪的适用曾出现泛化随意的情况，2013 年最高法下发《关于准确理解和适用刑法中“国家规定”的通知》，严格限定非法经营罪中“国家规定”的范围，并要求各级人民法院审理非法经营犯罪案件“对被告人的行为是否属于《刑法》第 225 条第（四）项规定的‘其他严重扰乱市场秩序的非法经营行为’，有关司法解释未作明确规定的，应当作为法律适用问题，逐级向最高人民法院请示”。很大程度上严格了非法经营罪的法律适用，根本上遏制了非法经营罪口袋化的趋势。2016 年王力军收购玉米案再审判决无罪，更是从实质危害性的角度对非法经营罪的认定予以明确。最高人民法院再审裁定指出：“在司法实践中适用该项规定应当特别慎重，相关行为需有法律、司法解释的明确规定，且要具备与前三项规定行为相当的社会危害性和刑事处罚必要性，严格避免将一般的行政违法行为当作刑事犯罪来处理。”① 陈光中对此所言：“市场经济的本质属性要求刑法对经济自由保持谦抑性的价值取向。国家对于经济领域进行调整，对于介入方式、程度应慎重，以惩罚必要性为原则，尽量限制和减少刑罚权的适用。”② 在非法经营罪去口袋化的同时，有两个罪名却在一段时间以来当有成为兜底罪名的趋势，即骗取贷款罪成为认定贷款诈骗罪不能的兜底、非法吸收公众存款罪成为认定集资诈骗罪不能的兜底，值得高度重视。

（一）防止骗取贷款罪简单唯结果和数量论

贷款诈骗罪作为金融诈骗类犯罪，和其他一般诈骗犯罪相同，都要求具有非法占有目的，而骗取贷款罪与其相较，则没有此要件要求，从刑法的罪状表述“以欺骗手段取得银行或者其他金融机构贷款、票据承兑、信用证、保函等，给银行或者其他金融机构造成重大损失或者有其他严重情节的行为”来看，构成该罪关键在于两点：一是用欺骗行为取得贷款；二是并给金融机构造成重大损失或有其他情节严重。而根据最高人民检察院、公安部

① 参见王力军非法经营案再审裁定书。

② 《“玉米收购案”个案监督明确兜底款项适用条件》，载中国新闻网，www.chinanews.com/sh/2017/02-18/8153084.shtml。

《关于公安机关管辖的刑事案件立案追诉标准的规定（二）》规定，以欺骗手段取得贷款、票据承兑、信用证、保函等，数额在100万元以上的；造成直接经济损失20万元以上的等情形，应予立案追究刑事责任。从规定上看，一方面有唯数量论倾向，即便没有损失，只要骗取100万元以上贷款即构成犯罪；另一方面有唯结果论倾向，只有骗取金额或损失达成规定数量即构成犯罪。而这也对司法实践起着重要的导向作用，而司法机关出于实用和便捷主义，往往也简单化理解并适用，造成骗取贷款罪的明显增多。应当看到，在银行授信贷款条件普遍较高的情况下，企业通过对申贷资料如财务状况进行造假以达到银行贷款标准，一旦出现贷款还不上就可能涉嫌贷款诈骗，同时根据追诉标准，即使贷款还上了，也可能被追究刑事责任。对此应当予以适度纠正，司法办案中要从社会危害性和追诉必要性的角度充分予以考量。正如有学者指出："单纯的欺骗行为，其目的可能只是获取贷款，并不必然威胁到贷款安全，在没有威胁贷款安全的情况下，对刑法所需要保护的法益没有形成实质性的危险，仅仅是一种违反贷款准则的一般违规行为，不应将此种行为加以犯罪化。"①

（二）严格把握正当融资行为与非法吸收公众存款罪的界限

从浙江吴英集资诈骗案件引发巨大的争议和广泛的讨论后，司法实践中对于集资诈骗罪的认定较为慎重，且焦点也往往集中在非法占有目的的认定上。但值得关注的是，这些年来，非法吸收公众存款罪越来越多的进入大众视线。从传统的通过线下宣传吸收方式到频繁出现"暴雷"的P2P网上金融模式，似乎时有发生且层出不穷。我国《刑法》第176条规定了非法吸收公众存款罪，将非法吸收公众存款或者变相吸收公众存款，扰乱金融秩序的行为予以犯罪化处理。主要是基于对传统金融监管体制的维护。别的不说，仅从其罪名和罪状表述中"存款"的表述，实际上也体现了当时是基于"银行"这一单一金融垄断主体而创设。有学者因此也对该罪正当性提出质疑："我国刑法典这一规定只是基于未能遵循现代金融市场的基本规律，缺乏对合乎现代金融市场运作规律的金融交易本位的应有尊重，其制度正当性存在疑问。"② 对此，我们认为对非法吸收公众存款的行为予以打击是必要的，在金融秩序和安全直接关乎国家和广大投资者利益的情况下，仅

---

① 孙国祥：《骗取贷款罪司法认定的误识与匡正》，载《法商研究》2016年第5期。

② 姜涛：《联网金融所涉及犯罪的刑事政策分析》，载《华东政法大学学报》2014年第5期。

有民事和行政手段在力度上是欠缺的，但应当看到当前企业融资的供需矛盾与金融状况的发展变化，准确区分非法吸收公众存款犯罪与经营活动中的正当融资行为。

最高人民法院于2010年出台《关于审理非法集资刑事案件具体应用法律若干问题的解释》，最高法、最高检、公安部先后于2014年出台《关于办理非法集资刑事案件适用法律若干问题的意见》，2018年出台《关于办理非法集资刑事案件若干问题的意见》（以下简称《若干意见》），明确了非法吸收公众存款的四个特征、入罪标准，也强调了对主观故意的认定和宽严相济刑事政策的适用，为司法实践提供了具体指引。结合实践，我们认为要把握好以下三点：一是准确把握“非法性”认定。按照《若干意见》规定，“以国家金融管理法律法规作为依据。对于国家金融管理法律法规仅作原则性规定的，可以根据法律规定的精神并参考中国人民银行、中国银行保险监督管理委员会、中国证券监督管理委员会等行政主管部门依照国家金融管理法律法规制定的部门规章或者国家有关金融管理的规定、办法、实施细则等规范性文件的规定予以认定”。但要注意对当前业态创新的必要包容与观察，如对于当前不少民营企业采取的互联网众筹模式。二是合理把握“利诱性”特点。“非法吸收公众存款罪规制的焦点显然不应是承诺还本付息或者给予回报的行为，而应是给予投资人不合常理的、违背企业运营规律的利润之行为，因为如此的返利诱惑会将投资人置于非常危险的境地。”① 尽管最高法司法解释关于“利诱性”特征并未规定不合常理利息或利润，但在实践中，这往往是体现主体非法吸存主观意图，是否确系经营所需的重要方面。对于所吸资金确系自身合理经营所需的，可不入罪处理。对此，《检察机关涉企简答》也明确：“对于民营企业非法吸收公众存款，主要用于正常的生产经营活动，能够及时清退所吸收资金的，可以不起诉或者免予刑事处罚；情节显著轻微的，不作为犯罪处理。”

① 阴建峰、刘雪丹：《民营企业平等刑法保护的多维透视》，载《贵州民族大学学报（哲学社会科学版）》2018年第1期。

引导侦查实践与研究

毛江波　顾翠姣*

近期，检察机关依法派员在第一时间介入，引导侦查了一系列社会关注度高、引发广泛讨论的案件，如昆山正当防卫案①、湖南衡东故意驾车伤人恶性案②、湖南宁远砍伤学生案③等，检察引导侦查机制在这些案件中彰显其重要价值和意义。

一、检察引导侦查立法沿革及实践情况

检察引导侦查，是指依侦查机关的申请或者检察机关主动介入侦查活动，对侦查机关证据的收集等提出意见和建议，并对侦查活动进行法律监督的一种工作机制。

（一）立法沿革

1979年《刑事诉讼法》第77条规定："人民检察院审查案件时，对公安机关的勘验、检查，认为需要复验、复查时，可以要求公安机关复验、复查，并且可以派检察人员参加。"该规定是针对公安机关勘验、检查，检察院可以依职权主动介入，范围较为狭窄，也未提及检察人员介入的内容、方式。1996年刑事诉讼法修改，除保留上述规定外，还增加了第66条之规定："公安机关要求逮捕犯罪嫌疑人的时候，应当写出提请批准逮捕书，连同案卷材料、证据，一并移送同级人民检察院审查批准。必要的时候，人民

---

* 作者单位：贵州省贵阳市人民检察院。

① 卢志坚：《江苏检察机关发布昆山"8·27"于海明致刘海龙死亡案通报》，载《检察日报》2018年9月2日。

② 张伯晋、孙风娟：《检察机关提前介入湖南衡东故意驾车伤人恶性案件》，载《检察日报》2018年9月13日。

③ 张吟丰、匡伟、胡威：《检察机关提前介入湖南宁远砍伤学生案》，载《检察日报》2019年4月4日。

检察院可以派人参加公安机关对于重大案件的讨论。”该条文仍然只规定了检察机关在审查批捕阶段，可以以职权主动参加公安机关对重大案件的讨论，但仍是“可以”，而且“重大案件”范围不清，检察机关参与讨论后，对公安机关有无建议意见权均不清楚。2011 年 8 月 30 日十一届全国人大常委会第二十二次会议初次审议了《中华人民共和国刑事诉讼法修正案（草案）》（以下简称《草案》），《草案》第 44 条提出“增加一条，作为第一百一十三条：‘对于公安机关立案侦查的故意杀人等重大案件，人民检察院可以对侦查取证活动提出意见和建议’”。但 2013 年修改后的刑事诉讼法没有增加该条，仍然沿用 1996 年刑事诉讼法的规定。2018 年新修订的《中华人民共和国刑事诉讼法》没有引导侦查的明确条款，仍只有在勘验、检查或者审查逮捕阶段，检察机关可以依职权参加。

检察引导侦查制度在最高检、公安部层级的规范性文件中也有体现，如 1988 年最高人民检察院、公安部《关于加强检察公安机关相互联系的通知》明确规定：“一、凡发生特别重大案件和公安机关认为影响大、危害严重的重大案件，在进行现场勘查时，公安机关要及时通知同级人民检察院，人民检察院要迅即派人参加，如不能派人参加时，应向公安机关说明情况。公安机关对特别重大案件、重大集团案件、影响大的涉外案件和复杂的重大案件进行预审时，要通知检察机关介入预审活动。如果检察机关认为需要介入公安机关的其他预审活动时，也可以主动与公安机关联系，公安机关应予以配合。”该文件将检察引导侦查时间、方式初步固定下来。1996 年最高检《人民检察院实施〈中华人民共和国刑事诉讼法〉规则（试行）》（以下简称 1996 年《检察院刑诉规则》）第 332 条明确规定：“人民检察院根据需要可以派员参加公安机关对于重大案件的讨论和其他侦查活动，发现违法行为，应当及时通知纠正。”2009 年 2 月 9 日最高检公诉厅印发《人民检察院公诉工作操作规程》，其中第二章明确规定了“介入侦查引导取证”，涵盖了引导侦查的任务、范围、时间、方式、通报等内容。2012 年修订的《人民检察院刑事诉讼规则（试行）》第 361 条明确规定：“对于重大、疑难、复杂的案件，人民检察院认为确有必要时，可以派员适时介入侦查活动，对收集证据、适用法律提出意见，监督侦查活动是否合法”，该条文相比 1996 年《检察院刑诉规则》，进一步明确了引导侦查的性质、案件范围。2015 年最高检出台《人民检察院侦查监督、公诉部门介入职务犯罪案件侦查工作的规定》（高检发办字〔2015〕32 号），明确了引导侦查的职责、案件范围、时间、工作方式、工作内容、书面工作意见等。《2018 – 2022 年检察改革工作规划》提出“推动建立公安机关办理重大、复杂、疑难案件听取检察机关意见和建议制度”，检察引导侦查逐步走向规范化制度建设。

（二）实践情况

从地方实践看，1999年河南省周口市人民检察院率先试点检察引导侦查机制，2001年4月周口市公安局、周口市检察院联合下发了《关于在全市公安机关设立指导侦查室的决定》，还制定了《关于检察机关指导侦查暂行规定》《关于检察指导侦查工作实施细则》等一系列规范性文件。2002年5月中旬，在河南周口市召开“检察指导侦查”研讨会，数百名专家、学者和检察工作者对引导侦查的相关问题进行热烈的讨论，形成了一系列的学术成果。2013年贵阳市人民检察院、贵阳市公安局经协商，联合印发了《故意犯罪致人死亡案件提前介入工作规定（试行）》（筑检会〔2013〕1号），实现了命案引导侦查的全覆盖，经调研，2012年至2017年全市检察机关引导侦查的命案数占普通刑事案件24%，系引导侦查主要案件类型；确立了公安机关第一时间的通报义务；明确了公安机关法制部门督促办案单位落实检察机关意见建议的刚性条款。贵阳市的这份规范性文件，一是检察机关和公安机关针对检察引导侦查达成共识，联合发文，其效力被公安机关所认可；二是检察机关的意见和建议具有了一定刚性，不仅明确了公安机关督办机关，而且要求公安机关督促落实；三是针对引导的通报机制、方式、内容等作出规范性要求；四是2016年贵州省人民检察院、贵州省公安厅印发《关于检察机关提前介入刑事案件侦查工作规定（试行）》，进一步明确了提前介入引导侦查的案件范围，其中就包含命案，贵阳市检察机关对命案引导侦查的经验被省检察院吸纳，并在全省范围推广。2018年最高检进行内设机构改革，其中重要的一项是捕诉一体化。捕与诉贯通，对侦查环节的指引也做到了连贯一致①，各地也纷纷出台新的检察引导侦查规定②，充分发挥检察官的主导作用。

---

① 张军：《关于检察工作的若干问题》，载《国家检察官学院学报》2019年第5期。

② 如2018年《上海市检察机关捕诉合一办案规程（试行）》第11条、第17条至第24条明确规定了检察官提前介入引导侦查的相关规定，包括不捕后跟踪监督和引导侦查；2019年苏州市检察院为充分发挥“捕诉一体”优势，出台《关于强化引导侦查取证的指导意见（试行）》等。

二、检察引导侦查存在的问题

（一）立法层面推动不足

如前所述，从刑事诉讼法的立法变迁看，始终未出现“检察引导侦查”或“检察指导侦查”的表述，仅限在勘验、检查或者审查逮捕阶段，检察机关可以依职权参加，也未规定介入后果等。2013 年修改刑事诉讼法时，将检察引导侦查条款先增后减，2018 年修订的刑事诉讼法草案、2018 年刑事诉讼法修正案均未提及检察引导侦查，显然在立法层面没有明显突破。同时，最高检、公安部除 1988 年的文件外，也未针对检察引导侦查再次联合发文，最高检也未对检察引导侦查制度专门下发规范性文件，虽然对职务犯罪案件在 2015 年下发介入侦查的专门规定，但随着监察委成立，该文件的效力待定。在立法层面对检察引导侦查制度推动不足，导致各地均自行其是，从引导侦查的主体到引导侦查的内容，各有特点；从省到区，虽然有相关规范性文件，不仅文件效力有限，而且有的仅限于检察机关内部，没有得到公安机关的认可，推行阻力较大。

（二）实践层面制度化不够

从 2002 年至今，检察机关对引导侦查机制的探索仍停留在引导的范围、程序等，无论是 2002 年研讨会提及的引导范围界定在经济犯罪案件或重大疑难复杂案件，程序上设立检察指导侦查室[①]等，还是如今引导侦查的范围限定在重大疑难复杂案件和本地区有较大影响案件，[②] 或者在程序上设立派驻公安机关执法办案管理中心检察室，[③] 在机制探索方面并无重大的突破或创新。2015 年 10 月 26 日，江苏省检察院和省公安厅率先在省级层面联合下发了《重大疑难案件公安机关听取检察机关意见的实施办法》等相关制度，明确了重大疑难案件的范围、介入时机和方式，确定了介入的职责和任

---

① 周口市人民检察院：《“检察指导侦查”研讨会观点摘编》，载《国家检察官学院学报》2002 年第 5 期。

② 任文松：《分立模式下的监督与配合：检察引导侦查机制》，载《人民检察》2014 年第 17 期。

③ 杨永浩：《全国首家派驻公安机关执法办案管理中心检察室挂牌成立》，载《检察日报》2016 年 11 月 28 日。

务，所有介入程序都以文书形式固定规范且责任到人，[①] 在省级层面对检察引导侦查制度进行细化，并用“文来文往”的形式责任到人，提升引导质效。各地随之也纷纷出台相关机制，[②] 除此之外，检察引导侦查机制并未有更多创新性突破或者创造性探索。

（三）总结宣传力度不够

以地方实践为例，将检察引导侦查制度进行规范化、制度化，并总结经验进行推广的，现阶段规模最大的只有河南省周口市人民检察院。以贵阳市检察院为例，尽管2013年出台了命案的引导侦查制度，但是没有对该制度的运行情况、制度特点等进行总结分析，对外并无任何宣传报道，虽然贵阳市检察机关保证对命案百分百的介入引导侦查，但是外界对此知之甚少。直到最近马某某案[③]发后，贵阳市两级检察机关提前介入引导侦查，并通过微信公众号发布相关信息，部分社会公众才了解检察机关具有提前介入引导侦查的职能。如云岩区院办理的陈某等二人非法经营案，该二人非法贩卖疫苗事实多达69桩，社会影响重大。该院围绕案件定罪的关键环节，引导公安机关侦查取证的方向和重点，对证据补强提出合理建议，督促公安机关在现场勘查、审讯、扣押等重要环节进行全程录音录像。对彻查疫苗流向、司法鉴定等问题，及时向公安机关提出补查意见，确保侦查人员依法依规、及时、全面收集和固定证据，防止因证据缺陷导致对犯罪分子无法起诉或降格起诉的情况发生，最终二被告人均以非法经营罪被判处有期徒刑。在提前介

---

① 《江苏：率先在省级层面建立重大疑难案件公安机关听取检察机关意见工作机制》，载人民网，2016年8月10日，http://legal.people.com.cn/n1/2016/0810/c42510-28626862.html。

② 参见2017年11月重庆市检察院、公安局会签《重大疑难案件公安机关听取检察机关意见建议的工作办法》；2018年7月17日，辽宁省检察院与省公安厅联合印发了《关于重大疑难案件公安机关听取检察机关意见和建议的规定（试行）》；2018年7月南昌市青云谱区检察院与南昌市公安局青云谱分局联合会签《重大疑难案件公安机关听取检察机关意见的实施办法（试行）》；2018年12月鸡西市人民检察院与鸡西市公安局联合会签《关于提前介入重大毒品案件侦查活动，引导侦查取证工作办法》；2019年10月成都市青羊区检察院与青羊区公安分局联合出台《关于加强引导侦查取证规范化建设暨重大疑难案件公安机关听取检察机关意见的规定》等。

③ 2018年，12月20日，贵阳市公安局花溪分局贵筑派出所民警马某某在抓捕涉毒案件犯罪嫌疑人时，搏斗中不幸被犯罪嫌疑人用利器刺伤，经医院抢救无效，于当天18点20分壮烈牺牲。21日凌晨2点25分，通过全体专案民警8个小时的不懈努力，杜某某、卢某某、钱某某3名嫌疑人已全部被抓获。

入引导侦查环节，检察机关提出的合理建议在疫苗案办理过程中，发挥了重要作用，但是本案并未得到有力宣传，社会公众普遍仍未认识到检察机关在其中所起到的作用。

（四）队伍素质有待提升

检察机关干警对检察引导侦查重视程度不足，意义认识不深。检察官引导侦查能力不能适应引导侦查的需求。侦查工作具有较强的专业性，包括犯罪现场勘查、侦查措施策略和手段、法医学知识等，检察人员虽然受过系统法学教育，但是对侦查专业的涉猎不足，导致在引导侦查过程中，会提出不成熟甚至不专业的建议或意见，引导侦查的效果事倍功半。

三、加强引导侦查的必要性和重要性

（一）理论上，二者具有共同利益诉求

在刑事诉讼活动中，公安机关的侦查活动和检察机关的审查起诉活动，均围绕着一个目的，查明犯罪事实，收集证据，准确指控犯罪，追求犯罪嫌疑人、被告人罚当其罪的效果。例如 2013 年《刑事诉讼法》第 172 条固定的“犯罪事实已经查清，证据确实、充分，依法应当追究刑事责任，应当作出起诉决定”，公安机关和检察机关在证据是否确实充分、定性量刑是否适当等方面标准不谋而合，因二者都承担代表国家履行控诉职能，即公安机关和检察机关均有对刑事案件的胜诉意愿，部分省甚至规定公安机关承担不出庭作证或者未及时收集证据导致案件败诉的结果。[①] 从 2018 年贵阳市检察机关依职权主动介入和公安机关邀请介入的案件数看，分别为 13 件和 210 件，这也证实公安机关在胜诉的驱动力下，其邀请检察机关提前介入引导侦查的积极性十分强烈，检察机关对公安机关的邀请，也基本上是有邀请必介入，二者目的和利益的一致性导致其行动具有一致性。毫无疑问，检察引导侦查是实现二者共同利益诉求的有效机制，不仅能将检察机关的引导和监督从事后转变为事前、事中，而且将引导和监督从静态转变为动态，检警之间的“互相配合”更为流畅，因此检察引导侦查是检警共同利益诉求的应有之义。

---

① 如《山东省公安机关执法质量考核评议实施细则》第 21 条规定：“被考评单位在考评年度内有下列情形之一的，不论得分多少，不得评定为优秀：……（七）因拒不出庭应诉或者拒绝提供证据材料导致败诉的。”

（二）实践中，以审判为中心的诉讼制度改革的新要求

党的十八届四中全会《中共中央关于全面推进依法治国若干重大问题的决定》明确指出："推进以审判为中心的诉讼制度改革，确保侦查、审查起诉的案件事实证据经得起法律的检验。"侦查是诉讼活动的起点，更是整个诉讼活动的基础，侦查质量的好坏，特别是侦查收集的证据质量，以及证据是否达到庭审标准，直接影响到检察机关对犯罪事实的正确指控。以审判为中心的诉讼制度改革，本质在于侦查、审查起诉按照审判的标准和要求进行，为审判服务，使审判成为刑事诉讼活动的中心。[①] 审前程序与审判程序的界分更加明确，控方集合中侦查与起诉职能的关系更加紧密，科学的刑事指控体系正在形成。[②] 以审判为中心的诉讼制度改革背景下，辩方对程序和实体进行更为激烈或激进地辩护，和公诉的指控在庭审交锋，这要求无论是在证据数量或是质量方面，控诉机关都应做更为全面的准备，包括在侦查阶段对侦查规范性、收集证据的方向、标准等方面，提出更为严格、更适应庭审要求的意见和建议，防范在庭审时出现证据不足或非法证据排除等问题。即以审判为中心的诉讼制度改革，新的要求是"构建以公诉为主导的刑事指控体系，做强刑事指控的大控方，以保障检察机关在依法高效指控犯罪、防范冤假错案的法治新征程中发挥更大的作用"。[③]"大控方"的刑事指控体系，必然要求检察机关在诉前要发挥好主导责任，对案件走向、证据收集给予指引，[④] 实现打击犯罪、保障人权的根本目的。

（三）检察机关增强公信力，回应人民群众的需求

随着中国改革进程步伐的加速，在解决温饱问题之后，社会主要矛盾已转变为人民日益增长的美好生活需要和不平衡不充分的发展之间的矛盾，人民群众对于司法公正有着更深层次的需求和期待，人民群众不再满足于一个结果，更加需要一个公正的刑事程序，不论是从2016年发生的"雷洋案"，

---

① 沈德咏主编：《严格司法与诉讼制度改革：推进以审判为中心的刑事诉讼制度改革策论》，法律出版社2017年版。

② 刘冀民主编：《刑事诉讼制度改革：控制侦查与庭审实质化》，法律出版社2018年版。

③ 苗生明：《以审判为中心与检察工作》，载《国家检察官学院学报》2016年第1期。

④ 张军：《关于检察工作的若干问题》，载《国家检察官学院学报》2019年第5期。

还是2018年发生的“昆山正当防卫”案件，人民群众对于个案的高度关注，均要求检察机关在案件处理过程中有所作为。例如“昆山正当防卫”案，2018年8月27日晚上发案，昆山市公安机关于当日对于海明立案侦查，检察机关当即派员依法提前介入侦查活动，查阅案件证据材料，对侦查取证和法律适用提出意见和建议，并依法履行法律监督职责，[①] 2018年9月1日昆山市检察院发布通报，通报提前介入时间、内容，并依法对公安机关的撤案进行法律监督并阐明理由，同日江苏省检察院在微信公众号刊载《为什么认定于海明的行为属于正当防卫?》，从事实、证据、法律分析、价值判断多个维度对此案作出分析，赢得了社会高度认可，办案检察官王勇还当选央视2018年度法治人物。由此可见，检察引导侦查不仅能密切检警合作，实现司法公正，而且能有效回应人民群众对公平正义的需求，增强检察机关公信力。

四、完善引导侦查机制的设想

（一）加强理论研究

从域外的立法看，在德、日、韩、荷兰、法国等国家采取的是检警一体化侦查模式，由检察官享有对侦查的指挥权，并赋予检察官较为广泛的侦查权。韩国刑事诉讼法第195条规定：“检察官认为有犯罪嫌疑时，应当侦查犯罪嫌疑人、犯罪事实、证据等。”第196条规定：“侦查官、警务官、总警、警监、警卫作为司法警察官吏应当在检察官的指挥下开展侦查。司法警察官吏应当服从检察官的指挥。检察官有权指挥的具体事项由总统令规定。”[②] 根据上述规定以及《检察厅法》第53条等法条的规定，检察官是“侦查的主宰者”，而司法警察是接受检察官侦查指挥的“侦查的辅助性主体”。[③] 检察官是侦查的指挥者，具有犯罪侦查权和搜查指挥权，司法警察的所有侦查活动都在检察官的指挥下进行，仅具有在检察官指挥下的启动侦查、逮捕等权力，并无侦查终结权。然而，事实上，检察机关只有在遇到重

---

① 《检察院通报昆山反杀案：属正当防卫公安机关撤案》，载腾讯网，https://new.qq.com/omn/20180901/20180901A126D5.html，2018年12月20日访问。

② 陈卫东主编：《刑事立案与侦查——外国刑事诉讼法有关规定（上）》，中国检察出版社2017年版。

③ 金日秀著、李颖峰译：《韩国检察官在刑事诉讼中的地位与机能》，载《人民检察》2013年第11期。

要案件或者涉及严重人权问题时才会介入对警察机关指导和监督。[①] 另外，韩国检察机关也直接对重大案件进行侦查，如2016年韩国独立检察组对“朴槿惠政府亲信弄权干政案”和朴槿惠涉贿嫌疑启动侦查。[②] 日本刑事诉讼法第193条规定：“检察官在管辖区域内，可以就侦查对司法警察职员作出必要的一般指示。在此情形下的指示，应当通过规定为正确实施侦查或其他确保完成公诉的有关必要事项的一般准则而进行。检察官在管辖区域内，可以为要求协助侦查而对司法警察职员进行必要的一般指挥。检察官在自行侦查的场合有必要时，可以指挥司法警察职员，使其辅助侦查。在前3款的场合，司法警察职员应当服从检察官的指示或者指挥。”[③] 荷兰的检察官不仅具有对侦查人员的指令权，而且可以对侦查活动进行监督。同样，因为人力物力的限制，以及警察不进行侦查活动或未分享信息等因素，检察机关也仅对少数较为严重或者重要的案件中对警方作出具体的指示。[④]

而在英美法系，采取的是检警分离模式，检察机关仍然可以给侦查机关必要的建议，并指导警察收集和发现证据，甚至通过法律赋予检察机关特别的侦查权。例如英国检察机关和侦查机关的职能独立、职责分离，但二者仍需紧密配合，检察机关给侦查机关建议时，不能将自己作为侦查者或直接指挥侦查的人员。总体而言，王室检察署和警察之间的关系是通知、咨询和建议的关系。多数时候警察会要求检察机关在具体案件或具体领域提供建议，例如非正式咨询、早期调查建议或预指控建议和指控。[⑤] 综上，无论是检警合一或检警分离模式，二者均处于相互融合的状态，检警合一因人力物力限制，检察机关也仅能对一些重大案件进行引导侦查，而检警分离模式下，虽然检察机关对侦查机关没有引导侦查的权力，但建议权、甚至重大案件的侦查权均标志着检警关系进入了一个新的阶段。

从域内的研究看，2002年“检察指导侦查”研讨会上，樊崇义教授指

---

① 梁坤：《韩国检察制度介绍》，载《当代检察官》2012年第4期。

② 《韩“亲信门”独立检察组启动侦查首日搜查10余处》，载人民网，2016年12月21日，http：//www. sohu. com/a/122205277_ 114731。

③ 陈卫东主编：《刑事立案与侦查——外国刑事诉讼法有关规定（上）》，中国检察出版社2017年版。

④ 王超：《荷兰检察制度精要及其启示》，载《贵州民族大学学报（哲学社会科学版）》2017年第3期。

⑤ 《警察与王室检察署关系》，https：//www. cps. gov. uk/legal - guidance/police - and - cps - relations，载英国王室检察署官网，2018年10月9日访问。

出："周口经验（检察引导侦查）法律上的依据，从宪法、刑诉法及最高检察院的刑诉法实施细则都有。关键在理论根据上，究竟是一元化的理论根据，还是尝试多元化的理论根据。"① 后来的学者大部分仍是秉持一元化的理论根据，主要强调检察机关的法律监督权。② 从职能说看，除法律监督权外，《检察官法》第6条明确规定检察官具有代表国家进行公诉的职责，该职责要求检察官履行客观义务，依法打击犯罪和保障人权。公诉的基础是证据，证据收集的合法性、证据指控犯罪的关联性等，均主要依靠公安机关的侦查活动完成，如前所述，检警在打击犯罪方面存在价值和目的的一致性，公安机关需要检察机关在证据、法律适用方面进行相应的引导，给予意见和建议，因此检察官的公诉职能也是检察引导侦查的法律依据。除此之外，建议广大专家学者广泛收集论证检察引导侦查的法律依据，让检察引导侦查的法源能够更清晰、更准确。从域内实践的理论成果看，因检察引导侦查涉及的实践问题，包括引导范围、引导方式和引导程度等，专家学者对此虽有论证，但主要成果仍集中于2002年研讨会的成果，对检察引导侦查的实践研究主体仍为检察机关内部，多数亦为成果汇报式，缺乏一定的理论深度。为进一步推动对检察引导侦查的实践研究，建议可仿照周口市检察院做法，为专家学者提供研究创造良好条件，支持专家学者深入检察实践，主动提供相关经验介绍、典型案例，邀请其对检察机关的探索成果进行分析论证，共同繁荣发展检察理论和法学理论，形成良好的学术氛围和学术环境，进而更好地指导实践。

（二）强化机制构建

1. 勇于探索形成经验。周口市检察院展现了勇于探索的模范作用，检察引导侦查制度不仅引发学术界的广泛讨论，而且最终写入了《人民检察院刑事诉讼规则（试行）》，成为了检察机关公诉和法律监督职能的重要载体，在刑事诉讼中发挥了重要作用。贵阳市检察院也针对故意犯罪致人死亡案件，制定了提前介入的相应制度，制定该制度后，贵阳市检察院机关命案

---

① 周口市人民检察院：《"检察指导侦查"研讨会观点摘编》，载《国家检察官学院学报》2002年第5期。

② 但伟、姜涛：《侦查监督制度研究——兼论检察引导侦查的基本理论问题》，载《中国法学》2003年第2期；刘善军、邵健儿：《捕诉引导侦查机制研究》，载《国家检察官学院学报》2008年第4期；天津市北辰区人民检察院课题组：《检察机关"提前介入"问题研究》，载《河北法学》2009年第3期。

无罪率、撤案率明显下降，该经验被贵州省检察院吸纳，并指导全省检察机关引导侦查。地方检察机关的勇于探索不是一味求新甚至突破法律，而是在现有的法律框架内，从利益相关者的现实需求出发，通过协商、总结、反馈等形成可复制可推广经验，切实解决司法实务的痛点。

2. 达成共识并制度化。无论是最早的周口市人民检察院、周口市公安局制定的《检察指导侦查工作规定》《关于检察指导侦查工作实施细则》，还是最近的贵州省人民检察院、贵州省公安厅《关于检察机关提前介入刑事案件侦查工作规定（试行）》《关于建立扫黑除恶协作配合工作机制的意见》，均是检察机关与公安机关就检察引导侦查机制达成了共识，对引导范围、引导方式等形成了标准，并将其以规定、实施细则、意见等形式制度化，进一步指导工作。

3. 提升执法依据的法律层级。但以上均为“地方粮票”“行政合同”，检察引导侦查制度直接明确的法律依据是最高检制定《人民检察院刑事诉讼规则（试行）》，公安部的《公安机关办理刑事案件程序规定》对此并未规定，刑诉法对此也无规定，在最高检层面并未和公安部达成共识并制度化。正如学者所言：“如果我们把检察引导侦查的经验推广到全国的话，这种地方性的行政合同还远远不够，至少应该由最高人民检察院和公安部订立行政合同，联合制定具体规定，才有望普及引导侦查的经验。”① 无论2012年刑诉法先增后删检察引导侦查条款的原因为何，至少最高检应和公安部在此问题上达成共识，联合制定具体的规定，提升检察机关执法依据的法律层级，检察机关的引导侦查才能更为有力有效。

（三）重视总结宣传

1. 以案例为载体，一案一宣传。提前介入引导侦查的案件往往是重大、新型案件或者舆论关注度高的案件，这些案件的成功办理经验，建议以典型案例的方式进行总结并宣传，典型案例应包括案件主要事实、侦办过程、检察机关提出的建议意见、监督意见、公安机关采纳执行情况以及案件最终处理情况、指导意义等。以案例作为载体进行宣传，不仅生动，而且一是有利于检察机关形成类案的办理经验，加快形成提前介入引导侦查的经验；二是有利于公安机关对检察机关工作形成认同感，检察机关内部对该项工作形成尊荣感；三是有利于社会公众了解检察引导侦查机制的运行机制和重要

① 但伟、姜涛：《侦查监督制度研究——兼论检察引导侦查的基本理论问题》，载《中国法学》2003年第2期。

作用。

2. 以制度为载体，特点总结全。及时总结本地区形成的检察引导侦查规范化制度特点，一方面可以新闻稿件形式进行整理宣传，另一方面可以调研报告形式进行总结归纳，全面分析该制度运行基本情况，经验教训等，一是有利于将调研成果转化为实践，促进检察制度的升级完善，形成可复制可推广的经验；二是有利于各地经验积累和交流；三是有利于推动最高检博采众长，形成较高层次的检察引导侦查规范性文件。

3. 以新媒体为载体，多种渠道并行宣传。现阶段，检察机关的宣传手段不再局限于传统纸媒，检察引导侦查制度的宣传可以新媒体为载体，借用微博、微信公众号、抖音短视频等途径，发布纸质、音视频等材料，宣传检察引导侦查，让社会公众以最新、最便捷、最有效地方式获取相关资讯，形成社会公众对检察引导侦查的普遍认同。

（四）提升队伍素质

1. 加强理论学习。一是统一思想，切实提升检察干警对检察引导侦查制度的认识与理解，检察引导侦查能提升诉讼效率、准确打击犯罪，而且能够及时纠正公安机关的违法不当行为，发挥检察机关的监督职能，控方集合中侦查与起诉的职能关系更加紧密，形成以审判为中心的诉讼格局。二是切实加强检察干警对侦查业务的学习，通过自学和培训等方式，提升检察干警在犯罪现场勘查、侦查措施策略和手段、法医学知识等方面的专业水平，真正做到引导侦查而非干预侦查，提出的建议既有针对性又有专业性，检察干警的专业素质能够得到公安机关的广泛认可。三是切实强化检察干警的法律专业学习。检察干警的法律专业是检察机关的强项，强项的强化不仅能切实提升控诉和法律监督水平，而且能有理有据地引导侦查，和公安机关真正做到分工负责、互相配合、互相制约。

2. 加强实践演练。实践是检验真理的唯一标准，在实践演练中才能发现问题、提出问题并解决问题，才能切实提升检察干警引导侦查的水平和能力。以案例为基础，一案一分析、一案一解决，同案同分析，同案同解决，抓住案件中的每个细节和问题，以疑难问题会商机制为载体，由公安机关和检察机关共同协商解决，形成会议纪要指导检察引导侦查工作，真正做到在案中学习，在学习中办案，不断提升检察引导侦查水平。

完善被不起诉人帮教机制的思考

——以贵阳市观山湖区试运行情况为样本

杨宏兵　张伟娜*

被不起诉人帮教机制是检察机关适用公诉裁量权对相对不起诉人员避免"一放了之"实行的后续管理举措，旨在通过帮助、教育、挽救轻微刑事犯罪人以实际行动回归社会，进而实现刑法惩罚犯罪、保护人民以及维护社会秩序的目标任务。2018 年 4 月，在观山湖区检察院建议下，贵阳市观山湖区建立了被不起诉人帮教工作机制，经过历时一年多的试运行，取得了一定成效。本文以观山湖区运行被不起诉人帮教机制情况为样本，归纳特点，总结经验，分析存在问题，并就进一步推广、完善该工作机制提出具体建议。

一、观山湖区被不起诉人帮教机制试运行情况及初步成效

（一）被不起诉人帮教机制的主要内容

1. 运行规则

为确保帮教管理的规范化运行，在观山湖区委政法委的统筹下，观山湖区检察院与政法委、司法局联合制定了《被不起诉人帮教工作机制（试行）》（以下简称《机制》）。为进一步解决辖区外被不起诉人帮教工作开展落实，观山湖区检察院与贵阳市交通管理局观山湖分局（以下简称交警八大队）对接，制定了《被不起诉人帮教工作补充机制（试行）》（以下简称《补充机制》）。一年多来，观山湖区各相关单位间对接紧密，有序落实，在实践中不断探索完善被不起诉人帮教运行模式，并将承担综合治理职能的机构及社会组织，比如司法局、社区（居委会）等纳入帮教管理体系，构建了统一化、规范化、社会化的帮教工作机制。

---

* 作者单位：贵州省贵阳市观山湖区人民检察院。

2. 适用对象、方式以及相关要求

适用对象主要是作出相对不起诉决定的被不起诉人（不包括未成年人）或拟作出相对不起诉决定的犯罪嫌疑人。《机制》第2条规定："本机制所称的被不起诉人，是指根据《中华人民共和国刑事诉讼法》第一百七十三条第二款规定，因犯罪情节轻微，依照刑法规定不需要判处刑罚或者免除刑罚，检察院作出相对不起诉决定的被不起诉人。"

为便于落实被不起诉人帮教工作，《机制》将被不起诉人分为本辖区人员和非本辖区人员。本辖区人员是指户籍所在地、经常居住地在观山湖辖区内的被不起诉人。反之，则为非本辖区人员。根据被不起诉人是否为本辖区人员，帮教具体实施方式分为后置程序和前置程序两种。本辖区人员主要适用后置程序，即帮教工作启动时间为不起诉决定作出之后，由承办检察官将其送至户籍所在地或经常居住地所在社区或者交警八大队参加社会公益服务；非本辖区人员主要适用前置程序，即帮教启动时间为不起诉决定作出之前，由承办检察官将其送至交警八大队或相应社区参加社会公益服务，待帮教结束后，再行对其作出不起诉决定。

根据《机制》《补充机制》的规定，被不起诉人接受帮教的要求为：在社区参加社会公益服务的，应当在有关部门接收后30日内完成，特殊情况的可以延长至60日。根据服务内容的不同，参加社区服务时间应当不少于30个小时。在交警八大队参加社会公益服务的，应当在交警八大队接收后7日内完成，特殊情况的可以延长至15日。根据服务内容的不同，参加社会公益服务时间应当不少于30个小时。此外，检察院会对被不起诉人进行回访，了解其思想、生活、工作状态，对于拒不参加社会公益服务的，要进行训诫和警示。

3. 运行流程

对于本辖区人员，检察院在作出相对不起诉决定后，应当在对被不起诉人公开宣告、训诫时，向被不起诉人提出参加社会公益服务的意见，并要求其签署《社会公益服务承诺书》。不起诉决定书生效后，检察院将被不起诉人连同《不起诉决定书》《社会公益服务承诺书》《参加社会服务情况表》等材料送至司法局和其居住地所在的乡镇（社区）综治办（群工部）。属地综治办（群工部）接收后，将被不起诉人纳入管控，建立管理档案。司法局对移送的被不起诉人员情况建立相应的档案，对被不起诉人是否参加、参加情况等进行如实记录。参加社会公益服务时间届满后，司法局、被不起诉人所在的乡镇（社区）的综治办（群工部）应当将《参加社会服务情况表》反馈至检察院。检察院应当建立被不起诉人档案，并在有关部门需要时予以提供。

对于非本辖区人员，检察院在作出不起诉决定之前，可以安排该犯罪嫌疑人至交警八大队参加社会公益服务工作，也可以根据辖区内社区开展社会公益服务工作实际情况，安排犯罪嫌疑人至相应社区参加社会公益服务工作。不起诉决定需在犯罪嫌疑人完成社区安排的社会公益服务之后作出。被安排至交警八大队参加社会公益服务的犯罪嫌疑人在检察院签署《社会公益服务承诺书》后，交警八大队负责组织、安排和监督其参与社会公益服务工作，建立相应档案，对是否参加、参加情况等进行如实记录，社会公益服务时间届满后，交警八大队将《参加社会服务情况表》反馈至检察院，检察院即考虑对该犯罪嫌疑人作出不起诉决定。检察院对非本辖区人员作出不起诉决定后，及时将《不起诉决定书》邮寄送达至被不起诉人居住地所在地乡镇（社区）或者街道办事处。

被不起诉人帮教机制经过不断完善，形成了政法委统筹检察院、司法局和乡镇（社区）综治办（群工部）开展被不起诉人的帮教工作运行模式。此外，社区、乡镇还积极配合检察院、司法局建立帮教工作联络平台。对非本辖区人员，检察院即可根据各社区开展活动时间、地点、服务内容等情况采取就近、适宜原则，安排相应社区接收其参加社会公益服务工作。社区与被不起诉人可以在帮教结束后，根据被不起诉人意愿、特长、爱好，志愿服务主动性以及社区需要等情况，自愿建立长期志愿服务联络机制，根据情况可以通过共享至帮教平台的方式向其他社区提供志愿服务。

（二）被不起诉人帮教机制的实施情况

2018 年 4 月至 2019 年 8 月，观山湖检察院作出相对不起诉决定并落实帮教机制案件 125 件 167 人，启动帮教工作案件 123 件 165 人。其中，送被不起诉人下社区、交警八大队参加帮教人数为 148 人（包括送外辖区社区 1 人），《补充机制》运行前将帮教材料邮寄至辖区外建议开展帮教人数为 17 人。目前，已接受帮教完成社会公益服务人数共计 128 人，本辖区实际执行帮教完成率为 86%，总完成率为 78%。

从未完成情况来看，未完成帮教人数总计为 37 人。其中，17 人系辖区外人员，因《补充机制》运行前通过邮寄建议外辖区开展帮教未完成；17 人系辖区内人员，因《机制》运行初期社区未安排相关服务岗位未完成；另有 3 人系因本人未履行承诺返回原籍拒不参加辖区内社会公益服务未完成。

从罪名上看，危险驾驶、故意伤害案件占比较大，其次为交通肇事、盗窃、聚众斗殴等案件，其他罪名案件分布广但人数较少。（详见图1）

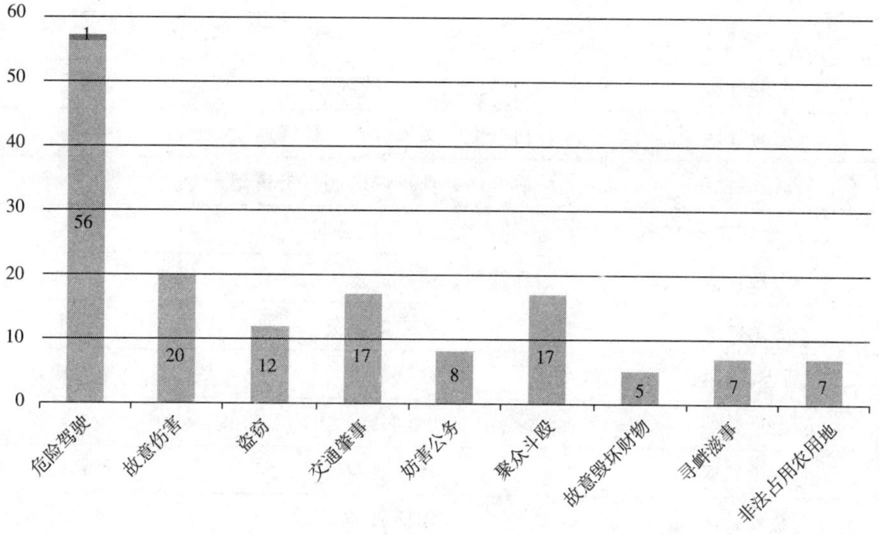

图1　参加帮教人员涉及罪名分布

从帮教工作时间节点来看，自2018年9月制定《补充机制》后，观山湖区检察院对作出相对不起诉案件的人员采取帮教前置和帮教后置两种方式。对于辖区外被不起诉人原则上采取帮教前置方式。交警八大队基本承担了前置程序的帮教工作，经过一年多的帮教机制运行，前置程序接受帮教人员人数占比约为71%，人员住所地大多来自观山湖区辖区外，小部分来源于辖区内部分涉及危险驾驶、交通肇事类案件人员。由此可见《补充机制》对及时解决辖区外人员帮教工作落实的可行性和可操作性。

从社会公益服务形式上看，帮教执行单位包括交警八大队、10个社区以及2个乡（镇）。在岗位安排上，除交警八大队由于其交通管理职责的特殊性基本安排接受帮教人员服务类型为交通文明引导以及个别社区根据被不起诉人特长安排了具有针对性的服务类型外，其他多数社区安排服务岗位较为单一，多为社区巡逻工作或笼统的志愿服务，无具体岗位针对性，提供社会公益服务种类较少。（详见表1）

表1 参加帮教人员社会公益服务类别统计

帮教单位名称	社会公益服务类型	人数
交警八大队	交通引导	91
金华园社区	摄像、巡逻、宣传	1
金麦社区	交通引导、社区巡逻	9
碧海社区	打扫卫生、义务劳动、社区巡逻	1
世纪城社区	法治宣传、现身说法、打击传销	3
金华镇	交通引导、巡湖	12
金源社区	心理辅导、社区巡逻、活动宣传	3
逸景社区	社区志愿服务	1
新世界社区	社区巡逻	未完成
会展社区	居委会治安处置、整治市容、市貌	1
观山社区	社区巡逻	未完成
金岭社区	志愿服务	2
朱昌镇	志愿服务	3

（三）被不起诉人帮教机制取得的初步成效

观山湖区各帮教单位根据被不起诉人帮教机制的文件要求，已基本将帮教内容落实于工作实际。实现了对相对不起诉人员后续管理空白的填补目的。

1. 检察院试运行效果

观山湖区检察院通过前期深入调研、模式讨论、成立专门负责领导小组以及定期社区走访等方式，落实相对不起诉案件被不起诉人启动帮教情况，不断根据帮教工作流程将被不起诉人或拟不起诉人员送至社区、交警部门参加社会公益服务，实际操作运行顺畅、质效显著，实现了相对不起诉在司法实践中的职能、价值回归。

2. 各帮教单位试运行效果

（1）社区探索建立创新型被帮教人员档案。《机制》运行以来，观山湖区内12个社区、乡（镇）陆续开始承担被不起诉人帮教工作任务，在探索被不起诉人社会公益服务安排方面，部分社区从社会公益服务内容、服务形式入手，对被不起诉人帮教档案建立逐渐探索、创新，建立了图文并茂、较为丰富的档案，更预计将被不起诉人自身特长储备为社区志愿服务资源，这一尝试与《机制》制定的初衷不谋而合。

（2）交警部门高效率落实交通服务型岗位。《补充机制》落实以来，交警八大队根据其工作性质特殊性，有效将被不起诉人服务内容与交通引导工作紧密结合，接收被帮教人员共计 91 人，更负责解决了大部分辖区外拟不起诉人员接受帮教问题。达到了 1 名被不起诉人平均在 4 – 6 个工作日内即可完成 30 个小时服务承诺，其工作完成的高效性和岗位安排内容的针对性为帮教运行的整体推进提供了有力保障。

3. 接受帮教人员反馈效果

帮教运行以来，被不起诉人参加社会公益服务积极性较高，大多数人员均签订社会公益服务承诺书，能够按照服务岗位要求按时完成社会公益服务，并表示愿意投身志愿服务活动。根据回访情况反映，绝大多数接受帮教人员完成社会公益服务后，对自己的错误有了深刻的认识，并增加了对法律意识的重视度，切实对贡献社会、服务他人感受到内心充实感，体会到实现个人价值的意义（详见表 2）。

表 2　部分被不起诉人帮教回访体会摘录

现职业	涉及案件类型	部分体会摘录
电脑维修工	交通肇事	刘某：我在社区服务时帮助维修电脑，还到一些老人家里帮助接网线……最大的感想就是多帮助别人，听到别人说谢谢的时候感到欣慰，以后有空闲也会主动去帮助别人。
大学教师	危险驾驶	罗某：在对我进行不起诉后，过去的一年里，我一直积极参加社区服务活动，主动承担法律宣传员以及文明引导员，看望孤寡老人和留守儿童，免费对他们提供心理咨询，长期参加社区清洁卫生、社区思想教育学习……感谢社区和检察院本着法与情相结合，帮助我，教育我……
交通运输员	危险驾驶	杨某某：自己是一名交通运输的工作人员，没有以身作则，做了交通引导服务后，认识深刻，今后要用自己的经历对同事进行告诫，要遵纪守法。

续表

现职业	涉及案件类型	部分体会摘录
保安	故意毁坏财物	张某某：我在社区跟着村委联防队在春节期间晚上负责巡逻工作，去了小区和寨子里巡逻，村里治安挺好的，我觉得社会很和谐，以后我不会再这么冲动了。
爆破技术工	故意伤害	杨某某：我当时犯错时还是一名职校学生，现在已经是一名爆破技术工作人员了，感谢让我回归社会。
销售员	盗窃	刘某：我的服务主要是社区巡逻、打扫卫生之类的，对于公益服务的感想就是多多益善，利人利己，同时也感谢政府给我最宽大的处理。
在校大学生	代替考试	张某：对代替考试的行为，我深刻认识到自己的错误，公益服务让我感受更深，我会珍惜机会，做一个对社会有用的人。
企业副总	危险驾驶	万某某：我参加的是交通安全站岗服务，引导别人遵守交通规则才感受到自己以前对交规的不重视，从中受益匪浅。从案件发生至做完公益服务，我从心底接受教训……自己的儿子正在成长过程中，希望自己的经理和犯错后的行为能对他起到教育作用。
电焊工	组织、领导传销活动	李某某：我在社区对自己的行为进行了现身说法，告诫大家引以为戒……我以后要好好做人，不会做那些没有良心的事。

4. 社区、群众反馈效果

观山湖区检察院通过普法行动，对部分案件采取下社区公开宣告的方式，被不起诉人以现身说法作为社会公益服务内容，对广大群众进行法治宣传，告诫他人引以为戒，不要重蹈覆辙，用实际行动表达认罪、悔罪的态度和愿意今后为社会出力的意愿。这一普法教育方式得到社区党委的赞同，在群众中也起到了良好的引导、警示作用，当地居（村）民反馈社会效果较好。（详见表3）。

表 3 社区、群众（部分）反馈情况摘录

某村委书记：检察院对本村村民的处理让广大村民认识到了该类事件的严重性及社会危害性，同时也感受到了从宽处理带来的关怀。对整个村村民进行了一次很好的普法教育。	**某群工部部长：**当天的不起诉公开宣告后，村民都感受到了检察院对涉案人员的宽大处理，也认识到了以后要是发生此类事件，都不会冲动解决，而是应先联系村委，通过村委协调解决，对群工工作也有帮助。
村民陈某：以前我不知道曾某某他们这样做是违法犯罪行为是要坐牢的，现在知道了，以后遇到这种事也不会像他们那样处理。	**村民黄某：**以后遇事不能像他们那样那么冲动，要遵纪守法，多了解点法律知识，做一个好公民。
某司法所长：被不起诉人按要求完成了法律规定的帮教活动，在夜晚与联防队员一起在村里巡逻，广大村民看到了他们的帮教活动，也深受教育。	**某社区工作人员：**被不起诉人能够通过社会公益服务去帮助社区、帮助他人，对他们起到良好的教育作用，对社区工作开展也取得了良好的帮助效果，以后要多给他们提供相应的平台。

二、被不起诉人帮教机制面临的问题和存在的不足

观山湖区被不起诉人帮教机制虽然在价值呈现、流程运行以及反馈效果方面取得了一定成效，但也由于制度保障缺失、司法实践不足以及帮教执行单位认识程度不一等因素的掣肘，出现了一些亟待解决的现实问题。

（一）法律依据层面

现行法律针对相对不起诉人员的帮教规定存在立法空白，在探索相对不起诉人员接受帮教之初，也面临诸如是否违背法律原则、降低司法办案效率、变相增加了被不起诉人的义务责任等质疑。各地检察机关亦没有此类帮教管理规范可供参考。没有针对性的法律规定，开展帮教工作前期，帮教单位认识程度较低、理解存在偏差，外辖区相关单位更是对相对不起诉人员的帮教工作情况一无所知。帮教工作开展缺乏系统性规范标准，无法迅速有效落实。

（二）司法实践层面

1. 不起诉决定评判标准有待细化。根据帮教工作完成情况统计，大部分参加帮教人员能够积极、按时完成社会公益服务内容，但仍有未完成情况存在，一定程度上反映出检察院在把握犯罪嫌疑人认罪认罚和认定情节上仍

然存在一定偏差，也意味着被不起诉人在不能履行自己作出的社会公益服务承诺情况下，其是否真诚悔罪令人质疑。因此，检察机关需要加强对作相对不起诉案件的细致审查。

2. 检察机关监督力度不够。检察院在办理相对不起诉案件中，通过公开宣告、听证、训诫到达帮教环节后，仅注重制作相关文书，将被不起诉人送至帮教单位进行交接，而忽视对于帮教活动形式、时间、推进情况的跟踪监督，也未及时告知相应社区检察官进行关注，忽略未完成帮教的被不起诉人。

（三）帮教单位执行层面

1. 帮教队伍不健全。试运行阶段，社区帮教由群工部、司法局负责，但因对帮教工作不熟悉，对被不起诉人认识存在偏差，执行帮教在社区被认定为临时性、偶然性工作任务，甚至被当作社区工作的负累，重视度、执行力较低。加之由于人员编制较少、其他工作任务较重，帮教队伍专门化、职业化不足。部分社区存在落实部门人员推诿、责任不明问题。

2. 帮教服务岗位单一。由于接收被不起诉人时间、人数的不确定性，有时无法及时在30日或60日内紧密结合帮教执行单位自身合理安排被不起诉人社会公益服务岗位。为了完成帮教工作任务，执行单位在有限时间内仅能安排打扫卫生、社区巡逻等岗位，形式较为单一，帮教工作局限于完成任务，未能达到发挥被不起诉人自身专长有效服务社区的目的。

（四）机制衔接层面

1. 帮教程序未能实现有效衔接。试运行初期，检察院在送被不起诉人下社区参加帮教过程中，部分社区仍存在机制不明确、帮教任务不清晰等问题，对接渠道仅限于送被帮教人员至帮教执行单位、完成服务后收集表格两个简单对接环节，未能形成及时互动、共同推行的沟通平台，各单位完成工作任务独立分散，不能形成有条不紊、渠道畅通的运作模式。

2. 信息建档工作尚不完备。观山湖区检察院在帮教工作开展以来，经历了由无法定期更新、汇总数据的乱象到专人负责收集数据的常态，已初步掌握了绝大部分帮教人员信息资料，但目前尚未形成系统性、规范化的档案管理操作规程。同样，在帮教执行单位建档层面，社区综治办（群工部）、司法局接收帮教人员后，存在未建立或未形成规范建档模式的问题，接受帮教人员信息数据不完备，会导致面临运行帮教工作记录缺失的窘况。

（五）社会管理层面

帮教工作是一种社会工作，需要寻求与社会发展的互利结合点，为社会管理提供一定参考依据。观山湖区帮教机制运行以来，虽在文件规定中要求把接受帮教人员履行社会公益服务的诚信情况纳入社会管理，但始终因区域限制未能有效推广。接受帮教人员是否履行其承诺自愿完成公益服务是一种诚信考验，这一诚信评价对社会管理、人员管控具有一定价值。将被不起诉人履行社会公益服务的情况纳入诚信档案体系，是有待进一步践行的计划之一。

三、完善被不起诉人帮教机制的建议

通过上述总结分析，被不起诉人帮教机制的适用价值和运行意义提出了诸多需要思考的课题。笔者认为对被不起诉人帮教机制，应尽快达成共识，并完善相应规定。

（一）统一认识，制定被不起诉人帮教工作相关规定

相对不起诉是宽严相济刑事政策的具体落实，也是对认罪认罚从宽制度的具体贯彻，其实施过程中进行帮教的最终目标亦在刑法目的、任务规定范畴内，并未违背或超出法律本意和框架。不起诉的公开审查、公开宣告与后续帮教理应成为公诉裁量权下相对不起诉实施机制的完整组成内容。立法、司法机关有必要对帮教主体、帮教队伍、帮教方式、帮教评估方法等内容作出具体规定。各地各部门应结合实际情况，制定可行性具体规则，确保被不起诉人帮教工作有法可依、有章可循。

（二）重视审查，衔接好认罪认罚从宽制度

认罪认罚从宽制度是刑事诉讼活动中，犯罪嫌疑人自愿如实供述自己的罪行，对指控的犯罪事实没有异议，同意量刑建议或不起诉决定并签署具结书的案件，可以依法从宽处理的制度。在落实帮教机制运行过程中，检察机关要把好相对不起诉的入口关，严格、全面、慎重审查案件，对是否真诚悔罪、是否具有认罪认罚情节作出准确评判，并结合帮教机制引导被不起诉人回炉重塑，实现帮教机制的价值。

（三）综合评判，不起诉决定关注社区意见

刑事案件通过公开审查、公开听证、公开宣告，并通过帮教机制完善后续程序，作出不起诉决定。被不起诉人所在社区作为更加了解其日常情况的单位，出具的意见具有一定参考价值，应把社区意见作为不起诉决定的重要

依据，才能对被不起诉人作出更加合理的处理决定。

（四）明确职责，落实帮教一体化工作流程

帮教机制实现一体化、规范化实施模式，要明确启动程序、执行程序、监督程序、评估程序等内容。检察机关对启动帮教的人员思想、行为以及参加社会公益服务的情况予以关注、监督，对拒不履行社会公益服务承诺的被不起诉人进行训诫、纠正；社区、司法局等部门要明确专门部门、人员负责承接、负责帮教工作，并如实记录接受帮教人员参加服务的表现、状态等情况，做好帮教工作的有效评估。

（五）完善队伍，加强帮教服务岗位多样性、针对性

帮教单位可以考虑将社区（村）居委会成员、基层志愿者进行基本的培训后加入帮教工作队伍，在落实帮教要求的基础上，对接受帮教人员给予信任、支持，结合社区实际情况，安排有相应特长、专长的被不起诉人服务针对性较强的岗位，让其在社区各项活动中发挥作用，以增强为社会提供服务的积极性。

（六）互联互通，搭建帮教信息资源共享平台

帮教信息共享平台旨在进一步强化被不起诉人帮教管理工作，构建信息互通、工作互动、成效共享、监督有力的对接格局，确保推进被不起诉人社区帮教机制有序开展，资源共享。目前，观山湖区检察院已牵头建立共享平台，涵盖区群工中心、13个社区（镇）、交警八大队等单位，检察院可以在共享平台上发布拟作出相对不起诉决定的被不起诉人基本情况、处理结果，各对接单位可及时通报安排被不起诉人社会公益服务情况，可以进行资源共享，合理配置被不起诉人参加帮教岗位资源。

（七）信息建档，规范被不起诉人帮教数据统计

信息建档是完善帮教工作评估的基础，信息数据库的完备有实现帮教工作后续的可检验性和可操作性。检察机关应设置专人负责档案管理、收集工作，建立统一格式的相对不起诉案件、帮教情况电子台账。社区综治办（群工部）、司法局应对接受帮教人员社会公益服务实施情况建立档案，并将被不起诉人社会公益服务情况优良评价纳入档案，为社区做好人员管控建立更加完善的信息数据。

（八）信用评估，帮教服务情况纳入社会诚信评价体系

设立社会公益服务诚信档案不仅是对被不起诉人是否如实履行承诺、完

成社会公益服务要求的监督，也是对相对不起诉决定的后续检验。被不起诉人的诚信档案，作为其涉嫌刑事犯罪的评价具有后续查阅的社会价值。如有关部门因素需要调取被不起诉人曾经涉嫌犯罪资料时，检察院或帮教单位便可通过查询诚信档案，将社会公益服务考评记录作为评价的客观依据。

（九）合理借鉴，寻求社区矫正有益工作经验

司法机关作为社区矫正落实主体，对罪犯、刑满释放人员帮教工作具有丰富的经验。被不起诉人虽然有别于刑事犯罪的罪犯，但其帮教建档、走访调查、思想动态后续关注等方面，仍然可以从社区矫正帮扶工作中取长补短，积极探索方式方法，为预防和减少犯罪的共同目标，充分发挥各自职能作用。

结　语

刑法不仅要威慑、惩戒犯罪，更要实现其教育、改造目的。相对不起诉制度体现的是刑法的温度，却不能成为犯罪“草草了之”的通道；相对不起诉决定给了轻微刑事犯罪人“宽”的机会，却没有更多让被不起诉人体会触犯刑律的危害性和经历改造其罪、矫正其思想行为回归社会正途的过程。在不违背法律精神和立法原意的进程中推进司法理念和执法方式，在司法实践中寻求一种使相对不起诉适用真正实现后续法律效果和社会效果相统一的有效途径，让相对不起诉人员弥赎犯罪行为的同时体会服务社会的意义，并以此达到回归刑法目的的要求，是笔者提出被不起诉人参加社会公益服务、落实帮教工作意义的初衷，对于这一思考的运行价值，还需在司法机关、相关社会组织的逐渐认可下加以推广、完善。

犯罪竞合与认罪从宽

樊京京*

《刑事诉讼法》第15条对认罪认罚从宽刑事制度作的原则性规定是，“犯罪嫌疑人、被告人自愿如实供述自己的罪行，承认指控的犯罪事实，愿意接受处罚的，可以依法从宽处理”。理想状态下，在犯罪行为人只有一个犯罪行为且相关证据充分的情况下，无论是否认罪、认罪程度如何，在从宽处罚把握上不会面临太大困难。但在现实中，犯罪行为人不可能“标准化”地实施犯罪行为，一行为人存在多个犯罪行为且多行为之间存在着包括、牵连、吸收、加重等复杂关系是比较常见的现象。此外，现实中，受各种因素的影响，犯罪行为人往往并不是完全地承认或否认犯罪，部分承认而部分否认的情况比较常见。那么，行为人多个犯罪行为之间存在紧密关系，并且，他又部分承认部分否认犯罪事实的，如何判断认罪及适用从宽则会成为难题，此即本文所要讨论的犯罪竞合与认罪从宽问题。

一、罪数（竞合）理论简述与选择

罪数理论又被称为竞合理论，主要是研究存在犯罪竞合的情况下，数罪认定及刑罚合理化的问题，称数罪论或竞合论主要是名称上的不同，并无多少实质差异，均涵括处理两个问题：在犯罪成立阶段，被告所犯之罪究属一罪抑或数罪？在犯罪处罚阶段，对于已成立之数个犯罪，究应如何予以处罚？

就我国刑法理论来说，主要存在三种关于罪数（竞合）理论：一是传统的罪数（竞合）理论。将一罪的类型分为实质的一罪、法定的一罪以及处断的一罪三种：实质的一罪包括继续犯、想象竞合犯和结果加重犯；法定的一罪包括结合犯和集合犯；处断的一罪包括连续犯、牵连犯和吸收犯。将数罪的类型分为四种：实质数罪与想象数罪、异种数罪与同种数罪、并罚数

* 作者单位：贵州省人民检察院。

罪与非并罚数罪、判决宣告以前的数罪与刑罚执行期间的数罪。[①] 有学者对于该罪数理论提出的批评主要是，对于一罪和数罪的区分采用了多重标准，[②] 以及有悖于罪刑均衡原则。[③] 此外，也有学者认为，我国并不存在独立的罪数理论，传统的罪数（竞合）理论只是部分地学习了日本的罪数论而已，如张明楷教授认为，“从20世纪80年代末开始，我国刑法学界大体上借鉴了日本刑法理论中的罪数论，但是这种借鉴具有片断性与渐进性，没有完全将日本的罪数论体系引入我国刑法理论”。[④] 二是借鉴德国的竞合论。德国的竞合论认为，“行为个数的确定是竞合论的逻辑起点，因而首先将罪数类型分为行为单数与行为复数。对于行为单数，又进一步分为自然意义上的行为单数、构成要件的行为单数与自然的行为单数”。自然意义上的行为单数，是指行为人出于一个意思决定，在客观上也表现出为一个行为情况，如开一枪杀死一人；构成要件的行为单数，是指本来属于自然意义上的数个行为或者意思活动，立法者将其“组合”成为一个构成要件上的行为，如复行为犯、集合犯；自然的行为单数，是指在外观上虽属于数个可以分割的举动，但从日常生活观念来看，只要行为人是出现于单一的意思决定，且数个举动在时空上存在紧密联系的行为，如连续犯。在以上基础上，“根据行为系单数还是复数，分为法条竞合、想象竞合与实质竞合，法条竞合与想象竞合均属行为单数，实质竞合系行为复数”。[⑤] 对于德国的竞合论，有学者认为我国应开始力图现实“从罪数论到竞合论的转变”。[⑥] 而有学者则认为，由于竞合理论本身存在争论问题过多、行为单数概念难以被我国刑法理论接受、不符合我国刑法规定等原因，使得在我国“以竞合论取代罪数论是相当困难乃至不能的”。[⑦] 三是借鉴日本的罪数论。如有学者主张，我国应

---

① 高铭暄、马克昌：《刑法学》，北京大学出版社、高等教育出版社2014年版，第183～184页。

② 周啸天：《再论罪数的判断标准：双层次判断标准之提倡》，载《山西师范大学学报（社会科学版）》2011年第5期。

③ 陈洪兵：《实体与程序双层次罪数论体系的构建》，载《国家检察官学院学报》2016年第6期。

④ 张明楷：《罪数论与竞合论探究》，载《法商研究》2016年第1期。

⑤ 陈洪兵：《实体与程序双层次罪数论体系的构建》，载《国家检察官学院学报》2016年第6期。

⑥ 陈兴良：《从罪数论到竞合论：一个学术史的考察》，载《现代法学》2011年第3期。

⑦ 张明楷：《罪数论与竞合论探究》，载《法商研究》2016年第1期。

"借鉴日本的罪数论体系，将罪的诸形态区分为单纯的一罪、包括的一罪、科刑的一罪以及并罚的数罪。单纯的一罪是指无论依据什么标准，都只能评价为一罪，只能适用刑法分则中一个条文的情形；包括的一罪，是指对行为孤立的评价，可能得出数罪的结论，但如果进行整体的评价，只需要适用一个刑法分则条文的情形；科刑的一罪，是指行为构成数个犯罪，应当适用数个刑法分则条文，但只要适用一个重的法定刑的情形；并罚的数罪，是指行为构成数个犯罪，应当适用数个刑法分则条文，而且需要分别定罪量刑后被告并罚的情形"。①

本文认为，以上第一种与第三种罪数论框架可以看作同一理论的发展和完善，两者均是借鉴了日本的罪数论，在理论框架及概念使用上相同之处较多，相比较而言，与来源于德国的竞合论有较大差别。日本的数罪论和德国的竞合论均有深厚的理论基础，难以在理论上分出高低优劣。但是，如果从我国刑法学习借鉴的历史来看，显然是学习日本罪数论时间要久一些。并且，从概念普及性方面看，如牵连犯、连续犯这些日本罪数论中的特有概念已经在司法实践中被广泛地被接受和使用，而如自然意义上的行为单数、行为复数等德国竞合论中的特有概念在司法实践中普及程度显然不高。研究犯罪竞合场合下的认罪从宽问题，直接目的还是要在司法实践中使用，为了尽可能地减少理解上的困难，笔者倾向于在第一或第三种罪数论框架中选择一种，又由于第三种罪数论框架是第一种的发展和完善，最终选择第三种罪数（竞合）论作为本文以下讨论认罪从宽问题的罪数论概念框架。

二、单纯的一罪与认罪从宽

所谓单纯一罪，是指行为只有一次满足一个犯罪构成的情形。② 由于仅仅是因一个行为而引起了一个法益侵害结果，结果只能进行一回构成要件该当性评价，从而只成立一罪。③ 由于单纯一罪只符合一个犯罪构成，一般来说认定认罪与从宽的判断不存在特别疑难，但存在法条竞合、法律拟制情况时，因涉及犯罪之间存在着竞合、转化等关系，则会对认罪从宽的判断产生

---

① 张明楷：《刑法学（第五版）》，法律出版社2016年版，第461页。

② ［日］西田典之：《日本刑法总论（第2版）》，王昭武、刘明祥译，法律出版社2013年版，第276页。

③ ［日］山口厚：《刑法总论（第3版）》，付立庆译，中国人民大学出版社2018年版，第396页。

影响。

（一）法条竞合与认罪从宽

法条竞合是指行为看上似乎符合数个犯罪构成要件，但从构成之间逻辑关系来看，仅成立一个犯罪的情形。[①] 当两个罪名之间存在法条竞合时，只适用其中的特别法条，另一个普通法条是完全被排斥适用的，故有学者也认为，“竞合”应仅指想象竞合，而不包括法条竞合。原因在于，法条竞合的场合，“能从刑法条文逻辑地看出犯罪构成要件之间存在所谓竞合关系的，实际上是指犯罪构成要件之间存在重合的部分”；而在想象竞合的场合，“从刑法条文本身‘读’不出犯罪构成要件之间的关系，只是因为偶然的案件事实‘激活’了法条相互之间关系的，才是真正意义上的竞合”。[②] 以上区分“重合”与“竞合”的看法是正确的，但就认罪从宽判断来说，无论称其为“重合”或“竞合”，都难免对认罪连带性及程度产生影响。法条竞合的基本类型是特别关系，补充关系是特别关系的一种表现形式。“特别关系的基本特征是，甲法条记载了乙法条的全部要素，但同时至少还包括一个进一步的特别特征。特别法条所增加的特征或者要素，既可能是表现不法增加的或者减少的要素，也可能是表明责任增加或者减少的要素。”[③] 基于以上特别法条与一般法条之间是“不法要素”变化还是“责任要素”变化的标准，以下分别具体讨论。

当分界要素是不法要素而行为人对于该不法要素不承认的，应当区分是对于不法要素本身不予承认，还是对不法要素法律性质不予承认来判断认罪及从宽程度。首先，当特别要素是不法要素，但行为人对于不法要素不予承认，应结合案情适用无罪推定原则认定罪名及相应的认罪从宽程度。例如，《刑法》第 237 条中规定了强制猥亵、侮辱罪与猥亵儿童罪是法条竞合关系，因犯罪对象是儿童而提高了行为的不法性。在发生了猥亵儿童的犯罪事实后，如果行为人承认自己强制猥亵他人的事实，但不承认猥亵的对象是儿童的，需要根据案件相关事实查明行为人是否具有猥亵儿童的故意。如果可以证实行为人对于犯罪对象是儿童有认识的，则应当认定构成猥亵儿童罪，并且只能成立不法层面的认罪，适用相对较低的从宽力度；如果根据案件相

---

① ［日］西田典之：《日本刑法总论（第 2 版）》，王昭武、刘明祥译，法律出版社 2013 年版，第 276 页。

② 陈洪兵：《犯罪构成要件之间的重合与竞合》，载《法学评论》2016 年第 3 期。

③ 张明楷：《刑法学（第五版）》，法律出版社 2016 年版，第 465 页。

关情况，不能查明行为人是否对犯罪对象是儿童存在认识，则按照无罪推定原则，只能认定行为人构成强制猥亵罪，并且，行为人成立完全意义上的认罪，适用较大的从宽力度。其次，如果行为人承认了全部构成要件事实，只是对于作为分界要素的不法要素的法律性质不承认的，这种情况的“不认罪”不影响罪名的确定，并成立完全意义上的认罪。刑法中某犯罪的基本犯罪构成与加重犯罪构成之间也是法条竞合关系，例如《刑法》第263条抢劫罪中规定“入户抢劫”为加重的构成要件。犯罪客观事实是侵入他人既生活又经营的商店进行抢劫，行为人承认自己侵入该场所实施抢劫的事实，但是认为自己所侵入的场所并非“户”的，对于该种情况，无论司法机关机关根据所掌握的证据最终认定是否构成抢劫罪（入户抢劫），则行为人都应当认定为完全意义上的认罪并适用相应较大的从宽力度。理由是对于该种情况，行为人所承认的内容已经包括了无论是普通抢劫或入户抢劫的所有犯罪构成要素，只是对自己行为的法律性质存在误解。司法机关对于其侵入的场所是否属于“户”的认定，并不与行为人是否存在误解有关，故应认定为犯罪层面上的认罪。

当界分要素是责任要素而行为人对于该责任要素不承认的，如果根据其他证据足以证明行为人成立特别法条规定的犯罪的，只能认定行为人存在不法层面的认罪，从宽力度较小；如果根据其他证据只能证明行为人成立普通法条规定的犯罪的，应当认定行为人成立完全意义上的认罪，适用从宽力度相对较大。首先，在以是否存在犯罪故意作为界分要素时，例如，如果认为故意伤害罪（致人死亡）与故意杀人罪之间是法条竞合关系，前者是普通法条，后者是特别法条。在发生了将他人杀死的客观事实后，行为人只是承认具有伤害故意，而不承认具有杀人故意的，在这一情况下，如果司法机关掌握的犯罪证据足以证明行为人具有杀人故意，则应当认定构成故意杀人罪。即使行为对于犯罪杀人不认罪的，仍可以适用认罪从宽制度，但只能成立不法程度上的认罪，从宽力度较小；如果司法机关掌握的证据不足以证明行为人存在杀人故意，根据存疑时有利于行为人的原则最终认定为构成故意伤害罪时，则可以认定成立完全意义上的认罪，从宽力度较大。其次，在以是否存在犯罪目的作为界分要素时，例如，贷款诈骗罪与骗取贷款罪之间特别法条与普法法条的关系，其界分要素为非法占有贷款的目的；再如，在特定情况下集资诈骗罪与非法吸收公众存款罪之间是特别法条与普通法条的关系，其界分要素为具有非法占有公众存在的目的。实务中，经常发生行为人只是承认自己的骗取贷款、非法吸收公众存款的犯罪事实而否认具有非法占有目的的情况。对于该种情况，由于犯罪目的和故意同属于积极的责任要素，其认罪从宽的处理规则也相同，也就是说，应根据结合案件其他证据适用无罪推定原则，如果认定行为人构成集资诈骗罪、贷款诈骗罪时，则只能成立不法层面上的认罪，从宽力度较小；如果认定构成非法吸收公众存款罪、骗取贷款时，则认定犯罪成立层面上的认罪，从宽力度应加大。

（二）法律拟制与认罪从宽

可以简单地认为，所谓法律拟制规定是指，行为人具有 A 罪及一些特殊情况时原本是不构成 B 罪的，而刑法将其拟制规定为构成 B 罪的特殊规定。在我国刑法中广泛地存在着法律拟制规定，如《刑法》第 267 条将携带凶器抢夺拟制为抢劫罪、《刑法》第 269 条将盗窃、诈骗、抢夺拟制为抢劫罪（事后抢劫)、《刑法》第 241 条第 5 款将收买被拐卖妇女、儿童又出卖的拟制为拐卖妇女、儿童罪等。就法律拟制规定来说，在认罪从宽方面可能存在的问题是：当出现行为人承认拟制前的轻罪及案件特殊情况，但不承认自己构成法律拟制的重罪的情况时，如行为人承认自己具有抢夺犯罪行为并承认抢夺时携带用凶器，但由于自认为没有使用该凶器而坚决不承认自己行为是抢劫的，如何认定其认罪及从宽的程度？本文认为，该种不认罪是由于法律认识错误而导致的不认罪，根据本文前述观点，由于行为人所承认的内容已具备成立犯罪所需要的全部不法与责任要素，只是对于自己行为的法律属性或法律规定有误解，因此，应认定其属于完全意义上的认罪，适用相对较大的从宽力度。

三、包括的一罪与认罪从宽

刑法理论一般认为，虽然存在着数个法益侵害事实，但能够通过一个法条的适用将其包括地评价的场合，称为包括的一罪。作为包括的一罪，存在着两种场合：一是轻罪为重罪所吸收的场合，这称为吸收的一罪；二是同样的数个罪包括地作为一罪的场合。① 包括的一罪与法条竞合的区分在于，虽然犯罪行为也是触犯了数个法条，但是数个法条之间并没有逻辑上的包容关系，包括一罪中的一个罪名可以对其他罪名进行包括地评论。

前一种情况的包括一罪，也可称为异质的包括一罪或吸收一罪，在理论在又可划分为附随犯、共罚的事前或事后行为等情况。附随犯是指一个行为

---

① ［日］山口厚：《刑法总论（第 3 版）》，付立庆译，中国人民大学出版社 2018 年版，第 396 页。

引起数个法益侵害，但附随对主法益的侵害而引起对次法益的侵害部分，不作为处罚对象，仅在侵害主法益的犯罪的法定刑内一并考虑的情况，如殴打他人脸部将被害人所戴眼镜打坏了，虽然触及了故意毁坏财物罪和故意伤害罪两罪，但故意毁坏财物罪为故意伤害罪所吸收。“针对同一个，或者是可视为同一个法益、客体的复数的行为存在目的与手段或者原因与结果的关系的场合，属于手段的犯罪事实为属于目的的犯罪的刑罚所吸收，称为共罚的事前行为。”例如，预备犯罪为实行犯罪所吸收。“属于结果的犯罪事实为属于原因的犯罪的刑罚所吸收，称为共罚的事后行为。”例如，盗窃他人财物后再将其毁坏的。① 以上各类吸收一罪，其共同特点是都存在轻罪与重罪，并且，轻罪为重罪所吸收不再评价。法条竞合的数罪之间一般也有轻重之分，但与之不同的是，吸收一罪的轻重罪之间并没有逻辑上的包容关系，只是在犯罪事实上存在一定程度的重合，有的情况则是连犯罪事实上的重合都没有，仅仅存在时间上的前后发展关系。

根据吸收一罪的这些特点，本文认为在认罪从宽上可以按照这样的规则处理：首先，行为人承认重罪的犯罪事实的，无论是否承认被吸收的轻罪事实，都不影响认罪从宽的认定，因为其中轻罪本来也就是在认定具体罪名时不予考虑的。例如，只要行为人承认自己有实行犯罪事实的，则是否承认有预备犯罪行为，都不影响对于实行犯罪作认罪从宽处理。再如，盗窃罪行为人在被抓获后，发现财物已被毁坏的，即使有证据表明就是该行为人毁坏的，行为人只是承认盗窃而不承认毁坏财物的，也不能影响盗窃罪成立完全意义上认罪及从宽。其次，行为人只承认轻罪事实的，如果查实重罪事实成立的，则对于重罪事实不能成立任何意义上的认罪，但如果轻重罪事实有重合部分的，可以就重合部分适用相应程度的认罪从宽。例如，前述预备犯与实行犯之间具有吸收关系，如行为人只承认自己人预备行为不承认有实行行为，如果犯罪实行行为查证属实的，行为人不可能成立任何意义上的认罪，也无法因此而从宽。再如，同一行为人前期只是有积极参加黑社会性质组织的行为，后期发展到组织、领导黑社会性质组织，则其积极参加黑社会性质组织的行为被组织、领导黑社会性质组织所吸收，只成立组织、领导黑社会性质组织一罪即可。在行为人不承认自己有组织、领导黑社会性质组织行为时，应分情况处理：如果是行为人对于自己行为的法律性质存在认识错误

① ［日］山口厚：《刑法总论（第3版）》，付立庆译，中国人民大学出版社2018年版，第398页。

的，则不认罪不影响认罪从宽的成立；如果行为人是故意不承认有组织、领导黑社会性质组织的行为事实，只承认有积极参加黑社会性质组织的行为事实，即使最终认定为组织、领导黑社会性质组织罪，由于参加黑社会性质组织罪被组织、领导黑社会性质组织罪所吸收，也可以在一定程度上适用认罪从宽。

后一种情况的包括一罪，也可称为同质的包括一罪。一般认为，同质包括一罪包含多次犯、数额犯、连续犯、集合犯等情况，其中最为常见的是多次犯、数额犯，本文着重分析这两种情况。

（一）多次犯与认罪从宽

作为包括一罪的多次犯与其他罪数类型之间有交叉，例如，对于多次犯来说，如果刑法将多次实施犯罪行为规定了犯罪成立条件时，则其是单纯的一罪；如果多次犯只能进行数罪并罚时，则是并罚的数罪。因此，作为同质包括一罪的多次犯是指行为数次构成犯罪，但既不能评价为单纯一罪也不能评价为并罚的数罪的情况，也即作为作为法定刑升格条件的多次犯，如《刑法》第263条中规定的多次抢劫、《刑法》第292条规定的多次聚众斗殴等。对于多次犯有学者认为，“虽然要求行为人每次抢劫时都必须具有‘抢劫’的故意，认识到抢劫罪构成要件，但不要求行为人认识到‘多次’抢劫”。[①] 也就是说，认定行为人构成抢劫罪（多次抢劫），并不需要行为人对于“多次”具认识。假设同意以上观点，进而提出的问题是：既然“多次”不是行为人犯罪故意认识的对象，但是否是成立认罪的条件呢？

本文认为，“多次”虽然不是成立犯罪加重处罚所必须认识的要素，但却是加重处罚成立认罪从宽所需要的条件。以多次抢劫为例，只有行为人承认自己是多次抢劫的，才能认为是对于抢劫罪（多次抢劫）的认罪。这一看法看似和以上认为“多次抢劫”不是犯罪故意认识对象的观点相矛盾，但其实并不矛盾，原因在于作为犯罪故意认识对象的“多次”和认罪中“多次”的内容和时间点是不同的：犯罪故意中不需要对“多次”具有认识，是指在犯罪行为发生时，虽然必须要求行为人对于自己本次实施的行为是抢劫具有认识，但不需要对于自己是第几次实施抢劫具有认识；而作为认罪成立条件的对于多次犯罪事实的承认，是指在刑事诉讼活动中行为人对于司法机关所掌握的多次抢劫事实都予以承认，否则，不能成立对于法定刑加

① 张明楷：《法定刑升格条件的认识》，载《政法论坛》2009年第5期。

重犯罪的认罪。例如，司法机关所掌握的犯罪证据足以证明行为人构成三次抢劫，而行为人只是承认其中二次，不能认为成立抢劫罪（多次抢劫）的认罪，并且，在考量相应的从宽力度时也应当有所减小。

（二）数额罪与认罪从宽

作为包括一罪的数额犯是指，当分则条文根据数额较大、巨大与特别巨大规定轻重不同的法定刑时，即使行为人数次实施的相同行为均独立构成犯罪，也不需要认定为数罪，而是包括地评价为一罪并且累计数额，适用相应的法定刑。① 从是否属于构成要件要素以及需要有认识的角度分类，可以分为两类：一是属于构成要件要素因而需要有认识的数额，如盗窃、诈骗等取得型财产犯罪中的违法所得数额。二是不属于构成要素因而不需要有认识的数额，如犯罪行为孳生之物、犯罪行为的报酬等数额。② 问题是，对于以上需要有认识的数额犯与不需要有认识的数额犯，在行为人承认有犯罪行为但否认达到相应数额时，在认罪从宽的判断上有何差别？首先，对于需要有认识的数额，行为人必须对此予以承认才成立认罪。需要有认识的数额是构成要件要素，否认了该要素其实就是否认了犯罪的成立，如行为人承认自己具有盗窃行为但否认盗窃数额较大或数额巨大的，不能认定成立盗窃罪的认罪或盗窃数额巨大的认罪，但由于承认自己有盗窃行为，也可以给予一定程度的从宽。其次，对于不需要有认识的数额，仍需要行为人对该数额予以承认才能认定为成立认罪。不需要有认识的数额虽然不是构成要件要素，但往往作为限制处罚范围的条件或法定型升格条件而存在，如果对此不予承认的必然不会是对于具体犯罪性质的承认，如《刑法》第170条规定"伪造货币数额巨大的"是法定刑升格条件之一，对于该种犯罪行为孳生之物的数额虽然不需要有认识，但行为人在到案后并不承认具有伪造货币已达到数额巨大的犯罪事实时，也难以对其构成的伪造货币罪（数额巨大）适用认罪从宽。

四、科刑的一罪与认罪从宽

科刑的一罪是指，"在这些场合中，虽然也可以认为存在着数个单纯一

---

① 张明楷：《刑法学（第五版）》，法律出版社2016年版，第479页。

② 张明楷：《法定刑升格条件的认识》，载《政法论坛》2009年第5期。

罪，但因为在科刑上是作为一罪来处理的，所以称为科刑上的一罪”。[①] 科刑的一罪与包括的一罪存在明显区别。包括的一罪时，虽然也可能存在数个法益侵害，但只需要包括地评价为一罪，也仅适用一个分则条文，只是按其中较重的法定刑处罚而已。[②] 而科刑的一罪都是评价上的数罪，只是评价上的数罪之间由于存在紧密关系而最终只以一罪科处刑罚。科刑的一罪包括想象竞合和不并罚的牵连犯两种情况，[③] 以下分别讨论其认罪从宽问题。

（一）想象竞合犯与认罪从宽

想象竞合犯，也称想象的数罪、观念的竞合、一行为数法，是指一个行为触犯了数个罪名的情况。它有两个基本特征：一是行为人只实施了一个行为；二是一行为必须触犯数罪名，即在犯罪构成的评价上，该行为符合数个犯罪构成。[④] 想象竞合犯是评价上的数罪，虽然最终以一罪处罚，但也需要对竞合的数罪进行分别评价，根据想象竞合犯的这一特点，对于竞合数罪的认罪从宽问题也应当分别予以评价，具体来说，如果行为人一行为构成 A 罪与 B 罪，需要分别对 A 罪的认罪从宽程度与 B 罪的认罪从宽程度进行评价，并且，择一重罪处罚时，只考虑行为人对于该罪的认罪程度以确定从宽程度。

首先，行为人承认内容已经具备成立竞合的数罪的成立要件的，只是对于其行为的法律性质存在认识错误而不承认部分犯罪的，应将竞合的数罪都成立完全意义上的认罪。例如，行为人明知偷走被害人急用的贵重药品会导致被害人死亡，仍然将该药品偷走而导致被害人死亡的，成立盗窃罪与故意杀人罪的想象竞合犯。如果行为人承认偷盗事实，并承认自己对于偷盗会导致被害人死亡有认识，但认为自己只构成盗窃罪，不构成故意杀人罪。对于该种情况，由于行为人所承认的内容已经达到成立盗窃罪或故意杀人罪的程度，其不承认自己构成故意杀人罪只是对于行为的法律性质存在认识错误，因此，对于其构成的故意杀人罪应成立完全意义上的认罪。其次，行为人所承认的内容只具备竞合的数罪中部分犯罪成立要件的，只能就该部分犯罪成立完全意义上的认罪，对于其他犯罪则需要视情况判断其认罪程度。例如，

---

① ［日］山口厚：《刑法总论（第 3 版）》，付立庆译，中国人民大学出版社 2018 年版，第 404 页。

② 张明楷：《刑法学（第五版）》，法律出版社 2016 年版，第 482 页。

③ 张明楷：《罪数论与竞合论探究》，载《法商研究》2016 年第 1 期。

④ 张明楷：《刑法学（第五版）》，法律出版社 2016 年版，第 482 页。

再以上述盗窃药品案为例，如果行为人承认自己盗窃了药品，而不承认对于可能导致被害人死亡有认识的，这实际上是不承认自己具有杀人故意。在这种情况下，如是根据其他证据足以证明行为人具有杀人故意的，则盗窃罪成立完全意义上的认罪，故意杀人罪不能成立认罪，或至多成立不法程度上的认罪。想象竞合择一重，最终以故意杀人罪处罚时，由于盗窃行为导致了死亡结果，盗窃行为与杀人行为具有事实上的重合关系，可以考虑成立不法层面上的认罪并有一定从宽。再如，行为人构成抢劫罪（致人死亡）与故意杀人罪的想象竞合犯时，其承认自己构成抢劫罪，但否认自己有杀人故意时，由于抢劫致人死亡主观上既可以是故意也可以是过失，因此，就抢劫罪（致人死亡）而言，应成立完全意义上的认罪，而故意杀人罪则不能成立认罪。如果最终以抢劫罪一罪处罚，则具有完全意义上认罪从宽的效果。

（二）牵连犯与认罪从宽

一般认为，作为犯罪的手段或者结果的行为触犯其他罪名时，属于牵连犯。“行为虽然是复数的，但这些行为之间存在着手段与目的或者原因与结果关系的场合，属于可以按照一个意思决定看待的场合，能够肯定相对的责任减少，也是作为科刑上的一罪来处理。”① 可见，为了实现刑罚的合理性，对于牵连犯的处罚规则应是择一重罪论处。但是，我国刑法分则中却规定了牵连犯不同的处罚方式，如《刑法》第208条第2款规定，“非法购买增值税专用或者购买伪造的增值税专用发票又虚开或者出售的，分别依照本法第205条、206条、第207条的规定定罪处罚”。这里规定存在牵连关系的数罪间从一重罪论处；而《刑法》第157条第2款规定，“以暴力、威胁方法抗拒缉私的，以走私罪和本法第277条规定的阻碍国家机关工作人员依法执行职务罪，依照数罪并罚的规定处罚”。这里又规定了走私罪和妨害公务罪之间存在牵连关系的，应数罪并罚。“既然将牵连犯归入科刑的一罪，那么，实行数罪并罚的情形就不能归入牵连犯。”② 故而，本文这里所讨论的牵连犯都是择一重罪论处的情况，至于存在牵连关系但刑法将其规定为数罪并罚的，则属于并罚数罪的认罪从宽问题，不在本部分讨论之列。牵连犯的特点是数行为分别成立数罪，并择一重罪论处。

本文认为，对于牵连犯的认罪从宽处理可采用以下两条规则：第一，由

---

① ［日］山口厚：《刑法总论（第3版）》，付立庆译，中国人民大学出版社2018年版，第404页。

② 张明楷：《刑法学（第五版）》，法律出版社2016年版，第491页。

于牵连犯存在数个独立构成犯罪行为，则根据本文前述提出的一罪的认罪效果原则上只及于一罪的基本规则，对于牵连数罪其中一罪的认罪从宽效果不及于其他犯罪；第二，由于牵连犯最终是择一重罪处罚，则只要行为人承认牵连罪中的重罪，无论是否承认牵连的轻罪，都不影响对于重罪成立完全意义上的认罪从宽。例如，一般认为非法侵入住宅后杀人的，是典型的非法侵入住宅罪与故意杀人罪的牵连犯，如果行为人只承认故意杀人罪而不承认有非法侵入住宅罪的，对于其中非法侵入住宅罪而不能成立认罪，但即使如此，对于故意杀人罪也成立完全意义上的认罪及从宽。

五、并罚的数罪与认罪从宽

就并罚的数罪来说，无论是异种的并罚数罪或者同种的并罚数罪，都是各自相互独立的犯罪行为，原则上各罪认罪从宽的效果只及于自身，不会扩展到其余犯罪，但我国刑法规定有一类比较复杂的情况，就是在同一罪名下包括多种行为类型，其认罪从宽问题值得特别研究。在我国刑法中，有多个法条中存在多种行为类型共用一个罪名的现象，如《刑法》第 270 条规定的侵占罪规定了两种不同的行为类型、《刑法》第 225 条非法经营罪规定了 3 种不同的行为类型、《刑法》第 293 条寻衅滋事罪规定了 4 种不同的行为类型，对于此类犯罪，需要研究的问题是：在行为人实施了多次不同行为类型的同一犯罪时，对于其中一部分认罪一部分不认罪的，如何判断其认罪从宽效果？例如，行为人实施了五次不同方式且均构成犯罪的寻衅滋事行为，而只对其中三次寻衅滋事行为认罪的，应如何判断其认罪从宽的效果？原则上，应结合同种数罪的并罚性来考虑其认罪从宽效果的连带性。“当司法解释确定的一个罪名包含了两种不同的犯罪，而行为人实施了该罪名下的两种不同类型的行为时，应当实行数罪并罚”，但是，当“刑法分则所规定的法定刑升格条件包括了多次犯罪时，不应当并罚”，并且，“刑法分则条文将数额较大作为犯罪起点，并针对数额巨大、数额特别巨大的情形规定了加重法定刑时，不应当并罚”。[①] 对于不同类型的数次同种犯罪，如果可以以一罪加重处罚的，则属于单纯的一罪或包括的一罪，应当按照相应规定分别考虑认罪从宽效果；如是不能以一罪论处，需要数罪并罚的，则应当分别判断各行为的认罪从宽效果。对于是否可以一罪论处，应当注意刑法中是否规定有可以累计加重处罚的规定。例如，就侵占罪来说，行为人实施了一次侵占

---

① 张明楷：《论同种数罪的并罚》，载《法学》2011 年第 1 期。

代为保管他人财物的侵占行为，实施了一次侵占他人遗忘物的行为，但其只承认其中一次侵占行为。在这种情况下，由于《刑法》第270条第1款中规定有“数额较大”“数额巨大”两档不同的法定刑，如果两次“数额较大”累计达到“数额巨大”的标准，最终认定以一个侵占罪并适用“处二年以上五年以下有期徒刑，并处罚金”法定刑的，则应当综合考虑认罪从宽的效果；如果两次行为侵占行为都达到“数额较大”，但累计达不到“数额巨大”的，则需要对两次侵占行为进行数罪并罚，因此，各次行为认罪从宽的效力也要单独考虑。再如，就寻衅滋事罪来说，行为人有多次构成犯罪的寻衅滋事行为，而只对其中部分犯罪行为认罪的，如果多次寻衅滋事行为符合《刑法》第293条第2款规定的“纠集他人多次实施前款行为，严重破坏社会秩序的”，以寻衅滋事罪一罪加重处罚的，则应综合考虑其认罪从宽效力；如果根据案情，行为人实施的多次寻衅滋事行为只能进行数罪并罚的，则应分别考虑其认罪从宽效果。

检察裁量权的限度及其监督制约

——以认罪认罚从宽制度为视角

赵江伟*

修改后刑事诉讼法确立的认罪认罚从宽制度，赋予检察机关更大的裁量权，为检察工作创新发展提供了重要机遇，但裁量权被滥用的风险也随之加大。为促进检察机关规范行使裁量权，确保认罪认罚从宽制度在及时有效打击犯罪、加强人权保障、节约司法资源等方面切实发挥作用，有必要对该制度中检察机关裁量权的范围予以界定，对其运行予以规范。

一、检察裁量权的含义及特征

（一）检察裁量权的定义

应该选择何种概念来指称检察机关的裁量权，这种裁量权的内涵又如何界定？为合理选择概念、界定内涵，首先要谈及检察机关的司法责任制改革。被称为新一轮司法体制改革“牛鼻子”的司法责任制改革取得了明显成效，2019 年 1 月 1 日施行的《人民检察院组织法》作出相应修订，确认和巩固了改革成果。按照该法规定，检察机关的办案主体包括检独任检察官，也包括检察官办案组；重大办案事项由检察长决定；检察委员会可以讨论决定重大、疑难、复杂案件。可见，检察裁量权的主体不仅包括独任检察官，也包括检察官办案组、检察长、检察委员会等。因此，第二种定义指向的对象较为全面，采取“检察裁量权”或“检察自由裁量权”的表述较为可取；需要明确的是，这两种表述无实质区别，因为两者均是对英文单词是 Discretion 的翻译，只存在翻译方式上的区别。为了表述上的简洁，笔者采取检察裁量权的表述。

在《牛津词典》中，Discretion 是指“一种做决定的自由，即当一个人

---

* 作者单位：贵州省人民检察院。

认为合适、无条件或者在限度之内时”。根据《元照英美法词典》的解释，裁量权即酌定决定的自由，是指公务人员根据授权法的规定，在特定的环境下根据自己的判断和良知执行公务，不受任何他人干涉或者控制的权力（或权利），也用作 Discretionary Power；“Discretion”还有辨别能力、谨慎判断等含义，多用于处理谨慎、恰当适度且需要自控力的事情。[①] 自由裁量，强调的是公务人员在法律框架内酌情作出决定的自由。自由裁量中的自由，并非绝对的不受约束的自由，而是在法律的授权之内的相对自由。此外，厘清“权力”一词的含义也十分必要。龙宗智教授指出，“权力是一种对其他个人、组织以及有关事务的一种影响力与支配力”。[②] 这种观点可谓一语中的。检察裁量权作为权力的一种，必然具有权力的一般属性，即对其他个人、组织以及有关事务具有影响力与支配力。

对检察裁量权具体内涵，上述三种观点的界定存在差别。从前两种观点无法判断检察裁量权的具体类型；第三种观点采取列举式的方式直观明了地呈现出了概念的特征，但其所列举的外延并不全面。通过对三种观点的比较借鉴，笔者认为，可以将检察裁量权定义为：检察裁量权是指检察机关或检察官在行使检察权过程中依法享有的能够对犯罪嫌疑人、被告人的实体权力产生强制力或者能够影响诉讼进程的行为选择权。

这种定义充分考虑了检察裁量权的特点——兼有程序性和实体性。检察官的权力具有程序性特征，即启动刑事诉讼程序，采取相应的刑事追诉措施，将具备诉讼条件的刑事被告人交法院审判进行实体性处置。因此，检察官具有自由裁量权的行使也具有程序性特征。然而，检察官自由裁量权的关键，是其可以在一定范围内对犯罪嫌疑人作出具有实体意义的处理。这种实体处理，不能决定对犯罪嫌疑人的刑罚处置，但可以在一定的条件下决定对其刑罚不处置，具有否定性实体处置权。[③] 程序性特征，表明检察裁量权能够产生启动或者终结诉讼程序等影响诉讼进行程的效力；实体性特征，则表明该项权力能够对犯罪嫌疑人、被告人的人身权、财产权等实体权力产生强制力。强调检察裁量权能够影响诉讼进程比较容易理解，但容易忽视的是，某些检察裁量权并不能直接影响诉讼进程，却能够对犯罪嫌疑人、被告人的

---

① 转引自王守安：《检察裁量制度理论与实践》，中国人民公安大学出版社2011年版，第1页。

② 龙宗智：《检察官自由裁量权论纲》，载《人民检察》2005年第15期。

③ 龙宗智：《检察官自由裁量权论纲》，载《人民检察》2005年第15期。

实体权力产生强制力，比如后文提到的逮捕裁量权，检察机关批准逮捕的决定影响了犯罪嫌疑人、被告人的人身权利，但对诉讼进程没有直接影响。因此，有必要对检察裁量权能够对犯罪嫌疑人、被告人的实体权力产生强制力进行强调。

（二）检察裁量权的特征

一切裁量权都由一定的主体来行使，它可以是行政机关、审判机关或是检察机关等，裁量主体具有特定性。裁量权的来源都来自法律的授权，没有授权不得裁量，权力来源具有法定性。裁量的依据除法律规定之外，还要兼顾公共利益、诉讼效益、刑事政策等因素，裁量依据具有多样性。既然是裁量，就需要裁量主体发挥主观能动性，在不违反法律精神的条件下酌情作出行为选择，因此裁量标准具有模糊性和主观性。这是裁量权的共同特征。

检察裁量权除具有裁量主体特定性、权力来源法定性、裁量依据多样性、裁量标准模糊性和主观性等裁量权的上述共性之外，还具有裁量程序相对封闭性的特征，这也是检察裁量权与法院裁量权的最大区别。法院的定罪量刑，不仅通常经过了公开的庭审，听取了检察机关、被告人及其辩护律师甚至被害人及其诉讼代理人的意见，更重要的是，判决书要对裁量过程进行说理而且一般要公开，具有一定的公开性和透明性。而检察机关的裁量一般是封闭进行的，裁量过程一般不公开，对外公开的文书说理性又不强。即便是相对公开的逮捕听证式审查，在作出决定后也没有开展文书说理工作，裁量过程总体上仍是封闭性的。裁量程序的相对封闭性，是检察裁量权的最显著特征。裁量程序的相对封闭性，是检察裁量权的最显著特征。此外，检察裁量权还具有程序性兼实体性的特点，上文已提及。

二、认罪认罚从宽制度中检察裁量权的范围

《刑事诉讼法》第 201 条规定，一般情况下法院应当采纳检察机关指控的罪名和量刑建议的方式，以立法的形式将法院的部分审判权赋予检察机关，很大程度上扩大了检察裁量权。“纵观世界刑事诉讼发展史，随着有罪必罚的报应刑理念让位于预防主义的刑罚理念，随着犯罪的‘高涨’和诉讼经济思想的勃兴，检察机关的自由裁量权都呈扩大之势。”① 检察裁量权的扩张，符合世界潮流和时代需求。

---

① 朱孝清：《认罪认罚从宽制度对检察机关和检察制度的影响》，载《检察日报》2019 年 5 月 28 日，第 3 版。

检察机关的裁量权相当广泛，只要刑事诉讼法赋予了检察机关某种行为选择权，并且这种选择权能够对犯罪嫌疑人、被告人的实体权力产生强制力或者能够影响诉讼进程，这种权力就是检察裁量权。赋予检察裁量权，刑事诉讼法通常采用人民检察院“可以……”的表述，但并非所有此类表述都意味着赋予检察裁量权。比如，《刑事诉讼法》第214条第2款规定，“人民检察院在提起公诉的时候，可以建议人民法院适用简易程序”，“可以建议”虽然也是一种行为选择自由，但即便检察机关建议适用简易程序，法院也可以由于各种原因不适用，这种建议不具有当然的约束力，因而该条规定并非关于检察裁量权的规定。

需要说明的是，检察机关认定案件事实的活动不属于检察裁量权的范畴，因为认定案件事实虽然具有一定的主观性，需要检察机关或检察官发挥主观能动性，但其依据的只能是具有法律资格的证据，而这些证据能够证实案件事实具有确定性，不能自由选择，没有裁量空间。根据中外诉讼理论的一般认识，权力主体在认定案件事实方面没有选择权，认定事实的过程属于诉讼认识活动而非诉讼裁量活动。[①] 按照修改后刑事诉讼法的规定，认罪认罚从宽制度中的检察裁量权主要包括以下几种：

（一）控辩协商启动权

《刑事诉讼法》第173条第2款规定，“犯罪嫌疑人认罪认罚的，人民检察院应当告知其享有的诉讼权利和认罪认罚的法律规定，听取犯罪嫌疑人、辩护人或者值班律师、被害人及其诉讼代理人对下列事项的意见，并记录在案：（一）涉嫌的犯罪事实、罪名及适用的法律规定；（二）从轻、减轻或者免除处罚等从宽处罚的建议；（三）认罪认罚后案件审理适用的程序；（四）其他需要听取意见的事项”。第174条第1款规定：“犯罪嫌疑人自愿认罪，同意量刑建议和程序适用的，应当在辩护人或者值班律师在场的情况下签署认罪认罚具结书。”检察机关听取意见的过程，也是控辩双方围绕案件的处理进行协商的过程。[②] 这些规定赋予检察机关控辩协商的启动权，是否与犯罪嫌疑人、被告人进行协商，决定权在检察机关，按照检察裁量权的定义和特征，这种程序启动权属于检察裁量权。

---

① 参见王守安：《检察裁量制度理论与实践》，中国人民公安大学出版社2011年版，第7页。

② 朱孝清：《认罪认罚从宽制度对检察机关和检察制度的影响》，载《检察日报》2019年5月28日，第3版。

（二）强制措施选择权

认罪认罚制度适用于刑事诉讼全过程，包括侦查阶段。[①] 在侦查阶段，公安机关、人民法院和人民检察院可以适用多种强制措施。《刑事诉讼法》第 66 条规定，“人民法院、人民检察院和公安机关根据案件情况，对犯罪嫌疑人、被告人可以拘传、取保候审或者监视居住”；第 67 条规定了哪些情况下可以取保候审；第 74 条规定了哪些情况下可以采取监视居住强制措施；第 81 条前 3 款规定了逮捕条件，第 4 款则规定，违反取保候审、监视居住规定情节严重的，可以逮捕。其中哪些权力属于检察裁量权？根据裁量权的定义，只有刑事诉讼法规定为“可以……”的才可能是关于裁量权的规定，因此第 66 条、第 67 条、第 74 条、第 81 条第 4 款是关于检察裁量权的规定，包括取保候审裁量权、监视居住裁量权，以及在犯罪嫌疑人、被告人违反取保候审、监视居住规定情节严重情况下的有限的逮捕裁量权。

（三）不起诉裁量权

作出起诉决定没有裁量的余地，符合提起公诉条件的案件，检察机关应当提起公诉。在三种不起诉中，绝对不起诉和存疑不起诉不能裁量，只有酌定不起诉可以裁量。现行《刑事诉讼法》第 182 条扩大了检察机关的不起诉裁量权，该条规定：“犯罪嫌疑人自愿如实供述涉嫌犯罪的事实，有重大立功或者案件涉及国家重大利益的，经最高人民检察院核准，公安机关可以撤销案件，人民检察院可以作出不起诉决定，也可以对涉嫌数罪中的一项或者多项不起诉。”法律赋予了检察机关对极少数特殊的有罪（微罪之外的有罪，包括重罪）案件在实体上超常规的出罪权和程序上超常规的分流权。[②]

（四）量刑建议权

量刑建议权是否是检察裁量权存在争议，有人认为其是检察裁量权，有人则认为不是。笔者的意见是不能一概而论。一般情况下，量刑建议权（姑且称其为“权”）不是检察裁量权，但在认罪认罚从宽制度中，量刑建议权则属于检察裁量权。2012 年之前的刑事诉讼法并未规定检察机关可以提出量刑建议，检察机关提出量刑建议的主要依据是 2010 年 10 月 1 日试行

---

① 参见孙谦：《侦查阶段是否可以适用认罪认罚从宽制度》，载《中国刑事法杂志》2018 年第 1 期。

② 朱孝清：《认罪认罚从宽制度对检察机关和检察制度的影响》，载《检察日报》2019 年 5 月 28 日，第 3 版。

的"两高三部"《关于规范量刑程序若干问题的意见（试行）》以及2013年1月1日施行的《人民检察院刑事诉讼规则（试行）》。但是，对于法院是否应当采纳检察机关量刑建议问题，两者都未明确，导致在一般案件（非认罪认罚案件）中，一方面，检察机关的量刑建议比较宽泛；另一方面，更重要的是，对于这种宽泛的量刑建议，法院也是可采纳可不采纳，量刑建议只是一种建议而不具有当然的约束力。既然如此，其既不能对犯罪嫌疑人、被告人人身权、财产权等实体权力产生强制力，也不能够影响诉讼程序推进，不符合检察裁量权的定义，不是检察裁量权。但是，在认罪认罚从宽程序中，《刑事诉讼法》第176条第2款规定："犯罪嫌疑人认罪认罚的，人民检察院应当就主刑、附加刑、是否适用缓刑等提出量刑建议……"不仅如此，检察机关提出的量刑建议一般还应当明确具体。因为精准的量刑建议不仅能够为法官提供参考，提高审判效率，而且有助于提高犯罪嫌疑人、被告人对从宽处理结果的预期，提高认罪认罚从宽制度的适用质效。该法第201条规定，"对于认罪认罚案件，人民法院依法作出判决时，一般应当采纳人民检察院指控的罪名和量刑建议，但有下列情形的除外：……"按照上述规定，在认罪认罚案件中，检察机关应当就主刑、附加刑、是否适用缓刑等提出相对精准的量刑建议，并且规定法院一般应当采纳检察机关的量刑建议，实质上是刑事诉讼法将法院的部分审判权赋予了检察机关。此时，量刑建议已经不仅仅是可采纳可不采纳的建议，而具有很强的拘束力，影响甚至决定法院的量刑。因此，认罪认罚程序中检察机关的量刑建议权是检察裁量权的类型之一。

三、认罪认罚从宽制度中检察裁量权的监督制约

不可否认，检察裁量权的扩大虽然具有缓解过度犯罪化带来的负面影响、提高诉讼效率节约司法资源等积极作用，但由于检察裁量权具有裁量标准模糊性和主观性、裁量程序相对封闭性等特征，此项权力的扩大也带来了权力滥用的风险。特别是在认罪认罚从宽制度中，可以说我国的检察机关同美国等英美法系国家的检察机关类似，同样主导着控辩协商，拥有影响定罪量刑的实质性权力。[①] 虽然该项制度刚刚起步，提高适用率是当务之急，但司法公正同样不可忽视，必须高度重视对检察裁量权的监督和制约，防止权

① 熊秋红：《域外检察机关作用差异与自由裁量权相关》，载《检察日报》2019年4月22日，第3版。

力恣意和司法腐败。除采取完善司法责任制、建立问责追责机制等强化内部监督的措施之外，以下方式也是保障检察裁量权规范运行的有效举措。

（一）深化文书公开

最大程度地公开各类法律文书，是限制司法权滥用的有效方式。但是，如果仅公开一些不能体现司法决定过程的缺乏说理性的文书，而拒绝公开那些最能体现司法官审查过程、司法机关内部形成决定过程的文书，这种公开就难以实现文书公开的目的和初衷，难以适应新时代人民群众对司法公正的强烈要求。笔者认为，认罪认罚从宽案件不仅要公开文书，特别是不起诉决定书，而且要完善不起诉决定书内容，强化不起诉说理。另外，一些体现办案依据、办案程序及办案过程的内部工作性文书，如公诉案件审查报告、审查逮捕意见书等，往往最能保障公众的知情权、参与权和监督权，若不涉及国家秘密、商业秘密、个人隐私或未成年人犯罪的信息，且公开之后不会给工作带来损害，也应当按照《人民检察院案件信息公开工作规定（试行）》的有关要求作匿名处理或屏蔽有关内容后予以公开，以最大的勇气接受公众监督。

（二）加强法院制约作用

根据《刑事诉讼法》第 201 条第 1 款的规定，人民法院依法作出判决时，一般应当采纳人民检察院指控的罪名和量刑建议，除非存在下列情形：（1）被告人的行为不构成犯罪或者不应当追究其刑事责任的；（2）被告人违背意愿认罪认罚的；（3）被告人否认指控的犯罪事实的；（4）起诉指控的罪名与审理认定的罪名不一致的；（5）其他可能影响公正审判的情形。若无该条规定的除外情形，法院一般应当采纳检察机关指控的罪名和量刑建议，法院只能在被告人的行为不构成犯罪或者不应当追究其刑事责任等可能影响公正审判的情形下不采纳检察机关指控的罪名和量刑建议。特别是在量刑方面，只有量刑建议明显不当的，法院才能不采纳检察机关量刑建议。“由于该法条第四项明文规定人民法院判决认定的罪名应当是经审理认定的罪名，而非起诉指控的罪名，这就意味着控、辩双方即使在起诉前对罪名经协商达成合意，该罪名对人民法院而言也没有约束力。……我国的认罪认罚从宽程序其实是一种量刑协商程序而非认罪协商程序。”① 上文所述的刑事

---

① 万毅：《认罪认罚从宽程序解释和适用中的若干问题》，载《中国刑事法杂志》2019 年第 3 期。

诉讼法将法院的部分审判权赋予检察机关，主要针对量刑权。在这种情况下，笔者建议法院和检察机关建立一种沟通反馈机制：如果法院采纳了检察机关指控的罪名和量刑建议，但又认为检察机关的指控的罪名不够准确，或者量刑建议存在偏轻、偏重的情况，则通过一定的途径及时反馈给检察机关；检察机关通过来自法院的反馈，一方面认真分析问题产生的原因并采取有效对策，逐步在案件定性、量刑方法上与法院达成共识；另一方面，将法院的反馈作为加强内部监督的重要线索来源，及时发现和惩处司法腐败。

（三）充分发挥被害人监督作用

“从司法实践需要预防和避免因为侦查‘失控’导致放纵犯罪现象来看，认罪认罚从宽制度中的被害人有着不可替代的重要作用，有助于及时发现刑事诉讼中的职能部门为其职权便利等原因而滥用认罪认罚从宽制度，有助于及时纠正可能因此而发生的放纵犯罪问题。”[①] 被害人对检察裁量权的监督，主要体现在两个方面。一方面是对检察机关不起诉裁量权的监督，主要方式是行使申诉和自诉的权力；另一方面是对案件定性和量刑建议的监督。后者在认罪认罚案件中尤为重要，因为如上所述，在此类案件中法院对检察机关的制约作用在一定程度上被降低了，作为认罪认罚从宽程序的参与者，被害人能够对检察机关能够起到一定的监督作用。检察机关接受被害人监督的方式，除依法引导被害人参与到认罪认罚从宽制度中、严格按照《刑事诉讼法》第173条第2款的规定听取其意见、最大程度公开法律文书外，还要把犯罪嫌疑人、被告人的认罪事实、从宽情节和拟提出的量刑建议告知被害人，并阐明提确定量刑建议的依据和理由，听取被害人的意见并允许他们提出异议，异议合理的要予以采纳。

（四）注重听取辩护人、值班律师意见

刑事诉讼法确立了值班律师的法律地位，明确规定了值班律师在认罪认罚从宽制度中的权利义务。在办理认罪认罚案件过程中，检察机关有义务引导律师为犯罪嫌疑人、被告人提供有效的法律服务和辩护，维护当事人合法权益，在认罪认罚从宽制度中发挥应有作用。目前，由于很多地区律师资源有限，有些案件或者因没有辩护人、值班律师而不适用认罪认罚从宽，或者在没有辩护人、值班律师参与的情况下签订认罪认罚具结书，后者不但程序

---

① 转引自吴冬、张东武、吴海伦：《认罪认罚从宽制度改革中量刑建议研究》，载《人民检察》2017年第17期。

违法，而且由于律师不在场，导致其对检察机关办案过程的监督缺位。一些地区通过积极与司法行政机关沟通，请对方派一名值班律师每周固定一至两天到检察院办公，为认罪认罚的非羁押犯罪嫌疑人提供法律帮助，也是一个比较好的解决值班律师资源不足的思路。除此之外，笔者认为，在客观条件限制的情况下，当前要充分运用现代科技手段，探索通过远程见证的方式解决这一难题，使律师能够不必亲临现场就能够见证认罪认罚具结书的签订。

（五）出台统一的量刑规则

"检控裁量负责制度的另一种形式是事前的预防机制，即颁布建议检察官如何行使检控裁量权的指导准则，这种方式也广泛施行于德国、荷兰、英格兰和苏格兰。这种指导准则在任何地方都不是强制性的，因此并不明显地限制裁量权，但它可以提供规范检控决定并使之实现'一致性'的'粗略规则'。"[①] 制定统一的量刑规则是实现裁量权滥用事前预防的重要举措。为了适应认罪认罚从宽制度的新要求，提高量刑建议的规范性和精准性，法院和检察机关有必要联合出台量刑指导意见，该意见一方面要扩大罪名覆盖范围甚至覆盖所有罪名；另一方面要对量刑幅度作出更加科学的规定，既不能过于宽泛也不能过于精细，过于宽泛难以促进法院和检察机关统一量刑标准，过于精细则会过于机械，不利于实现刑罚个别化。通过出台上述指导意见，可以有效提高量刑建议采纳率，同时也有利于上级检察机关、法院、案件当事人和社会公众加强对检察裁量权的监督制约。

（六）利用大数据辅助量刑

目前，不少地区致力于智慧检务建设，研发了多种大数据智能辅助办案系统。其中的量刑建议智能辅助系统，具备分析类似案件的刑种分布、刑期分布等功能，可以帮助办案人员提出相对精准的量刑建议，很大程度上弥补了检察人员量刑本领不高的短板。下一步，要继续深入推进量刑建议智能辅助系统在辅助量刑方面的应用，以提高量刑建议精准度、提升量刑建议采纳率。同时，也要善于通过系统分析发现明显偏离正常范围的量刑建议，为预防和惩治检察裁量权滥用行为提供科技支撑。

---

① 王守安：《检察裁量制度理论与实践》，中国人民公安大学出版社2011年版，第43页。

浅谈“捕诉一体”轮案机制对检察工作的影响

——以黔南州检察机关实行捕诉一体后案件办理情况进行分析

周昌丽[*]

批捕和起诉是检察机关刑事诉讼工作中的两项基本业务活动，检察机关批捕权和公诉权由一个还是不同部门行使更为合理的问题，理论界和实务界长期以来都存在一定争议。在人民检察院恢复之初的刑事检察业务体制中，这两项工作一直由当时的“刑事检察部门”统一管理。在具体案件的办理过程中，办案检察人员负责对案件审查批捕和审查起诉。后来，为了加强检察机关内部的监督制约，保证案件质量，检察机关内部对捕诉一体的诉讼工作体制进行了改革，实行了捕诉分离，批捕和起诉由不同的部门分别进行。实践中不论是“捕诉一体”或是“捕诉分离”都有其各自利弊。本文以黔南州两级院实行“捕诉一体”前后的案件办理情况来浅谈两种案件轮案模式给工作实际带来的影响。

一、“捕诉一体”“捕诉分离”的利弊分析

（一）“捕诉一体”的优势

1. 避免重复劳动，提高办案效率。“捕诉一体”目的之一就是提高办案效率，在基层案多人少这个老大难问题依然存在的情况下，公诉办案人员动辄年办案量以百计。无论从案件质量还是办案人的承受力，都不能久持。实现“捕诉一体”对提高效率是有现实意义的。

无论是批捕案件还是公诉案件，办理中最核心的内容就是审查，审查是对案件的全面了解和把握，是检察官内心确信的形成过程，为捕与不捕、诉

---

* 作者单位：贵州省黔南州人民检察院。

与不诉的检察裁量权奠定了基础，也为证明和指控犯罪做好了准备。这个过程中最核心的内容就是审查逮捕意见书、审查报告的草拟，这两份报告在“嫌疑人身份信息、发破案经过、证据摘录、事实认定方面要求基本重合”，重合率在70%以上，仅在报告一项就有很大的借鉴性。如果公诉承办人办理过该案的批捕案件，那么之前报告大部分内容是可以重复使用的，简言之避免了重复劳动。

2. 承办人更为熟悉案情，能尽早尽快的发现问题，查漏补缺。就承办人而言，“捕诉一体”既办理批捕案件又办理同一起诉案件，对于追踪案件发展、了解案件的来龙去脉有实际意义。捕和诉不再是互不搭界、相互割裂的两个阶段，借助整合两种审查，逮捕审查向后延伸，起诉审查向前延伸，审查工作成为一个持续的链条，检察官将持续不断地跟进案件，与侦查人员进行联系，确保提出的补证意见得到落实，并对随后收集的新证据进行及时审查，根据新的情况不断调整引导方向。当案件进入公诉阶段，承办人重点审查批捕或不批捕过程中提出的问题，很容易掌握案件的核心问题、证据缺陷，比更换一个承办人重新阅卷更有力度。

3. 有利于以审判为中心。现阶段讲究以审判为中心，其中重要一项就是采集证据需以法庭需要为准。审查证据更宜以有利于庭审出示为重要。侦查监督承办人审查案件基本不会出庭，实际哪些证据更有利于指控犯罪、哪些证据辩护人常提出异议很难直观掌握，“捕诉一体”的建立可以最大程度地避免够罪即捕、凡捕必诉。经过全面彻底的审查证据，充分把握案件的实质，在大是大非的问题上不能有丝毫含糊。也就是在事实证据上不能有任何的迁就和妥协，就是要有打破砂锅问到底的决心和勇气，从实质层面上把握住案件。

4. “捕诉一体”可以避免检察机关内部案件标准掌握不一致的情况。承办人捕诉全程参与引导、统一调控侦查，避免不同承办人对同一事实因认识不一致作出不同决定的尴尬。

（二）“捕诉一体”可能的不足

1. 可能会以公诉证据要求标准审查批捕案件。对于批捕和起诉对证据要求存在差别，在审查逮捕阶段，侦查尚未终结，证据也未完全齐备，要想做到事实清楚、证据确实充分，此时还达不到，刑事诉讼法在标准设定上也与起诉、审判有所区别。审查批捕案件证据要求是有犯罪事实发生、可能处于有期徒刑以上刑罚、具有社会危险性；而公诉的要求是事实清楚、证据充分。显然公诉的证据标准高于批捕标准。办案人员在“捕诉一体”后长期办理两种证据标准的案件，容易出现以公诉标准审查批准案件，最终可能导致批捕虚化。

2. 办案节奏不容易把握，这是很多办案人员提出的问题。审查批捕案件一般是7日，公诉案件可以两退三延长达半年，两者期限差距太大。如果案件量较小还比较容易把握，如果积案在20件以上，如何安排两类案件的办理时间就会成为问题。因为批捕案件办理时间的紧迫，很可能把更多时间、精力用于办理批捕案件，办理公诉案件只能见缝插针的琐碎时间办理，长期持续会导致承办人对逮捕工作提出更高要求。

3. 惯性思维成为可能。权利制约是法律设计常用手段，批捕、起诉两部门之间也能体现这种关系。如果同一案件仅有一名承办人员办理，那么在办理过程中以批捕时对案件的认识影响公诉案件的办理存在很大可能，缺少怀疑精神，对案件中存在的问题可能难以发现。

4. 案件批捕后必诉。之前审查逮捕案件承办人最担心的是捕后不诉，对承办人来说简直是灾难，就像公诉人办理无罪案件一样。捕诉一体之后，两类案件归为一人，那么承办人批准逮捕嫌疑人之后会尽最大可能起诉，避免存疑不诉，起诉对批准的反制约将变得较难。

（三）“捕诉分离”的优势

1. 批捕和公诉在性质和目标是有区别的，“捕诉分离”有利于两者目标的实现。批捕更侧重于对侦查活动的监督，本质上是一种法律监督权。起诉更多是一种追诉权。

2. 通过设置捕、诉两道门槛，有利于加强检察机关捕诉职能的制约，避免权力过于集中，对犯罪嫌疑人是否构成犯罪有两次审查，尽可能的避免错案发生，保障犯罪嫌疑人合法权益。

（四）“捕诉分离”的弊端

1. “捕诉分离”在强化制约、保障质量方面是有限的。审查逮捕期限较短，案件证据还不完善，承办人只是确定犯罪嫌疑人行为构成犯罪，有逮捕必要。公诉案件需要准确认定犯罪嫌疑人罪名，核实所有犯罪事实和证据。在同一个单位的两个办案人都是同事，相互监督制约有限，捕诉分离导致部门之间推诿现象严重，不仅人为的延长了诉讼活动的时间，甚至出现无人负责的局面。

2. 捕诉分离条件下，可能出现不同部门的办案人员各执己见，办案责任制难以落实，影响了办案人员的积极性、主动性的发挥。

3. 捕诉分离使诉讼活动更加烦琐，同一个案件要经过主任检察官或检察官办案组两次审查，现实中绝大多数的刑事案件由基层检察院管辖，相对简单，两个不同的人员进行两次审查，造成司法资源极大浪费。

4. 捕诉分离削弱了对公安机关侦查活动的监督，将严重影响案件审理过程的公正性，进而影响案件的公正审理。

二、现阶段实现“捕诉一体”的理由和现实意义

2018年最高检张军检察长在“大检察官研讨班”指出，检察机关设置以案件类别划分实行捕诉一体。在以往的司法改革和司法实践中，捕诉一体，实行大刑检，并不鲜见，在十多年前的检察官办案责任制改革中，一些院就试行了捕诉一体，至今运行十余年，被实践证明有效，比如我们的未成年人刑事检察工作，不仅是捕诉一体，而且是捕诉监防合一，目的是由专业的人办专业的事。

（一）“捕诉一体”不会影响案件质量

“捕诉一体”之前的模式是“捕诉分离”，意思就是把批捕和公诉由不同部门的不同检察官分别独立承担。事实上，从一个办案人员的角度出发，捕诉一体之后，承办人对案件质量的把握会更加严格。如果案子批捕了，起诉将继续由同一个承办人负责，在批捕阶段，承办人必将更加注重案件的证据审查，并注重引导公安后续的补充侦查工作。也因为承办人都希望自己批捕的案件能顺利起诉，如果达到了逮捕的条件，而相对于起诉又缺少一定的证据情况下，承办人会更有动力去监督公安机关补充证据，对于证据存在较大瑕疵，后续可能无法达到起诉条件的案件，承办人会更加倾向于不捕。

（二）“捕诉一体”不会使内部监督缺失而导致权力集中

“捕诉分离”时两个部门同为检察机关的内设机构，两个部门的办案人员也都是同事，互相监督制约作用同样有限。且因为是同一个机关基于考核或案件处理的要求，追求案件的起诉。相反，自己捕的案件如果诉不出去，这样压力可能会变成更好的监督和制约。

（三）“捕诉一体”可以更好实现检察机关的法律监督

以往，批捕、公诉分立，检察官对一个案件两次复查，一定程度上增加了重复劳动。同时，批捕时间较短，在短时间内除作出是否逮捕决定后，在发现有侦查违法线索时，往往无力去监督完成，导致重逮捕轻监督的现状未能改变。同时，在审查逮捕决定作出后，侦查机关的整改情况一般无

人跟踪落实，在审查逮捕后至移送审查起诉前存在一个监督缺失时间段，当案件进入公诉环节后，有些问题已失去补证的现实性，监督滞后的问题无法改变。

（四）“捕诉一体”避免证据标准不一，更有利于案件质量提升

批捕对证据要求相对较低，而公诉与判决对证据要求较高，之前检察机关提前介入侦查引导取证的主体主要是侦查监督部门，侦查监督人员在作出批捕决定后，往往不再负责指导该案的后续侦办，公诉部门接手该案的介入指导取证工作，可能会因不同承办人对证据标准的不同理解，出现证据的标准不一，使侦查机关无所适从，不仅影响侦查机关的正常工作，也可能会影响检察机关的权威和能力。捕诉一体之后，检察官对案件的亲历性加大，介入时间提前，对证据把握标准趋严，恰恰有利于提高办案质量。

（五）“捕诉一体”适应司法责任制要求，有利于打造专业检察队伍

司法责任制要求谁办案谁负责，谁决定谁负责。检察官对授权事项独立行使职权，履职受法律保护，干扰受纪律追究。批捕或公诉由一个人来办，更好的落实司法责任制。捕诉分立，还是捕诉一体，是检察机关的内部改革，是内部力量和人力资源的整合，将分散的两股力量合二为一，形成一个大控方格局，用一个声音对外，用一个证据标准办案。对于案件数量大，案件相对简单的基层院，可极大节约司法资源，并避免了内设机构之间的推诿、信息不共享等弊端。同时我们也看到，以审判为中心、庭审实质化的诉讼制度改革对检察官提出更高要求，把检察工作分为批捕、公诉、监督等各阶段、各条线的做法已经落后于工作需要。“捕诉一体”并不是简单的合并，而是打破原先的职能设置，以类案办理为重点，专业化分工进一步细化，有利于打造更专业的检察队伍。

三、黔南两级院落实“捕诉一体”的工作情况及取得的效果

（一）黔南两级院落实“捕诉一体”的基本情况

黔南州共12个县级院，福泉市院、独山县院在2018年以前率先实行“捕诉一体”工作机制。2018年6至8月，州院及贵定、都匀、瓮安、长顺5个院陆续开展“捕诉一体”工作机制。2018年11月，龙里、平塘两个院也开始实行“捕诉一体”的工作机制。三都、荔波、罗甸2018年年底通过党组会议确定，从2019年1月1日起全院开始实行“捕诉一体”的工作模式，惠水院于2019年1月8日召开会议，开始实行“捕诉一体”的工作机制。

全州12个县市院，在没有开展捕诉一体工作之前，未检案件都由专人办理，实行“捕诉一体”工作机制，部分院如都匀、瓮安、三都院将涉及环境保护的案件由生态科实行“捕诉一体”工作机制，为顺应改革要求，各院均在2019年初确定了“捕诉一体”办案组及轮案比例。

（二）全面推行“捕诉一体”的效果

我们将黔南州两级院2018年上半年与2019年上半年数据对比，并对福泉、独山、瓮安、都匀四个院各自的数据进行对比，试分析轮案机制变化对案件办理带来的影响，从办案时限、退补率、不捕、不诉率进行分析。

项目 年份	批捕审结率	不捕率	公诉审结率	退查件次	延期件次	不诉率	捕后轻刑比	逮捕平均时长（天）	起诉平均时长（天）
2019	94.41	40.46	74.19	570	500	21.4	18.7	6.13	28.08
2018	95.93	43.18	74.42	569	438	18.09	21.13	6.28	35.45
2017	97.3	43.19	74.76	591	271	11.58	25.66	6.30	33.23

备注：2018年下半年受理审查逮捕案件942件，平均办案周期为5.9066天。

项目 年份		批捕审结率	不捕率	公诉审结率	退查件次	延期件次	不诉率	捕后轻刑比	逮捕平均时长（天）	起诉平均时长（天）
2018.7～2019.8	都匀	94.95	54.92	79.79	325	322	12.75	20.52	6.38	53.25
	瓮安	97.63	33.5	84.55	118	97	19.32	21.53	6.28	39.81
2017.7～2018.8	都匀	97.41	61.89	81.76	250	206	17.31	31.72	6.36	59.44
	瓮安	97.01	39.23	91.63	69	36	10.01	19.83	6.62	36.42

项目 院名 时间	审查逮捕平均时长（天）				审查起诉平均时长（天）			
	福泉	独山	瓮安	都匀	福泉	独山	瓮安	都匀
2018上半年	6.66	5.68	6.16	6.63	44.54	26.11	21.46	36.35
2018下半年	5.64	5.43	6.28	6.31				
2019上半年	6.82	6.40	6.54	6.46	26.30	23.75	29.44	26.43

从黔南地区的相关数据看，没有因为轮案模式的改变，就引起相关数据的大幅增减，从近三年上半年的相关数值可以大约看出逮捕、起诉平均时长在下降（通过核查相关数据，有系统提取的数据远远大于实际办结案件的情况，考虑到三年都有类似情况，暂不进行剔除），不诉率有提高，捕后轻刑比率下降，但是如果仅以部分院没有出现完成比率的指数增长或下降情况。

通过对各县市院开展“捕诉一体”机制工作的情况进行摸底，各县市院都采取批捕权和起诉权由同一检察官（检察官办案组）行使，普通案件由案件管理办公室统一受理分配，在分配案件上实行按比例轮案原则，随机分配承办人，建立随机分案为主、指定分案为辅的案件承办确定机制。对于涉恶、涉黑案件或者当地有重大影响力的案件，临时组建办案团队，保障重大案件办理。

大部分检察院都表示，实行“捕诉一体”的轮案机制后，可节约司法资源，提高办案效率，取得较好成效。一是检察官主体地位凸显，司法效果明显提升。二是在办案过程中避免了重复阅卷、重复审查等情形，工作具有连贯性，节约了大量审查证据的时间，提升了办案效率，办案质量也得到更好保障。三是同一办案人员在办理案件时更熟悉办理案件的情况，能及时处理办案过程中出现的新情况、新问题，有利于推进诉讼进程，同时也节约诉讼资源和成本，退补率降低了。四是强化了监督力度，检察官在批捕和起诉的过程中都可以发现问题，从严要求，清楚掌握侦查机关在侦查中存在的问题是否进行纠正，取得监督实效。

基层检察院刑事检察建议工作的困境与出路

——以Z区人民检察院为例

缪会荣*

检察建议经历了丰富的发展历程，至2019年《人民检察院检察建议工作规定》公布，检察建议工作得到了历史最高程度的完善和规范，但在司法实践中检察建议工作仍然存在一些困难和问题，制约着检察建议作用的发挥。以Z区人民检察院为例，笔者通过对刑事检察建议工作运行基本概况的分析，梳理基层检察院在刑事检察建议工作方面的困境，提出解决问题的思路和方法，促进检察建议深度落实，提升检察机关法律监督质效，特别是在社会治理工作方面凸显检察机关的职能作用，提升社会综合治理能力和水平。

一、刑事检察建议的定位

“检察建议是人民检察院依法履行法律监督职责，参与社会治理，维护司法公正，促进依法行政，预防和减少违法犯罪，保护国家利益和社会公共利益，维护个人和组织合法权益，保障法律统一正确实施的重要方式。”① “检察建议主要包括以下类型：（一）再审检察建议；（二）纠正违法检察建议；（三）公益诉讼检察建议；（四）社会治理检察建议；（五）其他检察建议。”② 针对刑事案件来看，基层检察院承办了绝大多数的案件，除在刑事诉讼中行使审查逮捕权，审查起诉权等外，还需履行相应的法律监督职能和社会综合治理职能。检察建议作为检察机关履职的一种重要方式，在法律监督和社会综合治理方面发挥着关键作用。基层检察院在办理刑事案件中开展检察建议工作，最为常见的就是纠正违法检察建议和社会治理检察建议及

---

* 作者单位：贵州省六盘水市钟山区人民检察院。

① 《人民检察院检察建议工作规定》第2条。

② 《人民检察院检察建议工作规定》第5条。

兜底的其他检察建议三种类型。因基层检察院办理的案件量大，案件类型多，对于纠正违法和社会治理等方面的问题，在办案中更容易发现，故检察建议在基层检察院的工作中占有较大比重，发挥着重要作用。

二、基层检察院刑事检察建议工作现状

（一）近五年来发出检察建议数量情况

2014 年至 2019 年上半年，Z 区人民检察院共受理审查逮捕案件 4653 件 6510 人，办理审查逮捕案件过程中共发出检察建议 17 份，具体各年受理案件及发送检察建议数量情况如表 1；同期共受理一审公诉案件 4794 件 6464 人，办理一审公诉案件过程中共发出检察建议 99 份，具体各年受理案件及发送检察建议数量情况如表 2；从检察建议数量上来看，办理一审公诉案件发出的检察建议占办理审查逮捕案件和一审公诉案件发出检察建议总数的 85.34%。

表 1　2014 年至 2019 年上半年受理审查逮捕案件及发出检察建议情况

年份	受理案件件数	受理案件人数	发出检察建议数量
2014 年	819 件	1212 人	8 份
2015 年	974 件	1402 人	0 份
2016 年	883 件	1160 人	3 份
2017 年	756 件	1027 人	2 份
2018 年	846 件	1157 人	2 份
2019 年上半年	375 件	552 人	2 份
合计	4653 件	6510 人	17 份

表 2　2014 年至 2019 年上半年受理一审公诉案件及发出检察建议情况

年份	受理案件件数	受理案件人数	发出检察建议数量
2014 年	801 件	1186 人	13 份
2015 年	1030 件	1429 人	14 份
2016 年	948 件	1225 人	23 份
2017 年	825 件	1044 人	11 份
2018 年	825 件	1048 人	26 份
2019 年上半年	365 件	532 人	12 份
合计	4794 件	6464 人	99 份

（二）检察建议发送单位性质情况

2014 年至 2019 年上半年，Z 区人民检察院办理审查逮捕案件时发出的 17 份检察建议中，9 份为向公安机关发出，占发出检察建议总数的 52.94%，具体发送单位性质情况及数量占比情况如图 1；同期办理一审公诉案件时发出的 99 份检察建议中，61 份是向公安机关发出，占发出检察建议总数的 61.62%，具体发送单位性质情况及数量占比情况如图 2；从检察建议发送单位性质来看，办理审查逮捕案件和一审公诉案件中向公安机关发出检察建议的数量居多，占发出检察建议总数的 60.34%。

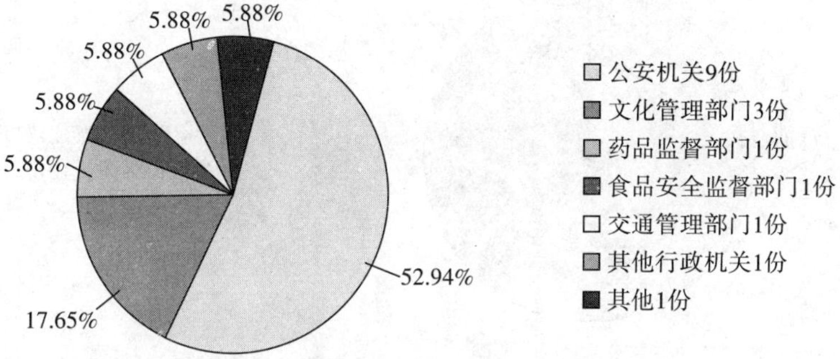

图 1　发送检察建议单位性质情况及数量占比情况

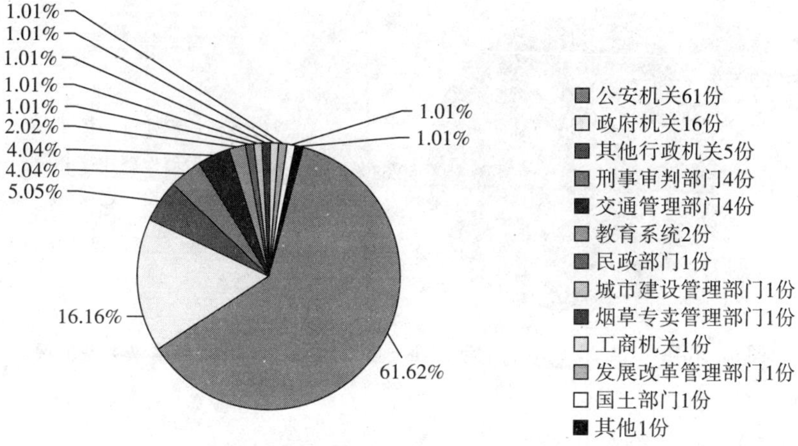

图 2　发送检察建议单位性质情况及数量占比情况

（三）发出检察建议类型情况

2014年至2019年上半年，Z区人民检察院办理审查逮捕案件时发出的17份检察建议中，10份为其他检察建议，7份为社会治理检察建议，具体发出检察建议类型占比情况如图3；同期办理一审公诉案件时发出的99份检察建议中，62份为其他检察建议，33份为社会治理检察建议，4份为纠正违法检察建议，具体发出检察建议类型占比情况如图4；从发出检察建议的类型来看，办理审查逮捕案件和一审公诉案件中发出的其他检察建议居多，占发出检察建议总数的62.07%。

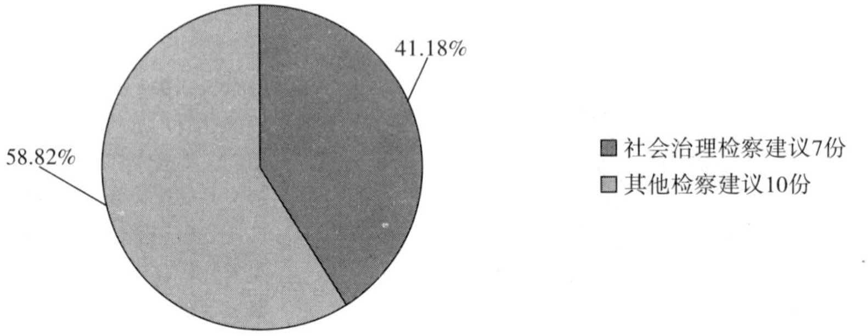

图3　2014年至2019年上半年办理审查逮捕案件发出检察建议类型情况

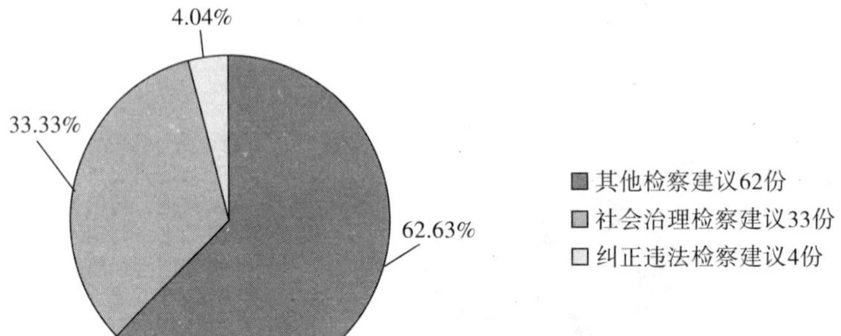

图4　2014年至2019年上半年办理一审公诉案件发出检察建议类型情况

（四）检察建议采纳情况

2014年至2019年上半年，Z区人民检察院办理审查逮捕案件时发出的17份检察建议中，被建议单位采纳检察建议7份，具体发出及采纳检察建议情况对比如表3；同期办理一审公诉案件时发出的99份检察建议中，被建议单位采纳检察建议66份，具体发出及采纳检察建议情况对比如表4：

表3　2014年至2019年上半年办理审查逮捕案件发出及采纳检察建议对比情况

发出检察建议单位性质	发出检察建议数量	采纳检察建议数量	采纳率
公安机关	9份	2份	22.22%
文化管理部门	3份	2份	66.67%
药品监督部门	1份	1份	100%
食品安全监督部门	1份	1份	100%
交通管理部门	1份	1份	100%
其他行政机关	1份	0份	0%
其他	1份	0份	0%
合计	17份	7份	41.18%

表4　2014年至2019年上半年办理一审公诉案件发出及采纳检察建议对比情况

发出检察建议单位性质	发出检察建议数量	采纳检察建议数量	采纳率
公安机关	61份	36份	59.02%
政府机关	16份	11份	68.75%
其他行政机关	5份	3份	60%
刑事审判部门	4份	3份	75%
交通管理部门	4份	4份	100%
教育系统	2份	2份	100%
民政部门	1份	1份	100%
城市建设管理部门	1份	1份	100%
烟草专卖管理部门	1份	1份	100%
工商机关	1份	1份	100%
发展改革管理部门	1份	1份	100%
国土部门	1份	1份	100%
其他	1份	1份	100%
合计	99份	66份	66.67%

（五）2019年上半年检察建议工作情况

《人民检察院检察建议工作规定》于2018年12月通过，2019年2月实施，自该规定施行以来，Z区人民检察院办理审查逮捕案件中共发出检察建议2份，其中1份为纠正违法检察建议，1份为其他检察建议，发出的2份检察建议被采纳1份，检察建议采纳率为50%；办理一审公诉案件中共发出检察建议12份，其中8份为社会治理检察建议，4份为其他检察建议，发出的12份检察建议被采纳9份，检察建议采纳率为75%。

三、当前基层检察院刑事检察建议工作的困境

（一）检察建议适用范围不清

从Z区人民检察院2014年以来制发的检察建议来看，检察建议适用范围不清的现象长期存在，特别是在《人民检察院检察建议工作规定》实施之前，检察建议与纠正违法通知书混用、与补充移送起诉通知书等文书混用的情况普遍。如Z区人民检察院2014年以来办理一审公诉案件发出的99份检察建议中，61份是向公安机关发出，占发出检察建议总数的61.62%，但这61份检察建议的内容大多是要求移送起诉同案犯，也就是说，大多数的检察建议书被混用成补充移送起诉通知书。有的承办人对纠正违法通知书的适用也不明确，如有的承办人认为针对侦查机关的违法行为即发送纠正违法通知书，针对审判机关的违法行为即发送检察建议书，致检察建议书与纠正违法通知书混用，最终导致检察建议书的适用范围不清，使用混乱，直接影响检察建议工作的质量和效果。

（二）检察建议文书质量不高

从Z区人民检察院2014年以来制发的检察建议来看，数量可观，但制发程序不规范，文书质量不高的现象存在，成为影响检察建议作用发挥的关键因素。如有的检察建议建议事项事实不清楚、不准确，没有充分的法律依据，使得建议缺乏被采纳的基础；又如，有的检察建议没有严格按照最高检统一要求的格式样本制作，提出建议的内容空泛，缺乏针对性、实效性、可行性和权威性，最终影响检察建议公信力和执行力。总体来看，检察建议的制作和发出都具有较大的随意性，使得检察建议的作用没有充分发挥，检察建议采纳率较低。从2014年以来Z区人民检察院发出的检察建议采纳情况来看，检察建议采纳率仅为66.67%，从采纳的具体情况来看，大多是给予一个官方性的回复，没有采取实质性的行动采纳检察机关的检察建议解决相

应的问题，使检察建议趋于形式化。

（三）检察建议仍缺乏刚性和执行力

从Z区人民检察院2014年以来发出的检察建议来看，缺乏刚性和执行力是检察建议发挥作用的一大难题。《人民检察院检察建议工作规定》实施后，该问题得到缓解，但仍未彻底解决，影响了检察建议作用的发挥。如2019年Z区人民检察院办理周某某等21人涉黑案过程中，经审查，以周某某为组织、领导者的黑社会性质组织操纵基层换届选举，长期把持基层政权，侵吞集体资产，反映出基层组织和集体资产管理存在的诸多问题。为维护基层人民群众的合法权益，规范基层组织建设和集体资产管理，Z区人民检察院依法向该基层组织及集体资产管理委员会的指导部门某社区服务中心发出检察建议，该检察建议严格按照《人民检察院检察建议工作规定》制发，且有明确的法律依据，检察建议中提出了具体明确的工作建议，但该社区服务中心收到检察建议后没有实际解决。

四、基层检察院刑事检察建议工作的出路

（一）立足检察职能，规范制发检察建议

检察建议依托于检察职能，是检察职能履行的一种重要方式。《人民检察院检察建议工作规定》对检察建议的类型、提出建议单位的范围、检察建议适用范围等都作了相对具体、明确的规定，对规范制发检察建议有很好的保障作用。但应该注意到的是，按照规定检察建议包括了五个类型，基层人民检察院应重点针对司法实践中使用得较多的类型进行深度全面把握。在办理刑事案件过程中，基层检察院开展检察建议工作使用得最多的应该是诉讼外建议，即社会治理检察建议和其他检察建议，对其他检察建议需要明确这个兜底性的其他检察建议的内容明确范围，才能保证规范制发，防止检察建议书与补充移送起诉通知书等文书混用，提高检察建议质量。同时，对于纠正违法检察建议，还要明确与纠正违法通知书的区别，从范围上予以明确，对刑事诉讼中的侦查违法行为或是审判违法行为，应依法用纠正违法通知书予以纠正，确保法律监督效果。今后，纠正违法检察建议及纠正违法通知书的适用还需要出台相关规定或解释予以明确，防止检察建议被滥用，只有切实明确检察建议的适用范围，才能保证检察建议在正常的轨道内运行，保证检察建议工作的规范性。

（二）加强队伍建设，提升检察建议质量

“检察建议应当由检察官办案组或者检察官办理。”[①] 规定了检察建议制发的主体是检察官办案组或者检察官，为保证质量，就必须在源头上下功夫，抓好检察人员队伍建设。检察建议要落地落实，首先必须保证检察建议本身的质量，注重专业性。检察建议的制发主体必须具备较高的法律素养、缜密的逻辑思维、解决实际问题的能力等。要能通过办案发现、总结出深层次、普遍性的问题，运用法治思维、法律知识分析问题，提出具体、科学、可行的检察建议，要切实“增强检察建议阐述问题的精准性、分析论证的严谨性、释法说理的透彻性、文字表达的简洁性和提出建议的可行性”。[②] 检察机关对检察建议的把握应该提高标准，将检察建议工作纳入绩效考核机制，既要保证检察建议的数量，充分履行检察职能，更要保证检察建议的质量，确保履职到位。检察机关内部人才的培养机制十分关键，需要结合司法实践，改变检察人员就案办案，不能立足检察职能充分履职的现实状态，要强化检察建议工作岗位练兵、释法说理文书制作比赛等赛练机制，通过加强队伍建设，不断提升检察人员的综合素质和履职能力，提升检察人员在检察建议工作中的专业化和规范化水平，从源头上保证检察建议的质量。

（三）完善运行机制，确保检察建议落实

1. 完善检察建议制作与审批机制

“检察官依据本规定第十一条的规定起草的检察建议书，报送检察长前，应当送本院负责法律政策研究的部门对检察建议的必要性、合法性、说理性等进行审核。”[③] 基层检察院在制发社会治理检察建议或其他检察建议时，要严格按照规定报本院负责法律政策研究的部门审核，在检察官办案组或检察官制发检察建议时保证质量的同时，负责法律政策研究的部门应充分履行职能，对检察建议的规范性、专业性、实效性、可行性等进行全面审核把关，确保审核不是走过场，而是真正为提高检察建议质量服务。本院负责法律政策研究的部门还应定期对发出的检察建议质量进行评估，将评估结果报告检察长决定后进行通报。必要时还可以邀请专家进行评估指导，引入第三方力量，充分发挥“外脑”的作用，提升检察建议质量和水平。与此同

---

① 《人民检察院检察建议工作规定》第6条。

② 吴孟栓、米蓓：《检察建议：履行法律监督职责的重要方式》，载《检察日报》2019年1月24日，第3版。

③ 《人民检察院检察建议工作规定》第17条第1款。

时，检察建议工作还应纳入考核，且考核应具体至负责办理的主体和负责审核的主体，让制作者和审批者为检察建议质量负责。通过完善审批与发送机制，提升检察建议的质量和采纳率。

2. 完善检察建议送达机制

《人民检察院检察建议工作规定》规定了检察建议可以书面送达也可以宣告送达，从司法实践中来看，宣告送达对提升检察建议的落实率具有关键性的作用。从当前的规定来看，宣告送达检察建议书应当商被建议单位同意。[①] 对宣告送达提出了较高的要求，使得宣告送达很难实现。在今后的工作中，可以探索宣告送达通知机制，在宣告送达前先提前书面通知被建议单位宣告送达的时间、地点等基本信息，再按照通知内容进行宣告送达，当面向被送达单位在特定场所公开宣读检察建议书，根据必要性，邀请人大代表、政协委员或者特约检察员、人民监督员等第三方人员参加，既倒逼检察机关提高检察建议质量，也有利于提升被建议单位对检察建议的接受度和落实率。

3. 完善检察建议抄送、报告制度

检察工作是政治性极强的业务工作，同时也是业务性极强的政治工作。检察建议的落实，党委、人大等的重视和支持十分关键。检察建议在社会综合治理方面发挥重要作用的关键性一环就是检察建议工作，检察建议植根于检察职能，涉及的内容带有公共利益性质且经过法定程序制发，虽然称之为“建议”，但已充分具备严肃性和权威性，应该发挥其应有的效用，也是党委、人大非常重视的一项工作。为推动检察建议落地落实，检察机关可以探索完善检察建议抄送、报告制度，发出社会治理检察建议应同时报告党委、人大或抄送纪检监察机关、行政主管部门等，提高被建议单位的重视度和落实率。与此同时，检察机关可以定期将开展检察建议工作情况向党委、人大报告，让党委、人大能够充分了解社会治理中存在的问题的同时，了解检察机关的履职情况及相关被建议单位针对建议内容的履职情况等，为检察机关法律监督工作赢得更多支持的同时推动社会综合治理不断迈上新台阶。

4. 完善检察建议回访和督促落实机制

检察建议工作的关键在被建议单位的落实。检察建议需要有刚性和执行力，也需要得到被建议单位的深度认同，在开展检察建议工作中，检察机关应探索完善检察建议回访和督促落实机制，使检察建议“刚柔并具”。一方

---

① 《人民检察院检察建议工作规定》第18条第2款。

面，检察机关需要积极加强与被建议单位的沟通联系，及时了解检察建议的采纳和落实情况，如采纳和落实有困难的，还要深入了解存在的困难和问题，积极协助被建议单位通过多途径、多举措完善整改措施，推动检察建议深度落实，发挥好检察建议应有的职能效用；另一方面，对于被建议单位无故不回复、不采纳检察建议且经督促后仍然不整改的，应当采取严厉的督促落实措施，特别是在重大专项活动中，如扫黑除恶专项工作、依法保护企业家权益专项工作中，对于被建议单位的上述行为，检察机关可以在报请检察长决定的情况下，将相关情况报告上级人民检察院，必要时还可以向党委、人大报告，通报被建议单位的上级机关、主管部门等，督促检察建议的回复和落实，让检察建议落地生效，为提升社会综合治理水平服务。

民事虚假诉讼检察监督情况调研报告

游小兰　殷　微　薛　莉*

2015年以来，最高人民检察院始终把虚假诉讼监督工作作为重点工作进行安排部署。2019年5月，最高检专门举行了检察机关加强虚假诉讼监督新闻发布会，6月，又在全国部署开展虚假诉讼领域深层次违法行为监督专项活动。为全面了解贵州省虚假诉讼检察监督情况，有力推进贵州省虚假诉讼专项工作开展，贵州省人民检察院第六检察部组织开展了调研。在收集掌握全国、全省检察机关开展民事虚假诉讼检察监督的情况和做法，实地调研考察部分兄弟省份经验做法和成效的基础上，形成调研报告如下。

一、贵州省检察机关2013年以来民事虚假诉讼检察监督案件总体情况

2013年以来，贵州省检察机关共办理民事虚假诉讼监督案件92件，其中提出检察建议6件，采纳并改判6件；提出再审检察建议38件，采纳17件，改判15件；提请抗诉5件，提出抗诉43件，再审和解撤诉4件、撤销原调解发回重审1件。向公安机关移送犯罪线索6件，立案5件。案件收结情况呈现出以下特点：

（一）从案件数量看，总量偏少，且受理情况不稳定

2013年以来，贵州省检察机关共办理民事虚假诉讼案件92件，年均办案数为14件。而全国检察机关2015年至2018年共对5178件虚假诉讼向法院提

* 作者单位：贵州省人民检察院。

出抗诉或检察建议,[①] 省年均虚假诉讼办案数为40件；江苏省检察机关2017年以来共办理民事虚假诉讼案件1383件，年均办案数为553件；湖北省检察机关2015年以来共办理民事虚假诉讼案件537件，年均办案数为119件。（见图1）

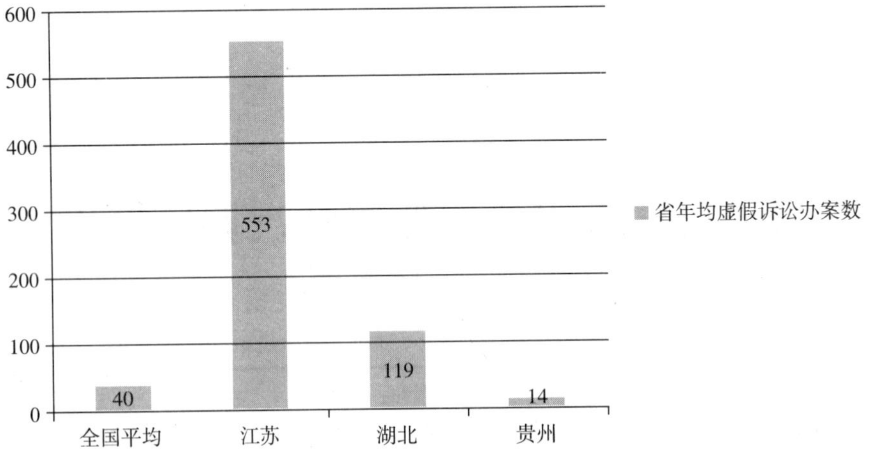

图1　民事虚假诉讼案件数量对比

2013年以来，贵州省检察机关分别受理民事虚假诉讼案件0件、17件、4件、2件、4件、38件、28件，案件受理情况并不稳定，波动较大。（见图2）

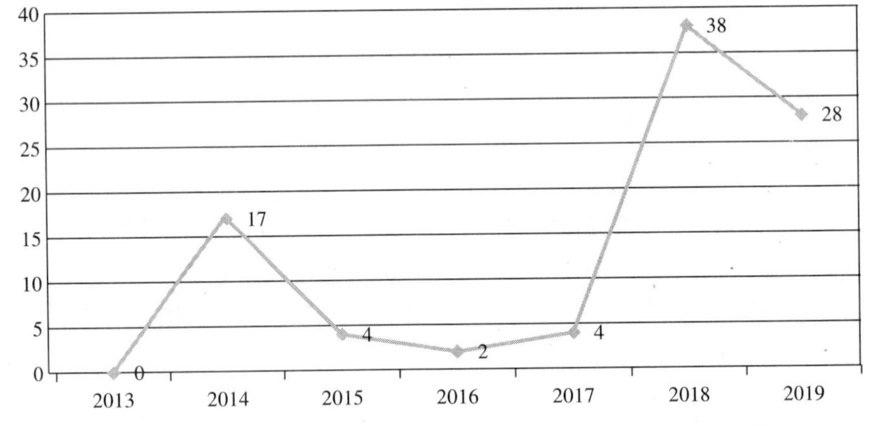

图2　贵州省检察机关2013年以来民事虚假诉讼监督案件受理数

① 根据最高人民检察院2018年《关于人民检察院加强民事诉讼和执行活动法律监督工作情况的报告》统计数据。

（二）从地区分布看，地区办案情况不平衡

贵州省办理的92件民事虚假诉讼监督案件中，贵阳22件、毕节18件、黔南17件、黔西南33件、遵义2件，铜仁、安顺、六盘水、黔东南四个地区案件数量为零，地区之间办案情况极不平衡。

（三）从案件类型看，类少面窄

突出表现在两个方面：一是从涉及的案由来看，贵州省办理的民事虚假诉讼案件仅有三种类型：矿权转让合同纠纷、买卖合同纠纷和民间借贷纠纷。对于目前外省办理较多的追索劳动报酬纠纷、保险理赔纠纷等案件暂未涉及；二是从涉及的诉讼阶段来看，贵州省受理的92起虚假诉讼案件均为当事人提起诉讼的普通程序案件，不及虚假债权公证、虚假仲裁等非诉执行案件。

（四）从监督理由看，以审判程序违法和调解损害两益事由为主

92件民事虚假诉讼监督案件中，调解书损害国家和社会公共利益的44件，审判程序中存在违法情形的28件，认定事实缺乏证据证明、伪造证据、有新证据、适用法律错误等其他情形的仅有20件。（见图3）

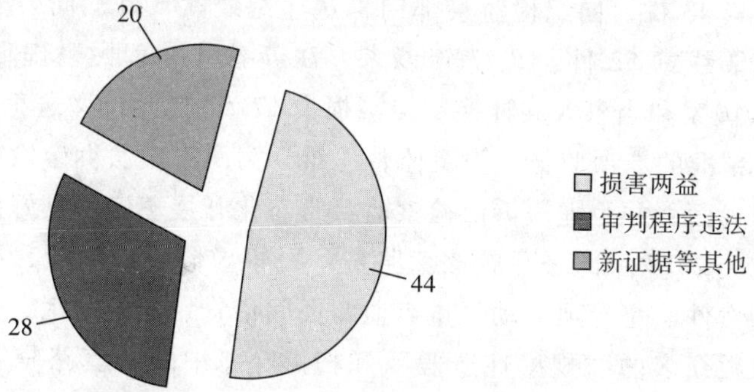

图3　贵州省检察机关2013年以来民事虚假诉讼监督理由

（五）从监督机关层级来看，案件办理主要集中在基层院

贵州省检察机关办理的92件民事虚假诉讼案件中，基层院办理的对区、县级人民法院生效裁判文书监督的为73件，占79.3%；市州院办理的对市、州中级人民法院生效裁判文书监督的为19件，占20.7%。

（六）从案件来源看，以依职权监督为主

92件民事虚假诉讼案件中，检察院依职权发现的有86件，占比高达93.5%；而依当事人申请受理的案件只有6件，占6.5%。

（七）未发现审判人员深层次违法情形，典型案件缺乏

2013年以来，通过查办虚假诉讼案件，贵州省检察机关向公安移送犯罪线索6件，公安立案5件，其中没有审判人员因违法被追究纪律责任、刑事责任情形。与江苏、湖北等省相比，社会影响较大的典型案件也较为缺乏。

二、江苏、湖北民事虚假诉讼检察监督工作成效和经验做法

江苏、湖北两省检察机关解放思想、创新作为，突破“民事案件民事部门办”的传统监督思维，积极探索出“刑民协作”的虚假诉讼监督新模式，依托本院负责侦查的部门及公安机关突破案件，成功办理了不少典型案件，虚假诉讼工作成效显著。

（一）以专项活动为抓手，推动工作发展

湖北、江苏两地检察机关重点围绕民间借贷、交通事故保险理赔、建筑施工合同等纠纷重点领域开展排查，办理了一批有影响、有震动的虚假诉讼案件。2015年以来，湖北省共办理民事虚假诉讼案件537件，发现和移送职务犯罪线索43件，向纪检监察部门移送违纪线索6件，向公安机关移送普通刑事犯罪线索52件。2017年以来，江苏省共办理民事虚假诉讼案件1383件，为国家和当事人共计挽回经济损失17.51亿元；移送犯罪线索206件262人。精准的专项监督、类案监督思维，为两省虚假诉讼检察监督工作打开了工作局面，并为虚假诉讼检察监督常态化开展奠定了良好的基础。南通市检察机关2017年部署开展“套路贷”民事虚假诉讼专项、刑事案件牵连产权保护案件监督专项活动，重点监督民间借贷、建筑施工、企业破产等领域涉嫌人数众多的“规模性造假”和扫黑除恶中的“套路贷”问题，共监督虚假诉讼案件90件，涉案金额高达3.09亿元。盐城市检察机关在交通事故损害赔偿领域开展虚假诉讼专项行动，成功监督62起律师冒用交通肇事受害者身份提起的虚假诉讼案件。

（二）多措并举，拓宽案源渠道

一是利用传统渠道加强宣传。依托控申窗口、乡镇检察室、民事检察联络员等传统渠道，加大虚假诉讼监督宣传力度。有针对性的加强与律师事务所、信访部门、法院执行局等联系，获取高质量案件线索。例如，淮安金湖县院、连云港灌南县院制定了虚假诉讼线索举报奖励办法，鼓励群众踊跃参与防范和打击虚假诉讼。镇江润州区院先后走访辖区内14家律师事务所，

收集到虚假诉讼线索5件。二是积极创新宣传媒介和载体。充分利用智慧检务和现代媒体，助力拓展虚假诉讼案源。张家港市院设计开发了“民行一点通”微信小程序，为群众提供虚假诉讼线索提供了方便。扬州市检察院与《扬州晚报》合作，联合推出“检察官说法”专栏，通过“精选典型案例+检察官以案说法”相结合，加强虚假诉讼检察监督宣传。该市检察机关还拍摄了《“飞走”的房子》《“借条”》等虚假诉讼监督主题微电影、微动漫、宣传片等，实行线上线下同步推广，丰富了典型案例的宣传模式，使典型案例宣传更加生动，更受群众欢迎和认可。

（三）一案多查，深挖虚假诉讼背后的刑事犯罪

窝案、串案较多是虚假诉讼的突出特点之一，主要表现在同一原告或同一被告同时涉及多个同类诉讼，或是在较长一段时间内涉及多个同类诉讼，有些案件还涉及律师、法官甚至鉴定人员等参与其中。根据这一特点，湖北、江苏确定了“以案找案”“以案找人”的工作思路，在依法履行民事检察监督职能的同时，深挖虚假诉讼背后的刑事犯罪，并及时移送犯罪线索。例如，武汉市院办理的某投资公司系列虚假诉讼案，该4起案件被告均为某投资公司，案由、诉讼请求及事实理由等均相同，某区人民法院由同一名审判员适用简易程序在5天内调解结案。基于这些反常现象，民事检察部门建议将本案移送侦查。经检察长批准，该院从负责侦查的部门及民事检察部门抽调骨干成立专班进行侦办，最终查明该案审判人员及执行法官收受贿赂枉法裁判的事实，并因受贿罪被追究刑事责任。

（四）强化内外协作，凝聚监督合力

一是建立上下级院一体化办案机制。通过省、市、县三级院联动办案，同步开展虚假诉讼监督，有效提升了监督力度和效果，同时也帮助基层院分担压力，一定程度上解决了基层院人手有限问题。二是强化刑民检察协作。如南通市崇川区院民事检察部门通过内部线索移送机制，从本院其他办案部门获取线索，成功办理了曹某、王某虚假诉讼案。苏州市院办理的李某与某建筑公司虚假诉讼案，系由基层院其他办案部门移送，同时，民事检察部门还与其他办案部门配合，在公安机关对该案当事人涉嫌虚假诉讼罪进行侦办过程中提前介入，对刑事侦查方向提供意见，最后反哺民事案件，对改判发挥了重要作用。三是加强与监察委、法院、公安等部门的协作。如江苏省高院、省检察院、公安厅、司法厅四家单位联合会签了《关于防范和查处虚假诉讼的规定》，扬州市院与政法委、法院、公安局、司法局联合制定了

《关于防范和查处虚假诉讼的工作意见》，扬州市检察院与公安局会签《关于加强虚假诉讼查处中民事检察与刑事侦查协作配合的意见》等。

三、贵州省检察机关办理民事虚假诉讼监督案件存在的问题

（一）线索发现难

一是虚假诉讼双方当事人大多是亲戚、朋友，经过周密串通，往往隐蔽性高。近年来虚假诉讼行为越发规模化、专业化、体系化，有的案件还有律师等法律工作者参与，证据链通常比较完善，在实践中检察机关很难通过审查案卷、询问当事人等方式发现、识别。二是司法机关对打击和防范虚假诉讼职能的宣传力度不够，社会知晓度还不高。三是政法机关之间还未完全实现信息互通互享，公安、法院对虚假诉讼的打击意识不足，主动移送线索少。

（二）案件“进场难”“出路窄”

根据《人民检察院民事诉讼监督规则（试行）》规定，检察机关依职权监督的案件类型包括：裁判结果损害国家利益和社会公共利益的；审判人员有贪污受贿、枉法裁判等行为的；依法需要跟进监督的。因目前法律未对“国家利益和社会公共利益”予以明确界定，实践中，对于检察机关履行职责过程中发现的损害案外人利益的虚假诉讼案件，如虚假调解类案件，囿于“两益”界定不明，导致检察机关依职权受理依据不足。同时，根据民事诉讼法规定，对调解书的监督需以损害“两益”为前提，因此，即便检察机关依职权受理了虚假调解案件，但提出抗诉或再审检察建议后，是否采纳仍依赖于法院对“两益”的认识。如果法院认为损害“两益”理由不成立的，将直接不予受理或裁定终结审查。有鉴于此，检察机关只能通过检察建议方式进行监督。但由于检察建议监督刚性不足，是否回复、是否采纳的主动权均在人民法院，通常不能达到启动再审纠正错误调解的目的。这样就造成了能达到目的的监督手段不能用，能用的监督手段又达不到目的的窘境。

（三）案件查办难度大

一是民事调查核实权缺乏刚性保障。现行法律规定并未对民事检察调查核实权的行使刚性提供保障，其行使主要依赖于当事人、案外人和有关单位组织的协助、配合，对于被调查人不配合的，并未赋予诸如训诫、罚款、拘留等强制保障措施，这使得检察机关能否有效行使调查核实权具有极大的不

确定性。二是侦查权范围缩减。两侦转隶后，检察机关侦查权范围进一步缩减，原来可以依托本院自侦部门调查核实的案件，现在需要借助纪委监察委和公安机关的侦查手段，无疑导致虚假诉讼案件的查办难度进一步加大。三是鉴于虚假诉讼的隐蔽性，虚假诉讼的合意性（包括审判人员参与），证据收查复杂性，言词证据突破的谋略性，决定虚假诉讼案件查办形式看似归于民事检察诉讼环节，但查办上却往往依赖于侦查模式，即依赖于侦查的意识、侦查的组织、侦查的作风、侦查的方式、侦查的路径、侦查的资源及谋略，其查办方式与民事检察部门坐堂办案截然不同，现有经验架构下的民事检察部门没有能力担当虚假诉讼案件查办工作或者效果不彰。

（四）民事检察队伍人员配备不足、办案中坚力量不稳定

近几年来，民事检察部门人员配备与综合素养虽然有了明显改善，但与新时期做强民事检察工作的要求仍然不相适应。与江苏、湖北两省相比，贵州省不论是在人员配备上，还是在机构改革的步伐上，均有差距。根据调研了解的情况，江苏省、市、县三级共有检察院129个，民事部门有员额检察官330人，助理273人，平均每个院有民事检察人员4.67人。湖北省、市、县三级共有检察院126个，民事部门有员额检察官262人，助理271人，平均每个院有民事检察人员4.23人。贵州省、市、县三级共有99个检察院，民事部门员额检察官共有148人，助理158人，平均每个院有民事检察人员3.09人。贵州省平均每个院要比江苏、湖北要少1个民事检察人员。

从机构分设情况看，目前，江苏13个市级院（不含铁检院）已全部单设民事检察部、113个基层院中有少部分单设民事检察部；湖北16个市级院（含铁检院）中有12个单设民事检察部，109个基层院中有76个单设民事检察部；即使未单设有合署办公的，也保障了一定数量的书记员专门辅助从事民事业务。而在贵州省，仍有部分市州院及基层院均未单独设立民事检察部门。

由此可见，贵州省不仅平均每个院要比江苏、湖北要少1个民事检察人员，在工作量上，绝大多数检察机关的民事检察人员还要同时承担行政、公益诉讼和生态检察工作；甚至在部分基层院，还承担着刑事执行检察和普通刑事检察工作，如黔南平塘、瓮安县院。（见表1）

表1　民事检察机构设置、人员配备情况表

省份	检察机关个数	民事检察员额数	民事检察助理数	院均民事检察人员数	单独设立民事检察部情况				
					省院	市州分院		基层院	
						总个数	单设民事部门个数	总个数	单设民事部门个数
江苏	129	330	273	4.67	单设	13	13	113	少部分
湖北	126	262	271	4.23	单设	16	12	109	76
贵州	99	148（同时承担行政、公益诉讼和生态检察工作）	158（同时承担行政、公益诉讼和生态检察工作）	3.09（同时承担行政、公益诉讼和生态检察工作）	单设	9	1	88	0

四、加强贵州民事虚假诉讼检察监督工作的对策和建议

2019年6月，最高人民检察院决定在全国检察机关开展为期两年的虚假诉讼领域深层次违法行为监督专项活动。贵州省要以此次专项工作为契机，坚持把虚假诉讼监督作为新时期做强民事检察工作的“突破口”来抓，加大民事虚假诉讼监督的办案力度，打开贵州省虚假诉讼监督工作局面，推进虚假诉讼监督工作常态化。

（一）多点发力，拓展线索来源

1. 广辟案源渠道。加强检察机关内设机构之间、检察机关与律师事务所、信访部门、法院、公安机关等相关单位之间的联系，获取高质量案件线索。充分利用“两微一端”“12309”等检察服务中心平台，为群众提供方便快捷举报途径。切实增强对媒体报道特别是新闻媒体热点问题的敏感性，及时发现案件线索。

2. 紧盯重点领域，开展精准摸排。民事虚假诉讼以涉财型纠纷为主，主要集中在民间借贷纠纷、房地产纠纷、离婚析产纠纷、追索劳动报酬纠纷和保险理赔等领域，其中民间借贷纠纷是虚假诉讼“重灾区”，且以调解结案居多。要聚焦虚假诉讼案件易发领域，抓住“无对抗、无异议、结案快、

易调解”等特点，有针对性的进行线索摸排。当前，尤其要注重从扫黑除恶专项斗争中发现的“套路贷”等案件中发现线索。

3. 坚持全面审查，深挖案件线索。一是运用类案思维，采取“以案找案”“以案找人”“以人找案”方式，深入挖掘规模性造假线索。二是实行“一案双查”制度。民事检察部门对办理的每一起民事诉讼监督案件，同步审查是否涉嫌虚假诉讼。对正在办理或已经办理的虚假诉讼案件，同步审查是否存在审判程序和审判人员违法、当事人及其他诉讼参与人违法线索。刑事检察部门在办理伪证罪、虚假诉讼罪等相关案件，刑事执行检察部门在查办民事行政枉法裁判罪、执行判决裁定滥用职权罪等案件中，要同步审查是否存在虚假诉讼行为。

4. 加强智慧检务建设。提升检察工作科技含量，探索结合互联网科技运用，落实便民措施，畅通民事虚假诉讼来源渠道，方便群众反映诉求；探索依托大数据技术，对海量司法数据通过智能比对、瑕疵提示等功能，辅助查找虚假诉讼线索；整合检察统一业务应用系统和法院、行政机关各类信息系统相关信息数据，为办案提供智能辅助。

（二）加强民事调查与刑事侦查的衔接、配合，破解虚假诉讼查办难的问题

在虚假诉讼案件查办中，民事检察部门与刑事执行检察、公安机关等具有侦查权的部门相比，具有熟悉民事审判程序和相关法律知识的专业优势，但存在侦查思维、侦查能力和技巧不足的问题。因此，在查办虚假诉讼案件中，要以刑事侦查为主，民事调查为辅，以弥补查办能力不足、调查取证难的问题。

1. 明确职责分工，及时移送线索。民事检察部门主要负责监督纠正因虚假诉讼导致的错误生效裁判及审判程序违法问题，对于发现的当事人及其他诉讼参与人违法线索、审判人员违纪违法线索，应按法律规定的职能分工，及时移送检察机关刑事执行检察部门、公安机关及纪检监察部门处理。依托强有力的刑事侦查手段收集、调查相关证据，为虚假诉讼认定奠定基础。

2. 完善协助调查机制。民事检察部门在对涉嫌虚假诉讼案件调查核实过程中，对于可能存在当事人及其他诉讼参与人违法、审判人员违纪违法情形的，可以商请本院刑事执行检察部门、公安机关、纪检监察机关共同分析案情，研判调查方案，为收集、固定相应证据，移送案件线索做好准备。对于已经移送的线索，民事检察部门可以跟进协助侦查。

（三）多元化开展监督，提升监督质效

1. 综合运用法定监督方式。既要运用再审检察建议或抗诉等方式加强对裁判结果的监督，又要运用检察建议等方式督促法院或相关职能部门对参与虚假诉讼的当事人、代理人等进行相应的惩处，充分运用民事抗诉、再审检察建议、检察建议等多种手段，打好组合拳，实现办理一案，多点开花的良好效果。

2. 注意以点带面，促进堵漏建制。加强类案分析总结，注意发现人民法院、公安机关、司法行政机关等相关部门在防范和打击虚假诉讼中的共性问题，有针对性的发出改进工作检察建议，督促相关部门堵塞制度漏洞、完善工作机制。

3. 强化跟踪问效，增强监督刚性。对于再审检察建议、检察建议未予回复或未被采纳确有错误的，要依法提请上一级人民检察院跟进监督或者将有关案件线索移送同级纪检监察机关处理，必要时可向当地党委、政府、人大常委会报告。

（四）建立健全协作机制

1. 建立健全一体化办案机制。一是建立统一指挥、运转协调高效的组织机构。依托刑事执行侦查力量，省、市、县三级检察机关成立虚假诉讼调查指挥中心，由民事、刑事检察、刑事执行检察等部门抽调骨干人员组成，由调查指挥中心统筹线索管理、线索研判、案件调度、力量调配、办案指挥、案件查办等事项。该调查指挥中心今后进而向诉讼监督、职务犯罪侦查等方向扩展。二是构建上下联动机制。建立以省院为主导、市州院为龙头、基层院为主体的一体化办案机制。通过督办、参办、交办等方式有效整合办案力量，最大限度地解决民事检察部门人员不足的情况。

2. 大力实施跨部门机制共建。探索建立公、检、法、司联合防范、查办、打击虚假诉讼的协作机制。率先在省级层面，由省检察院牵头，推动联合省高级人民法院、省公安厅、省司法厅共同出台《关于在防范和查处虚假诉讼工作中加强协作配合的若干规定》，对各部门各司其职、密切配合合力防范和打击虚假诉讼达成共识，重点解决信息共享、线索双向移送、会商研判、协助调查、引导侦查等问题，为全省检察机关开展虚假诉讼检察监督工作提供指导规范和制度保障。

（五）制定办案规范，统一案件质量标准

1. 制定科学的业务考评标准。充分发挥业务考核标准"指挥棒"作用，将虚假诉讼纳入对下业务考核内容，并适当增加该项工作在检察业务总体工作考核中的占比，其中尤其要增加对虚假诉讼中司法人员违法监督的考核比重，突出工作实绩和重点，引领全省虚假诉讼监督工作向纵深发展。

2. 制定办案规范，统一案件质量标准。抓紧制定《加强民事虚假诉讼检察监督指导意见》，为全省开展该项工作提供基本遵循，避免案件质量评查中出现认识不一的问题。其中，要重点明确以下两个问题：一是明确虚假诉讼的概念范围，将刑事法律规定的单方欺诈型虚假诉讼纳入监督范围；二是明确虚假诉讼均属侵害两益，扩大依职权受理案件范围，解决虚假调解监督出口问题。

（六）完善宣传和舆论引导机制

组织开展虚假诉讼“宣传周”“宣传月”活动，充分利用报纸、电视、网络等传统媒体和“两微一端”等媒介，采取宣传册、微电影、微动漫等形式加大虚假诉讼检察监督职能、法律政策、工作成效和典型案例的宣传力度。注重对具有社会重大影响的虚假诉讼监督案件进行舆论引导，定期召开新闻发布会公开办案进展，回应社会关切，释放法治正能量。

五、对修订完善虚假诉讼法律规定的建议

（一）明确虚假诉讼的概念

目前，从司法实践和法律规定看，对于虚假诉讼的理解存在分歧，为了统一认识，加大防范和打击虚假诉讼的力度，有必要通过立法对虚假诉讼的概念予以明确。其中最重要的是明确以下两点：一是虚假诉讼必须是虚构事实或者法律关系。不论是民事法律及相关文件，还是刑事法律，都将虚假诉讼定义为虚构案件事实或法律关系的行为。因此，如果当事人基于真实的法律关系提起诉讼，仅对其中部分证据进行伪造，例如私自修改篡改交易价格、与鉴定人串通导致鉴定不实、收买证人作假证等，不能认定为虚假诉讼。二是单方恶意虚构事实或法律关系提起的诉讼，亦应认定为虚假诉讼。刑事责任是最为严厉的责任方式，是最低限度的道德规范，既然 2018 年 10 月 1 日施行的最高人民法院、最高人民检察院《关于办理虚假诉讼刑事案件适用法律若干问题的解释》已经明确“单方欺诈”可以构成虚假诉讼罪，当然亦应纳入民事诉讼中的虚假诉讼范畴。且从司法实践看，目前多发的“套路贷”民事诉讼案件，就是典型的单方虚假诉讼行为。

（二）明确虚假诉讼均属侵害两益

虚假诉讼浪费司法资源，损害法律权威，摧毁社会诚信体，系既损害国家利益又损害社会公共利益，应抓紧修订《人民检察院民事诉讼监督规则（试行）》，将虚假诉讼纳入检察机关依职权启动监督范围，同时明确检察机关可对虚假调解提出再审检察建议或抗诉。

（三）强化民事检察监督调查核实权

虚假诉讼案件往往涉及当事人造假、诉讼代理人造假、甚至法官参与等问题，监督的对象、环节较多，不强化调查核实会导致案件无法发现真相而长时间停滞在怀疑阶段。因此，在人民检察院组织法明确规定检察监督调查核实权后，还需在修改民事诉讼监督规则时具体细化民事检察调查权行使的范围、方式、程序、保障等，例如明确是依监督申请人申请启动还是主动依职权启动，委托鉴定的费用如何承担，相关人员和单位不配合时如何保障调查核实顺利进行等，进一步完善调查核实制度。

（四）强化虚假诉讼诉中监督制度

为确保人民法院独立行使审判权，检察监督一直以事后监督为原则，其监督对象是已经发生的审判违法行为。但虚假诉讼具有极强的隐蔽性，受民事审判尊重当事人意思自治、中立裁判等原则影响，人民法院往往很难在诉讼过程中及时发现虚假诉讼行为。因此，有必要对检察机关在虚假诉讼中开展诉中监督作出特别规定，以有效避免虚假诉讼不良结果发生。一是人民检察院在办案中发现民事案件存在虚假诉讼嫌疑的，如果案件尚在人民法院审理过程中，应当将情况函告该人民法院或者向人民法院发出检察建议。二是对于涉嫌虚假诉讼案件，根据已经查实的证据情况，人民检察院可以向执行法院提出检察建议，建议中止执行或暂缓执行。

新形势下检察机关调查核实制度初探

欧阳大苏*

修订后的人民检察院组织法规定，人民检察院行使本法第 20 条规定的法律监督职权，可以进行调查核实。据此，检察机关调查核实制度从局限于民事、行政诉讼监督，走向了全面行使。由于该制度长期局限于民事、行政诉讼监督，隐身于强大的刑事侦查权之后，存在行使不充分、效果不明显、配套保障制度不完善等问题。新形势下检察机关履行法律监督职责，四大检察职能全面协调充分发展，调查核实既是法定权力，也是收集证据材料、认定事实的主要手段，是行使法律监督职权的前提和基础，健全完善相关制度，保障调查核实权依法、充分、合理行使较为紧迫。

一、检察机关调查核实制度变迁

相比于刑事诉讼法“侦查是指公安机关、人民检察院对刑事案件，依照法律进行的收集证据、查明案情的工作和有关强制措施”的规定，并无立法对调查核实明确界定。显然，侦查具有行使主体、规范要求及措施手段等方面的特定性，而调查核实更为宽泛普通。“没有调查，就没有发言权”。调查是为了解情况而考察，包括收集有关材料，核实则是审核属实与否。检察机关调查核实源于对民事行政诉讼监督的需要，在 2001 年最高检《人民检察机关民事行政抗诉办案规则》中出现，但长期隐身于刑事侦查之后。检察机关调查核实具有其特定内涵，基于宪法对人民检察院的法律监督机关定位，一般认为其调查核实权是一种具有法律监督性质的司法权。

2012 年 8 月修订的《民事诉讼法》第 210 条规定“人民检察院因履行法律监督职责提出检察建议或者抗诉的需要，可以向当事人或者案外人调查核实有关情况”。算是立法正名。从条文内容看，既有启动条件要求，又有适用对象的要求。“因履行法律监督职责提出检察建议或者抗诉的需要”这

* 作者单位：贵州省人民检察院。

一条件，让从事民事检察业务的同志难以理解，也不好把握。实践中，需要调查核实的案件，正是不能准确判断是否需要提出检察建议或者抗诉，调查核实可以帮助检察机关进一步清楚案件是否存在法律监督情形，从而准确作出判断。换言之，如果已经决定提出检察建议或者抗诉，则一般没有调查核实的必要，或者意义不大。最高检民事诉讼监督规则第65条规定可以调查核实的情形"民事判决、裁定、调解书可能存在法律规定需要监督的情形，仅通过阅卷及审查现有材料难以认定的……"也表明，调查核实是帮助作出决定的前提过程，而非已经决定后的补强。"向当事人或者案外人"是调查核实对象的限制，还是对象的引导，亦有争议。有的认为，"检察机关调查核实权附属并服务于法律监督权，其调查核实的对象应当与诉讼程序有直接关系，因而，调查核实权的行使对象应当限于当事人及其他参与原审诉讼活动的证人、鉴定人与诉讼代理人，而不应包括与案件没有诉讼法律关系及没有参与诉讼的人员"。但民事诉讼监督规则关于可以采取的调查核实措施包括"询问当事人或者案外人；咨询专业人员、相关部门或者行业协会等对专门问题的意见；委托鉴定、评估、审计……"，予以较大突破，表明了不同观点。行政诉讼法虽没有规定检察机关调查核实权，但基于第101条"……人民检察院对行政案件受理、审理、裁判、执行的监督，本法没有规定的，适用《中华人民共和国民事诉讼法》的相关规定"。最高检行政诉讼监督规则一并规定了调查核实制度。

2012年修改的刑事诉讼法规定"人民检察院接到报案、控告、举报或者发现侦查人员以非法方法收集证据的，应当进行调查核实……"首次在刑事诉讼中规定了检察机关调查核实制度。刑事诉讼规则进一步规定，对非法取证行为可以采取的调查核实措施。2015年12月16日最高检发布的《人民检察院提起公益诉讼试点工作实施办法》第6条第33条分别对民事和行政公益诉讼中的调查取证予以规定。从条文内容上看，与民事诉讼监督规则大致相同，主要包括调阅、复制、询问、收集、咨询、委托鉴定、评估、勘验等，同样规定不得采取限制人身自由以及查封、扣押、冻结财产等强制措施。因公益诉讼试点是经全国人大常委会授权实施，前述实施办法报经全国人大常委会备案同意，算是解决了公益诉讼试点期间的调查核实立法问题。2017年6月公益诉讼试点结束后，检察公益诉讼调查核实处于立法空白期。至2018年3月1日，最高法、最高检出台《关于检察公益诉讼案件适用法律若干问题的解释》第6条规定，"人民检察院办理公益诉讼案件，可以向有关行政机关以及其他组织、公民调查收集证据材料，有关行政机关以及其他组织、公民应当配合，需要采取证据保全措施的，依照民事诉讼法、行政诉讼法相关规定办理”，填补了立法空白。

人民检察院组织法对调查核实予以统一原则性规定，刑事、民事、行政、公益诉讼四大检察业务均规定了检察机关调查核实制度，但由于检察权性质较为复杂，法律监督定位下的各检察业务职能差异较大，随之产生的调查核实制度亦基于不同的职能行使差异设计。如在刑事诉讼中，检察机关需要积极主动审查侦查机关获取的证据，通过退回补充侦查、自行侦查，调查核实可能存在的非法证据等，以判断证实犯罪的证据是否属实，是否确实、充分，从而决定是否提起公诉，避免证据不足或证据非法可能导致的败诉风险。检察机关对非法证据或其他不当侦查行为的调查核实，是积极主动的，故立法以“应当”要求。公益诉讼同样具有追诉色彩，检察官要担起公共利益代表的职责使命，调查收集相关证据材料，核实公共利益是否受损，行政机关是否正确履职等，此间的调查核实，除了强制措施，具有一定的侦查意义。而在民事、行政诉讼监督中，人民法院对案件已经作出了裁判，检察机关是针对法院的裁判认定事实、适用法律以及是否存在审判违法情形进行监督。在原审原被告已经充分举证，人民法院一审、二审、再审审查已经充分阐述事实认定、法律适用、判决理由的情况下，检察机关的调查核实对于认定事实、适用法律作用不大。就算对于“有新的证据，足以推翻原判决、裁定”这一监督情形，由于检察机关不是一方当事人的代理人，为其收集新证据推翻原判决、裁定不是检察机关的职责，亦与谁主张、谁举证的民事诉讼基本原则相违背，容易引发另一方当事人的不满，按下葫芦浮起瓢。而且，新的证据材料能否成为“新证据”，受限于“原审后形成、原审中因客观原因不能收集”等诸多条件限制。虽针对于审判程序违法、审判人员徇私舞弊等情形，应主动进行调查核实，作用在于初步发现后，移送有权机关处理的同时，作为法定监督情形。故民事诉讼法虽赋予了检察机关调查核实权，但是非必需的，应谦抑、审慎行使，立法以“可以”表明态度。

二、调查核实制度运行主要问题

调查核实在民事行政检察运用最早，也最受争议。学者张平认为：“检察院的查证代替了当事人一方的举证责任，进而使一方当事人从心理上、气势上、审判结果上都将大大优于对方当事人的诉讼地位，进而无法实现当事人诉讼地位、诉讼权利的平等。”学者们主要担忧调查核实权的存在，可能会使一方当事人因为获得公权力的帮助而增强举证能力，打破民事诉讼当事人的平衡地位，影响民事诉讼平等基础。实践的情况怎么样呢？以某省检察院办理民事行政监督案件情况为例，2018年度共受理民事行政监督案件196件，提出抗诉、再审检察建议等监督意见43件，进行调查核实仅1件。虽市、县两级检察院开展调查核实比例可能更高，但检察机关在民事、行政监督案件中进行调查核实案件比例总体较少。再考虑到了近年人民法院受理民事、行政案件的庞大数量，民事、行政检察及其调查核实制度，对整个民事、行政诉讼的影响实在有限。

调查核实制度在民事行政检察中的运行现状，有以下特点。一是检察机关长期轻民的观念，导致民事、行政检察业务被边缘化，在相对弱化的检察业务中的调查核实制度，亦被刑事侦查所淹没。二是民事、行政检察业务是典型的倒三角，大量案件集中在省级检察院，市级次之，基层极少。省级检察院一般距案件当事人、案外人或涉案现场等较远，开展调查核实较为麻烦，且办案任务较重，办案人员开展调查核实的积极性不高。三是调查核实的启动、具体操作、结果运用等规范不尽详细，一些案件不调查核实就案处理。一旦调查核实，特别是涉及言词证据变化，案件反而更难处理。四是调查核实缺乏保障机制，不比强大的刑事侦查，就算人民法院在民事行政诉讼中依职权调查收集证据，虽有明文保障，亦有难实现之处。检察机关调查核实几乎依赖于被调查对象的配合，一旦不配合，将难以进行。五是少数检察人员将刑事思维带入民事、行政检察，动辄开展调查核实，以查清事实作为案件处理的前提，没有准确定位民事行政检察角色地位，不自觉地帮助一方当事人收集证据，引发公权力不当介入民事、行政纠纷之质疑。

相对于边缘化的民事、行政检察业务，刑事检察是检察机关最基本的传统业务。前者是典型的事后监督，后者是全程参与监督。通常程序在后的机关可制约在前的机关，检察机关以审查批准逮捕、审查起诉制约侦查活动，对非法证据的调查核实难点不仅在于保障机制，更在于其追诉者与监督者双重角色的平衡。指控犯罪与诉讼监督的双重职能在某种程度上难免发生冲突，法律对非法证据调查核实启动条件亦不具体，检察官在具体个案件中可能规避启动调查核实，有违检察官客观公正之义务。当天侦查、检察、审判的三家分工制约程序下，侦查机关仍处强势，侦查活动相对封闭。检察机关对侦查活动的监督往往变为事后监督、卷宗审阅监督，在以犯罪嫌疑人供述、证人证言为重点的非法证据调查核实中，肉体折磨的传统暴力逼供、取证减少，精神折磨的软暴力不留痕迹。调查核实程序启动后，结论上很难认定为非法证据予以排除，而犯罪嫌疑人、代理人对结论不服亦无救济制度。

公益诉讼自试点开始，因检察机关作为公益起诉人，承担了原告的举证责任，开展调查核实，收集证明其主张的证据材料成为应有之义。此调查核实权并未有正当性质疑，而是在于规范，厘清与刑事侦查，特别是刑事强制措施之界限，以及明确调查核实之保障制度，确保公益保护职权行使。自试点方案至两高司法解释，再到人民检察院组织，对调查核实的保障机制并无大的改变，均只是明确被调查单位和个人应当予以配合，并无不配合之法律后果的规定。对比《行政诉讼法》第 32 条“代理诉讼的律师，有权按照规定查阅、复制本案有关材料，有权向有关组织和公民调查、收集与本案有关的证据……”《民事诉讼法》第 61 条“代理诉讼的律师和其他诉讼代理人有权调查收集证据……”人民检察院在办理公益诉讼案件的调查核实权，虽有“有关行政机关以及其他组织、公民应当配合”之表述，但缺乏不配合之法律后果，与民事诉讼、行政诉讼的一般原告并无实质区别。实践中，职务犯罪侦查权的调整，对公益诉讼检察的调查核实权行使，客观上产生了较大影响，难度加大，不配合情形增多。究其原因，调整前，对内检察机关虽作了刑事侦查与公益诉讼调查之区别，对外而言，被调查对象一般只知检察机关向其调查了解情况，收集相关证据材料，并不严格清楚是基于侦查或调查，有的检察人员为了工作便利，亦淡化或模糊之区别。又因检察公益诉讼主要是督促行政机关依法履职，从而实现公益保护。公益受损一般浮于外在表现，取证较为容易，或无须要行政机关配合亦可取证。但证实行政机关具有相应职责，而不履职或不正确履职，非向行政机关调查核实不可。行政机关及行政人员对于职务犯罪侦查权的调整较为敏感，违法违纪自属纪委监察委管辖，质疑检察机关为何进行调查，更何况调查收集证据是针对其不当履职行为，还可能对其提起诉讼，有不配合的情形亦在情理之中。

三、完善调查核实制度的几个问题

（一）调查核实制度设定层级考虑

2018 年 10 月 26 日修订的人民检察院组织法对调查核实权的规定，首次在法律层面授权，提升了授权层级，回应了权力合法性的质疑。从条文内容看，第 20 条列举了检察机关行使的刑事案件侦查权，审查、批准、决定逮捕权，审查、提起公诉、支持公诉、提起公益诉讼、对诉讼活动实施法律监督等职权，第 21 条规定，行使本法第 20 条规定的法律监督职权，可以进行调查核实。强大的刑事侦查权需要调查核实？二者是何关系？初看似乎有点逻辑不通，实则不然。随着监察体制改革，职务犯罪侦查权调整，人民检察院的法律监督机关的宪法定位进一步凸显。无论是行政机关、审判机关、监察机关，行使职权均有相应的保障措施，专司法律监督职责的检察机关亦然。要提出纠正意见或检察建议，必须要基于具有事实依据，而事实的认定，非通过调查核实，收集证据材料不能达到清楚。调查核实不再局限于民事、行政诉讼监督、公益诉讼检察，或者刑事诉讼特定的某种情形，而是检察机关行使法律监督职权，一般性、普遍性的保障措施，可以称之为“法律监督之手”。法律监督广泛而复杂，检察机关调查核实制度既要有全面、普遍、原则性的规定，也要针对四大检察职能差异细化的操作规范，解决全面与个别、普遍与特殊、原则与具体的制度需要。当前，在组织法已经作出普遍原则性规定的情况下，可在各检察业务办案规则中，对调查核实制度进行差异化设计，满足行使法律监督职责之需要。如修订后的《人民检察院检察建议工作规定》对提出检察建议前的相关事项调查核实，进行了规范。条件成熟时，可制定检察机关调查核实规则，予以统一规范。

（二）对检察机关调查核实不配合的法律后果设定

此次组织法修订规定对检察机关调查核实，有关单位应当予以配合，是很大进步，但并未进一步明确不配合的法律后果。如前所述，随着公益诉讼检察工作深入推进，以及监察体制改革落实到位，调查核实难度加大。行政相对人或民事公益诉讼被调查对象不配合的，主要是认为检察机关并非该行业的主管部门，如环境污染对于环保部门，又非管人管事的公安机关。为了满足办案需要，在公益诉讼办案规则中，一是可参照检察建议工作规定，对有关单位不配合调查核实的，将情况通报其主管部门或上级机关责令予以改正。二是从证据规则的角度考虑，以司法解释之形式，经检察机关合法调取拒不提供的，推定该证据缺失，或者对已有证据证明行政机关持有而拒不配合检察机关调取的证据，由该行政机关承担举证不能的后果等。三是对于妨碍检察机关依法行使职权的，应视情节轻重，分别依据治安管理处罚法或刑法，予以治安处罚或追究刑事责任。民事、行政检察虽因其调查核实数量较少，不配合的问题并不显现，但对比民事、行政诉讼法授权人民法院对妨害诉讼的强制措施，立法对检察机关履职保障几乎空白。故应在行政、民事诉讼法中增加检察机关履行监督职责进行调查核实，有关单位配合应予配合的内容，以保持与组织法的立法一致。在相应诉讼规则中，对不履行配合的，可设定提出纠正意见、检察建议，以阻碍国家机关工作人员依法执行职务移送公安机关治安处罚，或移送追究刑事责任，由轻至重的处理。刑事非法证据调查核实及审查处理，检察机关有较大的自由裁量权，一定程度上属于实体处理，无须再行规定配合之义务，可通过细化是否排除情形制约不配合行为，实现检察机关对刑事诉讼的主导。

（三）调查核实应有适度强制

在民事行政监督规则中，以及后来的公益诉讼办案规定均强调，调查核实不得采取限制人身自由和查封、扣押、冻结财产等强制性措施。有人据此否定调查核实的强制力，个人认为，此规定仅是为了明确调查核实与刑事侦查的界限，避免权力不当行使。调查核实作为一项法律监督机关依法行使的公权力，应当具有一定的强制力，否则，该权力的行使将沦为空文。2012年民事诉讼法修订明确检察机关的调查核实权以来，行使不充分、效果不明显的一个重要原因就是缺乏强制力。法院在三大诉讼中权力行使的强制性自不必说，行政机关亦有相当强制措施保障执法进行。特别是在公益诉讼检察中，检察机关负有通过调查核实，证明其起诉事实及主张的义务，一概无强制取证权，将难以实现。故应规定对于有证据初步证明公共利益受损的情形下，检察机关可在见证人见证下，查封、扣押相应书证、物证等，开展现场勘查等。当然，不能采取限制人身自由，不得强制获取言词证据，以明确与刑事检察的界限。

（四）公益诉讼检察调查核实类别及阶段的证据标准应有区分

公益诉讼检察中的调查核实，类似于提起公诉前的刑事侦查，处于极其重要地位。从类别上看，行政公益与民事公益在证明标准、诉讼请求、取证方向等均有较大区别。如行政诉讼的举证责任倒置、民事诉讼的谁主张谁举证基本原则。又如在公益受损这一要件上，行政公益的诉请在于督促行政机关履职，故一般只需证明公益受侵害的事实或危险，且与行政机关未履职或不当履职有关即可，不必证明受侵害的量化程度。民事公益的诉请如要求侵权人予以赔偿，如环境修复费用等，则需要通过专业机构鉴定公益受损量化程度及恢复所需要费用。突出的表现在环境损害鉴定上，二者差异较大，故对行政、民事公益诉讼的调查核实应当区别规范。从办案程序上看，线索初步调查、立案、发出诉前检察建议、提起公益诉讼等不同阶段，对证据材料的收集及证据标准应当区别。诉前建议目的是督促行政机关自行纠错，如果问题未解决，确定提起诉讼前，还需进一步调查。故有的同志认为，诉前程序证据标准不宜过高，此观点值得商榷。一是从案件比例上看，绝大多数的公益诉讼案件是诉前解决，提起诉讼比例极少，诉前程序证据标准过低，不利于提高整体案件质量。二是检察建议要做成刚性，做到刚性，落实“通过诉前程序实现维护公益目的是司法最佳状态”指示，高质量的诉前调查核实必不可少。自试点以来，公益诉讼保持了较大的案件数量，但调查核实工作不深入、不具体，证据材料简单，诉前建议指出违法事实缺乏证据支撑，建议内容不符合案件实际等问题不少。解决这些问题，亦需要全面充分的调查核实为前提。三是分析诉前与起诉对证据要求的异同，不同之处在于，行政机关收到检察建议后的回复情况、履职情况的核实，以及公益是否仍处于受侵害状态。而对于行政机关应当履职而未依法履职，导致公益受侵害这一核心事实，无论诉前还是起诉，都应当是证据充分、事实清楚。

（五）行政、民事检察调查核实应更“主动”

实证分析，民事、行政检察调查核实权，并未出现学界担忧的打破民事、行政诉讼平衡，而是权力行使不充分，职能作用不凸显。在四大检察全面协调充分发展，做强民事检察、做实行政检察的要求下，调查核实应更主动，推动补齐民事、行政检察短板。一是在制裁虚假诉讼，维护国家利益和社会公共利益上更主动。在民事诉讼中原被告达成默契，提起一个诉讼形式及证据材料等外在形式合法的诉讼，法院基于中立原则、尊重当事人意思自治等，予以司法确认，往往被当事人用于在其他法律关系中获取非法利益，或侵害国家利益和社会公共利益。监督规则应明确，对此类情形应当开展调查核实，以剥开此诉讼的形式合法外衣，以发现其虚假诉讼、损害国家、社会和他人利益的实质，履行监督职责。二是履行客观公正义务，解决矛盾纠纷上更主动。民事、行政诉讼虽已明确当事人的举证义务，但我国刑民不分的纠问式审判传统观念仍影响着部分当事人，在一些法治观念滞后、法律服务缺失的边远地区，群众仍有较重的“青天”情结，希望国家（包含所有机关的广义国家）或领导调查清楚，依法处理。由此导致的诉讼能力欠缺、举证不能败诉，而长期上访信访，甚至引发更多的矛盾纠纷。检察机关应针对具体案情，履行客观公正义务，开展调查核实，还原事实真相，通过检察建议或提出抗诉，依法解决长期未解决的矛盾纠纷。三是在民事、行政监督审判违法上更主动。相比于刑事审判的严格、规范、周密，民事、行政案件在证据采信、事实认定以及法律适用上，法律关系宽广，法官更为主观能动，个人观点对结果处理更有影响，权力寻租、审判违法出现可能。检察机关单就卷宗审查，很难发现违法行为，要善于敏锐地发现有价值的线索，通过调查核实监督审判违法行为，实现监督职能。

基于基层检察院实务视角探讨民事执行检察监督难点问题

张　帝*

一、民事执行检察监督的特点

（一）民事执行检察监督是一种外部监督

这是区别于法院的内部监督而言的，这从一定程度上决定了民事执行检察监督更多的时候是一种事后监督。和法院自身相比，检察机关由于民事执行专业知识欠缺，以及对民事执行案件情况信息掌握少于法院，无论是在发现违法执行情形方面还是在纠错方面，一般都滞后于法院的内部监督。但这也是作为一种外部监督应有之义。民事执行检察监督程序是依《民事诉讼法》相关规定设置的一种外部纠错程序，用以解决法院内部纠错程序的缺陷和局限性，促进民事执行程序的公正、合法，以改善执行乱象。

（二）民事执行检察监督的主体具有特定性

检察监督权是人民检察院依《宪法》而获得的宪法性权利，检察机关是唯一的法定的享有检察监督职能的机构。民事执行检察监督也不例外，根据《民事诉讼法》的规定，有权对人民法院执行活动行使检察监督职能的机构仅为检察机关。

（三）民事执行检察监督是一种同级监督

根据《关于民事执行活动法律监督若干问题的规定》（以下简称《民事执行监督规定》）第4条①和《人民检察院民事诉讼监督规则》（以下简称

* 作者单位：贵州省六盘水市盘州市人民检察院。

① 《民事执行监督规定》第4条：对民事执行活动的监督案件，由执行法院所在地同级人民检察院管辖。上级人民检察院认为确有必要的，可以办理下级人民检察院管辖的民事执行监督案件。下级人民检察院对有管辖权的民事执行监督案件，认为需要上级人民检察院办理的，可以报请上级人民检察院办理。

《诉讼监督规则》）第13条①的规定，民事执行检察监督以同级监督为原则，上级监督为补充。实践中，由于大部分执行案件都集中在基层法院，而同级的基层检察院由于与基层法院联系紧密，在对执行监督案源的发现发面具有优势。同级监督即符合法律宗旨，又符合实践需要。

（四）民事执行检察监督是一种程序性监督

检察机关在开展执行监督工作过程中，仅仅是履行监督职责，并不介入法院的执行工作中，主要着眼于程序性监督，而不对实体进行监督。同时，检察机关的监督、督促和纠错功能并不是以强制改变或限制的方式来实现，而是以一种“形式性”“程序化”的方式来实现。民事执行检察监督的程序性保证了其不会对法院的独立执行权进行干涉，也证明了这一制度并不与审判独立相悖。

（五）民事执行检察监督是一种全面监督

这是针对民事执行检察监督的范围而言的。《民事执行监督规定》第3条“人民检察院对人民法院执行生效民事判决、裁定、调解书、支付令、仲裁裁决以及公证债权文书等法律文书的活动实施法律监督”，明确了检察机关对法院的民事执行活动实施全面监督，判决、裁定、裁决、调解书等的执行活动都已包含在检察机关的监督范围内。民事执行检察监督已贯穿于民事执行活动的始终，法院的全部执行活动检察机关均可依法监督。

二、民事执行检察监督现状——以六盘水地区检察院为视角

（一）民事执行检察监督案件办理数量逐年上升，且在民事检察监督案件中占比大

六盘水地区2016年以来各年度办理民事检察监督案件总数以及各类型案件办理数与占比如下图：②

---

① 《诉讼监督规则》第13条：对民事执行活动的监督案件，由执行法院所在地同级人民检察院管辖。

② 目前民事检察监督案件包含民事执行、再审检察建议、提出抗诉、审判程序中的违法情形四种监督类型。占比是指各类型案件数占民事检察监督案件总数的比值，如民事执行检察监督案件占比由民事执行检察监督案件与民事检察监督案件的比值而得，数据四舍五入后保留两位小数点。数据来源于六盘水市检察院案件管理办公室，其中不乏人为因素或统计方式方法的科学性差异一定程度影响数据的真实性，但作为官方数据，能在宏观层面说明问题，并不影响研究的科学性。

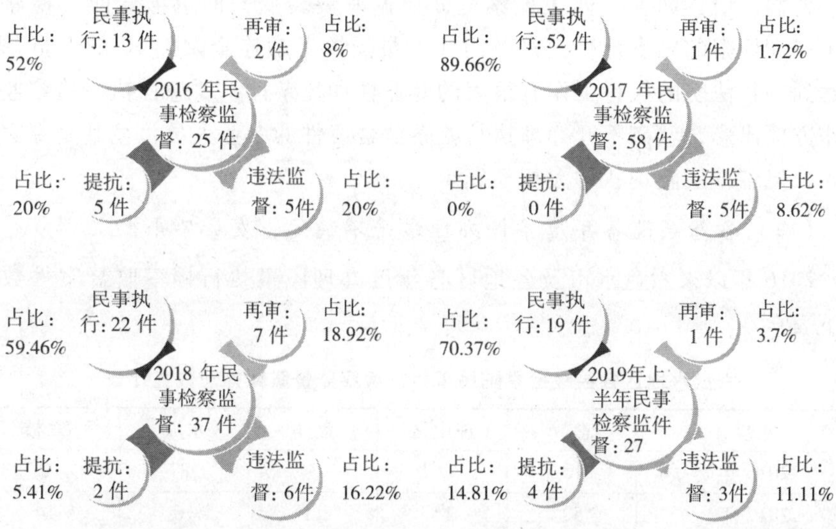

从上图可以看出，民事执行检察监督案件办理数量自 2016 年以来大幅度上升，虽然 2018 年民事执行活动数据相比 2017 年呈下降趋势，但这主要是因为 2018 年以来，最高检在全国范围开展非诉强制执行监督专项活动，我市将大部分精力从民事执行监督活动转向行政非诉执行专项监督活动，2018 年全市办理行政执行检察监督案件 37 件，执行检察监督案件总数为 59 件，较 2017 年的 52 件（2017 年无行政执行监督案件）仍然呈上升趋势，且民事执行检察监督案件在民事检察监督案件中占比非常高，2016 年以来最低占比为 52%。这充分说明民事执行检察监督是民事检察监督工作的大头，做好做强民事执行检察监督是促进民事检察发展的关键。

（二）案件办理效果差，精品案例缺乏

近年来，六盘水市办理的民事执行检察监督案件均无被最高检和省检院采用的典型案例。究其原因，主要是六盘水市办理的案件质量不高、效果不好。检察监督已然是司法救济的最后一道程序，是维护公平正义的最后一道防线，对于当事人来说，检察监督是守法当事人实现其权利的最后指望。从法律效果来说，由于执行监督案件缺乏典型和精品案例，多年来办理的案件并没有从立法层面为民事执行检察监督制度的构建和完善提供太多有价值的实践经验和借鉴意义，在助推法院依法执行方面也建树不大。

（三）办理执行检察监督案件的专业人员少，无专家型执行监督案件办理人才

反贪反渎转隶后，检察机关业务从传统的“重刑轻民”向“民事、行

政、公益诉讼、刑事”四大检察全面协调发展转变，但承担着四大检察业务中三大检察的民事行政检察部门在人员配置上却连全院1/10的人员都没有达到。且法院的执行工作有很大的专业性和复杂性，要想在执行检察监督工作方面出彩，就离不开办理执行检察监督案件的专业人员，尤其是专家型人才，但各基层院现状却大相径庭。

（四）各基层院各年度案件办理水平不稳定，发展不平衡

2016年以来六盘水市及各地区各年度办理民事执行检察监督案件数据如下表：

六盘水地区各县级检察院民事执行检察监督案件办理数统计表

年度	总数	钟山区	盘州	水城	六枝
2016年	13	2	3	8	0
2017年	52	11	11	16	14
2018年	22	0	3	3	16
2019年（上半年）	19	3	9	1	6

虽然六盘水市近年来执行监督案件总数逐年上升，但以上数据却反映出各年度各院发挥水平不稳定，发展情况不平衡。2016年度，六枝院办理民事执行检察监督案件为0，2018年钟山区办理民事执行检察监督案件也为0。这可能和各年度各院当地党委政府政治工作安排和上级院专项活动安排有关，如在当年有脱贫攻坚任务地区的基层院则当年办案数据较少。

（五）各基层院对民事执行检察监督法律规范的理解不统一，在适用上差距较大

经对六盘水市地区各基层院对法律法规的理解和适用情况进行调查，发现各院在对执行检察监督相关法律法规的理解和适用上差距较大。表现较明显的主要有以下几点：一是关于执行救济前置程序：有的院认为申请人到检察机关来申请监督，肯定是经过了执行救济程序的，只不过是因为当事人和法院地位及信息的不对等，以及当事人法律知识的欠缺，导致当事人即使经过了执行救济前置程序也无书面证据资料，所以对于当事人申请的执行检察监督案件在满足其他条件的情况下都予以受理。有的院却认为执行救济前置程序是《民事执行监督规定》第6条明确规定的，只有申请人有明确书面证据证明经过救济前置程序后才能受理。二是依职权监督范围：关于《民事执行监督规定》第7条检察机关依职权监督范围的理解，部分院认为关

于依职权应该监督的范围是强制性规定，即如果在这些范围内必须监督，未在范围内的属于可以自由裁量是否监督。另外一些基层院却认为只有《民事执行监督规定》第7条列举的四种情形才可以监督。三是关于检察建议的审批程序。《民事执行监督规定》第11条规定检察建议的提出应当经检察长批准或者检察委员会决定，但各基层院对检察长的理解不同，部分院认为分管部门的副检察长也属于检察长，所以实践操作中一些基层院检察建议是由分管副检察长审批。这些对法律法规理解的不统一和适用上的差别一定程度上制约了民事执行检察监督的发展。

三、阻碍民事执行检察监督发展的难点问题及原因分析

（一）法律规定太过于笼统和原则，针对实践中遇到的一些细节问题无实操性和指导性

关于民事执行检察监督的法律规定较少，《民事诉讼法》仅规定了检察机关享有民事执行检察监督的权力。《诉讼监督规则》规范了检察建议的制发方式和不支持监督申请的处理方式，但这些成果并没有在2015年2月最高法发布的《关于适用〈中华人民共和国民事诉讼法〉的解释》中得到确认，此制度在实践中发挥的效果并不理想。2016年《民事执行监督规定》是继2012年修改后民事诉讼法实施以来“两高”关于民事检察监督会签的第一个司法文件，也是现行的最具指导意义的办案操作规范。但该规定涉及的问题有限，并不详尽全面，如对检察院向法院书面了解相关情况只作了概括性规定、对这种书面了解情况的效力以及法院不配合的后果及后续救济措施等均未细化，所以这一制度在实践中的应用并不高。同时对法院回复程序和纠错程序以及法院违法执行人员的处理等均未涉及。第14条虽然规定了对法院逾期未回复或对处理结果不当的可以向上级院寻求救济，但由于实践中操作过于麻烦。2016年《民事执行监督规定》过多的强调了沟通协调，缺乏强制性，谦抑有余而刚性不足。[①] 这些法律规范的笼统和空白也是造成各基层院对法律规范理解不同和适用上差别大的主要原因，一定程度上影响了检察建议的刚性。

（二）办案人员重视考核机制，对办案的价值和效果考虑较少

现行的考核机制是根据办案数量来评价各院工作成绩的优劣，这就导致

---

① 范同乐：《民事执行检察监督问题研究》，郑州大学法学院2018年硕士论文，第19页。

实践中各院办案人员在办理案件时重视办案数量，而较少顾及办案的社会效果和案件的办理价值。实践中常遇到这样的案子：法院前几年的执行案件在对被执行人的财产查询过程中，仅查询到被执行人不同银行卡上分别有几十到几百元的余额（总数在1000－3000元）或者被执行人有其他价值相当于几千元人民币的财产，这种情况下，执行法官可能会综合考虑到执行案件的司法成本、保留当事人基本生活以及申请执行人对这些钱款的需求程度、变现成本等因素在未对这些财产采取查封、扣划等强制执行措施的情况下，对该案以无可供执行财产进行终结本次执行程序处理，检察机关通过审查发现这样的案件后对法院发出执行监督检察建议。笔者认为，对一个执行案件尤其是已经“时过境迁”的执行案件是否值得监督至少需综合考虑下列因素：一是发生在几年前的案件，需重新核实被执行人现今的经济状况；二是办理该案件检察机关和法院所需要付出的司法成本；三是对当事人维护合法权益的价值；四是执行法官当时作出此种执行行为和执行裁定的根据和理由；五是办理该案件在促进检察监督制度发展和法院依法执行方面的价值。实践中不同申请人因法院同样的违法理由针对同一被执行人的申请执行监督案件，笔者认为完全可以并案处理，作为一个案件向法院发出同一份执行监督检察建议即可，还有很多其他类案也可以探讨作一案处理。这样既可以节约司法资源，还可以减轻法院的工作量。

（三）检察院和法院对民事执行检察监督认识不统一

在民事执行乱的社会大背景下，民事执行检察监督制度应运而生，这一制度是为了解决民事执行中存在的现实问题而来。在民事执行权不得不逐步张扬的客观环境中，如果相应的监督没有及时到位，执行之乱将给当事人和案外人的合法权益造成极大的威胁，司法公信力和司法权威也会因此受到减损，民事执行检察监督的存在具有重大现实意义。然而实践中，法院对执行检察监督有时不予接受，给检察机关的监督带来困难。在现今不提倡现场监督的情形下，检察院一般不主动介入法院的执行活动，导致对法院的具体执行活动无法及时掌握，对法院在执行过程中的违法行为也无法及时纠正。

（四）现有执行检察监督调查核实相关规定难以进行深入监督

根据《民事执行监督规定》，检察机关办理执行监督案件的调查核查方式主要有三种：调阅执行卷宗；向当事人或者案外人调查核实；向法院书面了解情况。其中第二种方式正常情况下都被简化为向申请人了解案件情况（被申请人一般无法联系，案外人因不涉及具体利益纠纷也很少参与到案件的调查核实过程中来），第三种方式在实践中很少采用，也就是说检察机关在办理执行监督案件过程中采用的调查核实方式一般就只有审查执行卷宗和向申请人了解案件情况。但仅仅通过这两种方式无法实现深入监督。虽然法律上未明确禁止检察机关可以采用其他调查核实方式，《诉讼监督规则》第五章第三节也专门规定了更多的调查核实方式（主要针对生效裁判监督），理论上检察机关可以在不违反法律规定的情况下采取其他调查核实方式，但因法律未对检察机关调查核实的启动、调查核实期间、调查核实的证据效力等作明确规定，即使调查核实取得证据后也不知后续如何操作，再加上委托鉴定、评估、审计等其他调查核实措施所需经费甚高，所以实践中检察机关在办理案件过程中往往只对卷宗进行审查。

四、破解民事执行检察监督发展难题的几点建议

（一）从司法解释层面完善、细化民事执行检察监督制度

随着近年来社会的快速发展以及国家监察体制改革等原因，现有最高检、最高法关于民事执行检察监督相关规定已不能满足民事执行检察监督实际工作需要。7月19日，政法领域全面深化改革推进会在成都召开，会议就强化检察机关法律监督提出具体要求：尽快修订《人民检察院民事诉讼监督规则》，改变“重刑轻民”的法律监督格局。[①] 相信最高检将很快启动《诉讼监督规则》的修订规则，建议在不久将来《诉讼监督规则》的修订中，增加关于民事执行检察监督的规定，进一步完善民事执行检察监督制度，针对法院对检察建议反馈程序等空白问题进行规范、并对现有条款进行具体化、细化，以期更有操作性。《诉讼监督规则》修订完成后，可以以新修订《诉讼监督规则》为契机，推动《民事执行监督规定》修订，从司法解释层面进一步完善民事执行检察监督制度的构建，以适应现有民事执行检察监督工作需要。

（二）合理设置基层检察院内设机构，加强基层检察院民事检察队伍建设

因民事执行案件大部分集中在基层法院，对应的基层检察院也成为民事执行检察监督的中坚力量。但现有的机构改革下基层检察院民事行政检察部

---

① 徐盈雁：《全面深化检察改革“化学反应”更值得期待》，载《检察日报》2019年7月。

门人员仍较少，却要承担大量民事检察监督案件办理任务。要推动检察机关“四大检察”的全面充分协调发展，要先从机构上配置全国上下一体的以“四大检察”相对应的内设机构，以促进民事检察监督人员向专业化发展，然后才能在此基础上培养专家型民事执行检察监督人才。

（三）构建多元考核评分体系，发挥考核导向作用引导民事执行检察监督人员转变监督理念

现有的民事执行检察工作考核是按照办理案件数量的多寡来决定该项工作的考核得分的。以六盘水市为例，根据《六盘水市人民检察院2019年度民行检察业务考评标准》，审判程序违法监督和执行监督检察建议数满分为20分，对于法院在民事、行政执行活动中的违法情形，发出检察建议书的，每件计5分，执行监督检察建议被法院采纳的，每件计5分，得分排在首位的地区得到该考核项目的满分，也就是说，对于民事执行检察监督的考核指标只有两个：一是发出检察建议数；二是法院采纳数。7月22日，最高人民检察院党组书记、检察长张军在四川调研时强调：“进入新时代，人民群众有了新要求，没有理念上的转变，检察工作就可能被动，就不能真正做到为人民群众提供优质高效的检察产品。转变理念不是一句口号，而是要落实在每一个检察环节。”① 建议将“一心一意为人民”“全面平衡抓监督”“双赢多赢共赢”等检察监督理念融入到考核体系中，在考核标准中增加对个案办理社会效果、政治效果、法律效果的评价标准，建立科学的案件质量考核体系或考核指标，让考核标准转化为执法办案的行为指向，引导办案人员树立以公正、为民为核心的监督理念，积极正确规范公正监督。

（四）规范完善检察机关在民事执行检察监督工作中行使调查核实权规定

调查核实权是民事诉讼法赋予检察机关的法定权力，是指检察机关在民事行政法律监督活动中，因履行法定监督职责的需要，采用询问、调取、查询、鉴定、勘验等非强制措施，向当事人或者案外人调查核实有关情况，并且在确有必要时依法收集证据的权力。②《民事诉讼法》第210条规定：“人民检察院因履行法律监督职责提出检察建议或者抗诉的需要，可以向当事人

① 姜洪：《牢记初心使命，把群众的事当家事》，载《检察日报》2019年7月23日。

② 黄祖帅：《民事行政检察监督调查核实权探析》，载《检察调研与指导》2018年第1辑。

或者案外人调查核实有关情况。”但并没有规定开展调查核实工作时应当遵循的原则，也没有对其启动程序、范围、操作流程、证据效力等作具体规定，前文已经论述过现有执行检察监督调查核实相关规定难以发现法院深层次违法情形，因此规范完善检察机关执行监督工作中调查核实权的行使具有重要现实意义。

（五）法检两院积极共谋建立完善执行联动机制，优化民事执行检察监督环境

针对法检两院认识不统一的问题，法检两院应积极建立完善沟通联系机制，共谋建立完善法检两院执行联动机制。可以逐步探索建立执行案件信息共享制度，为执行联动机制的顺利运行提供基础数据信息。实践中，法院在归档之前均会对电子卷宗进行扫描备案，可以考虑将法院的电子卷宗从系统上共享至检察院，让检察院实现实时查阅。当然，对于共享执行卷宗的目的仅限于检察机关了解案情，发现执行违法情形，而不是让检察机关充当“法官的法官”进行实体性问题审查。建立执行联动机制一方面可以增强法院主动接受监督的意识，另一方面也能让检察机关及时掌握法院执行活动情况。如安徽省淮南市八公山区检察院积极与同级法院以会签文件的形式，制定了包括法院所有执行活动中的生效裁定按月报送检察机关审查、所有生效民事裁判文书和调解书按月报送检察机关审查等七项机制。该联动机制在内容和环节上准确把握了当事人在法院“打官司”过程中的各环节点，即从当事人初次收到同级法院的诉讼法律文书时起，贯穿整个民事诉讼过程，直至诉讼活动结束，每个阶段、每个环节都能切身体会到检察机关对诉讼、执行活动实行法律监督的存在，有力地促进了民行检察执行监督工作的开展，执行监督效果显著。①

① 郑兆斌、张帆：《民事执行检察监督的现状与完善》，载淮南检察网，http://www.huainan.jcy.gov.cn/swyj/201811/t20181105_2399041.shtml。

公益诉讼检察建议破解传统村落保护难题的实践探析

舒　贵*

传统村落的保护与发展，承载着中国人的乡愁和对美好生活的期许，但在保护与发展过程中却出现了诸多问题，需要引起高度重视。如何保护传统村落的文化价值、提高传统村落的民俗文化含量、保持传统村落可持续发展，成为一个崭新却又艰巨的课题。检察机关应当充分发挥公益诉讼检察建议作用，结合司法实践创新性地将保护传统村落纳入公益诉讼工作范畴，充分发挥公益诉讼诉前程序中的公益诉讼检察建议刚性作用，以公益诉讼检察建议为手段加强对传统村落保护，破解传统村落保护工作难题，充分诠释检察机关发挥检察职能，真正实现“望得见山，看得见水，记得住乡愁”的内在价值，彰显检察机关在忠实履行法律监督职责过程中，积极回应广大人民群众殷切期盼的使命担当，具有重要的历史意义和现实意义。

一、历史背景

2017 年 6 月 27 日，全国人大常委会作出《关于修改〈中华人民共和国民事诉讼法〉和〈中华人民共和国行政诉讼法〉的决定》，以法律形式正式授权检察机关开展公益诉讼，2017 年 7 月 1 日正式施行，检察机关提起公益诉讼制度正式确立。公益诉讼制度的确立，充分赋予了检察机关保护国家

* 作者单位：贵州省黔东南州人民检察院。

和公共利益不受侵害的神圣法律职责，尤其为检察机关保护传统村落做到于法有据。2019 年 2 月 26 日，最高人民检察院公布的《人民检察院检察建议工作规定》正式施行，为检察机关充分发挥公益诉讼检察建议刚性作用保护传统村落开辟了更加有效的路径。

2015 年 9 月，经最高人民检察院批准，黔东南州作为公益诉讼试点地区。2017 年 8 月 3 日，贵州省第十二届人民代表大会常务委员会第二十九次会议通过了《贵州省传统村落保护和发展条例》，为贵州省传统村落保护工作提供了具体法律依据。黔东南州检察院借公益诉讼和《贵州省传统村落保护和发展条例》这两股东风，主动服务大局，顺势而为，敢于担当，创新工作思路，强化协作配合，创新性地将保护传统村落纳入了公益诉讼工作范畴，用公益诉讼牢牢守护黔东南州世界少数民族文化保护圈，让公益诉讼成为保护传统村落的强大动力和坚实保障。

二、贵州省传统村落现状

2012 年 12 月 19 日，住房城乡建设部、文化部、财政部三部门发通知公示中国传统村落名录，截至目前，中国传统村落数量已达到 6799 个。其中贵州省最多，725 个，数量跃居中国第一。贵州省黔东南苗族侗族自治州累计 409 个，占全国的 6.01%，占贵州省的 56.4%，居中国地州市级第一，是全国传统村落最集中、活态保护最完整的区域，这也为研究检察机关开展传统村落保护创造了良好的条件。传统村落，是指村落形成较早，拥有较丰富的文化与自然资源，具有一定历史、文化、科学、艺术、经济、社会价值，应予以保护的村落。2012 年 9 月，经国家传统村落保护和发展专家委员会第一次会议决定，将习惯称谓“古村落”改为“传统村落”以突出其文明价值及传承意义。

“方宅十余亩，草屋八九间。榆柳荫后檐，桃李罗堂前。暧暧远人村，依依墟里烟。”这是陶渊明描写的田园乡村。然而，这种鸡犬之声相闻，炊烟袅袅的乡村美景，已经成为很多人心中的乡愁记忆，是一种永远走不进去的美丽画卷。伴随着现代社会经济的发展和农村改革步伐的加快，尤其是相关行政执主管部门对传统村落保护工作认识不到位，怠于履职等因素的影响，大批传统村落遭到破坏甚至濒临消亡，传统村落保护工作面临着新的挑战和亟待解决的新问题。

（一）传统村落保护与发展之间矛盾突出

一方面随着城镇化、工业化进程的加快和外来文化的冲击影响及交通条件的大幅改善，居住在传统村落的群众期望改善现状、拆旧建新、房屋扩建的现象较多，导致传统村落建筑形式和布局被打乱。另一方面由于相关行政主管部门对传统村落保护与村民追求现代生活方式之间的矛盾认识不足，某些地方政府保护传统村落意识不强，存在“保护性破坏”的问题。

（二）传统村落的“自然性损毁”与传统村落保护之间的矛盾突出

一方面，传统村落大多年代久远，散落在经济发展落后、交通闭塞的地方，一些地方政府忽视了传统村落的保护，对传统村落的稀缺性和不可再生性认识严重不足，导致一些传统村落在逐渐消亡，一些民间民俗文化在逐渐濒临消失。另一方面，根据国家保护传统村落相关优惠政策，传统村落每年将获得国家专项保护资金，用于保护濒临消亡的传统村落的保护性抢救以及提升传统村落村民生活水平和改善村落基础设施。个别当地政府及相关行政主管部门挪用或截留专项保护资金，对传统村落的保护怠于履职，导致一些濒临消亡的传统村落得不到应有的保护，及一些需要改造传统村落相关基础设施的项目停工。

（三）传统村落生态环境与村民传统的生活习惯之间的矛盾突出

一方面，传统村落受历史、地域、经济、文化等条件的影响，传统村落村民民风古朴，受到外来文化的影响不深，一直保留传统的生活习惯和生活状态，村民受教育程度不高，生态环境保护意识不强，知晓保护传统村落相关政策法规少，导致传统村落人居环境日益恶化。另一方面，当地政府或行政主管部门工作主动性不够，宣传普及保护意识不到位，对传统村落生态环境治理不重视，导致传统村落生活垃圾随意丢放，生活污水随意排放，农药等农业生产废物随意丢弃，造成河流、土壤污染严重，致使传统村落环境治理效果不明显。

三、检察机关以公益诉讼检察建议保护传统村落存在的困境

（一）检察建议的监督管理缺乏规定的规范化

《人民检察院检察建议工作规定》第四章中的第26、27、28条对检察建议的效果、质量评查等作出了规定，但相关规定过于宽泛，不具有明确性、指导性、可操作性，虽然从宏观方面对检察建议的监督管理作出了相关规定，但就如何实现对检察建议的评价、质效评估、绩效考核的具体程序等方面没有明确规定，也过于笼统。可见，检察建议的监督管理方面存在缺乏立法的规范化，导致对制作检察建议的办案检察官、制作部门缺乏严格、规

范、程序化的考核、评价依据，导致检察建议缺乏本身发挥刚性作用的内在力量。

（二）检察建议一体化类案监督立法不明确、不具体

《人民检察院检察建议工作规定》第一章中的第3条对上下级人民检察院向相关单位提出检察建议作了相应的规定，但对上下级人民检察院如何通过具体的工作程序、工作对接时限没有作出具体、明确的规定，这种从宏观层面的规定，导致上下级检察院针对向相关单位提出检察建议时存在随意性和不规范性，致使上下级检察机关上下联动"一体化"的类案监督不到位，未能充分发挥检察一体化的优势，造成就个案监督个案，未能实现"办理一案、治理一片"的效果。

（三）检察建议的多元性和针对性不足

公益诉讼工作开展以来，公益诉讼检察建议作为公益诉讼的重要手段和载体，在传统村落保护中发挥着越来越重要的作用，检察监督的职能也有力地加以延伸，检察机关的法律监督机关的宪法定位也更加具体。然而，现实中有的检察建议没有很好地与检察权运行新理念契合，没有将监督蕴于协商、沟通、听证等多元方式中，提出可操作性建议，导致检察建议不具有多元性和针对性，致使检察建议的刚性难以发挥。

（四）检察建议说理性和论证性不强

司法实践中，不注重公益诉讼检察建议的说理性和论证性的思维理念依然存在，有的检察建议制作存在就表象存在的具体问题提出如何整改的建议等表述，缺乏检察建议的论证性、科学性等，导致检察建议说理性和论证性不强。具体而言，说理性和论证性是检察建议的生命底线，对检察建议的说理性和论证性重视不够，导致检察建议缺乏刚性执行力。

（五）检察建议缺乏规范化和专业化

当前，公益诉讼检察建议缺乏规范化、专业化的问题依然存在，有的检察建议的制作、发送随意性强，有的检察建议制作不规范，释法说理性不强，有的检察建议针对专业性问题没有提出专业化的检察建议，针对传统村落存在的问题，仅提出了改变暂时现状的整改建议，未能通过具体现象深入到本质，找出制度、机制层面的原因，实现"一事解决一片""一案解决类案"，达到提升整体监督效果的目的。

（六）检察建议推动传统村落保护的宣传作用发挥不充分

从当前检察机关开展传统村落保护的成效来看，检察建议的制作停留在

如何督促行政执法部门及当地行政主管部门依法履职，但针对如何提高村民守护传统村落的意识，加大普法宣传方面的检察建议处于空白，传统村落的普法宣传任重道远。

四、检察机关以公益诉讼检察建议破解传统村落保护难题的路径

在传统村落的保护与发展中，检察机关充分发挥检察职能，通过研究、梳理传统村落保护过程中存在困难和问题，把脉问诊传统村落保护存在的病灶，开单下药，以健全和完善公益诉讼检察建议工作为手段破解保护传统村落难题。

（一）实现立法层面的完善与救济

针对《人民检察院检察建议规定》中存在监督管理缺乏立法的规范化和检察建议一体化类案监督立法不明确、不具体的情况，建议进一步规范和完善规定，实现规定对具体工作的指导性和操作性，充分发挥检察建议对提高公益救济效率的杠杆效应，构建一个良好的诉前程序运行机制，目的在于，在不提起诉讼的情况下充分发挥检察建议刚性作用，就可以达成纠正行政部门的怠于履职行为，实现保护传统村落的目的。因此，检察机关通过实现内部对检察建议规定的补充完善，提升检察建议的质效上下功夫，切实做到检察建议相关程序、规定的规范化、程序化、可操作性，最终实现检察机关维护国家和社会公共利益的目的。

（二）突出一体化检察建议类案监督作用

通过完善上下级检察机关关于检察建议的提出程序、对接时限、监督管理的相关规定，实现对一体化检察建议类案的监督质效。传统村落保护过程中，针对区域内存在的共性问题，应当作出法律评价，上下级检察机关如何结合司法实践作出合理、高效的评价是实现传统村落一体化保护的重要保障。检察建议针对类案的解决，采取共性问题一体化解决，是突出检察建议在传统村落保护中重要地位，针对同系统、同类案的共性问题，实现“一体化”的类案监督，实现“办理一案、治理一片”的效果。如2018年，贵州省黔东南州检察院与雷山县检察机关对州、县两级院如何实现对类案监督工作作出了具体明确的规定，针对相关问题，上下两级检察机关及时沟通，在规定时限内，按照规定的程序主动作为，两级院承办检察官亲自走访案发现场，亲自调查、亲自参办案，紧密结合案件的特点、难点，将区域内的传

统村落共性问题进行梳理汇总，制作有针对性的《检察建议书》，督促当地政府及相关行政部门依法履职。该案的成功办理，为全州检察机关发挥检察建议推进共性问题一体化解决，依法保护传统村落树立了“样板”。

（三）突出检察建议的多元性和针对性

检察机关在传统村落保护中的检察监督职能不断延伸，实现传统村落的保护作用显得越来越重要，针对检察建议多元性和针对性不足的问题，应当通过深入调查研究，通过表现深入问题的内在本质症结，找出病灶，找出制度、机制层面的原因，应当在提升检察建议质量上下功夫，把靶向瞄准、把问题说透、把建议指明，将监督蕴于协商、沟通、听证等多元方式中，提出可操作性建议，实现检察建议的多元性和针对性，推动行政执法部门通过建章立制实现堵漏，实现问题的整改。如黔东南州检察机关实现检察建议的多元性和针对性，发挥一问题一建议一整改《检察建议书》刚性作用，督促行政主管部门依法履职，共制止传统村落违规建房 114 次，拆除违规建房 18 栋，对 20 余栋外观严重破坏的房屋进行修复，保护被污染的土壤 37.3 亩，清除处理违法堆放的各类生活垃圾 321 吨。

（四）突出检察建议的说理性和论证性

法律文书的说理性使得法律条文从纸面上的法成为现实中的法，展示了法治的动态过程，规范和引导着我们每一个人的生活。增强法律文书的说理性，才能提升司法的公信力，强化司法的权威性。司法实践中，公益诉讼检察建议作为一种重要的法律文书，其说理性和论证性显得尤为重要，是司法权威的重要体现，检察建议的说理性和论证性强不强，直接关乎检察建议的执行力，关乎检察机关的司法权威，因此检察机关应当深入实地调查研究，应充分尊重群众的知情权，提升群众的参与感，通过召开协调会、论证会、专家座谈会等形式，广泛征求意见建议，制定说理性强，论证性实的检察建议，推进传统村落保护取得实实在在的效果。如黔东南州榕江县检察院通过制作说理性强和论证性强的检察建议督促行政机关依法履职，挽救传统村落古建筑、古文物 20 个，促进传统村落保护资金落地 1.43 亿元。榕江县检察院在调查走访过程中，针对榕江县传统村落某侗寨在获得 1000 万元开展文物修复工程中，由于施工单位不熟悉传统村落古建筑的特点和当地民族风俗习惯，导致原有的古建筑在修复过程中遭受破坏的情况后，立即启动工作联动模式，及时介入，针对某侗寨的实际情况，通过前期的走访调研制作了专业性极高的《检察建议书》，建议吸纳当地具有传统古建筑建造、修复手艺的工匠到中标公司中开展文物修复工作，该建议得到了中标公司的采纳，侗寨古建筑的修复工作顺利完成。榕江县检察院的检察建议得到了榕江县委、县政府主要领导的高度重视，为此，该县举办了“古建筑文物修复”培训班，培养了一批传统手工艺“专家”，得到了当地群众的点赞。

（五）突出检察建议的规范化和专业化

针对检察建议的原则、发送对象、内容要求、适用范围、提出程序、制发主体、审批程序等存在的问题，虽然最高人民检察院公布的《人民检察院检察建议工作规定》对检察建议的审查程序、制作范围、审批程序等作出了明确规定，但在司法实践中，如何规范检察建议，实现检察建议的机制化、制度化、规范化、程序化没有进行具体的细化，导致有的检察建议通过网下起草、网下审核，有的检察建议通过网上起草、网下审核，有的由检委办审核，有的由负责检察调研工作的同志负责、有的由检委会专职委员审核。检察建议不规范化的运行机制，严重影响了检察建议的刚性。因此应当建议通过最高人民检察院或省级人民检察院统一业务应用系统平台，开设平台，完善规范检察建议的起草、审核、审批工作，确保检察建议的内容清晰、格式规范、用语准确、合法合理、编号统一。对于检察建议中涉及的疑难、复杂和专业性较强的问题，主动向相关领域专家咨询或邀请相关专家进行论证，确保检察建议的专业性。如凯里市检察院针对违建的情况，深入传统村落调研走访，召开少数民族建筑专家座谈会，广泛征求意见和建议，依法向相关行政主管部门提出检察建议，相关行政主管部门高度重视，拿出切实可行的整改措施，并按照要求逐步进行整改落实。检察机关发挥检察建议刚性作用得到了凯里市委市政府的高度重视和肯定，助力推进凯里市政府初步制定了“保护一批、拆一批、穿衣戴帽一批”的整改措施对传统村落的建筑风貌进行整改。

（六）突出检察建议普法宣传特色化

针对以检察建议为载体推动传统村落保护的宣传空白问题，检察机关应当创新手段打造舆论宣传阵地品牌，创新宣传模式，结合地域地方民族特点、生活习惯等情况，构筑“一方一特一宣”工作模式，传播检察声音，讲好检察故事，以公益诉讼检察建议为依托，以民歌、山歌为载体，实现传统村落的宣传保护。如黔东南州的侗族大歌、苗戏、侗戏闻名中外，黎平、从江的侗族大歌曾在国内外进行演出，享有盛誉。检察机关结合传统村落保护存在的问题，提出检察建议推进整改，检察官充分发挥地域民歌、山歌特点，深入传统村落，邀请寨老一道，在村落鼓楼中，以民歌、山歌对唱形式宣传传统村落保护的重要性，促使传统村落将环境保护列入村规民约，取得了良好的效果。

综上所述，公益诉讼检察建议是检察机关在提起公益诉讼诉前程序中的一个重要司法救济手段，也是检察机关履行法律监督职能、参与社会治理的重要手段。检察机关通过运用公益诉讼检察建议加强传统村落保护，不能停留在传统工作层面，必须将公益诉讼检察建议建立在科学化、规范化、理论化、制度化的高度，从而构建科学、合理、高效、刚性的公益诉讼检察建议机制，将公益诉讼检察建议做成刚性，破解传统村落保护难题。

贵州省刑事附带民事公益诉讼案件裁判特征及司法对策研究

——基于37个判例的实证分析

孙泽羽　刘晓睿*

2018年3月1日“两高”《关于检察公益诉讼案件适用法律若干问题的解释》第20条规定了刑事附带民事公益诉讼制度，这意味着人民检察院对破坏生态环境和资源保护、食品药品安全领域侵害众多消费者合法权益的行为可以提起刑事附带民事公益诉讼。新增加的刑事附带民事公益诉讼的案件类型，与民事、行政公益诉讼制度相比，具有很大的区别。检察机关如何将刑事附带民事公益诉讼与民事公益诉讼有机结合起来，最大程度地保护社会公益利益，实现公益诉讼制度目的，是目前值得讨论的重要话题。

本文通过中国裁判文书网，收集贵州省法院系统已公开的全部37份关于刑事附带民事公益诉讼的裁判文书作为实证研究样本，以保证样本的特征近似于总体特征。该样本检索年限跨度为2017年1月至2019年7月，包括一审、二审的判决书、裁定书，覆盖贵阳、遵义、黔东南、铜仁等八个地州市，涉及的被告人为41人。通过对贵州省司法实务案例的实证分析，阐释刑事附带民事公益诉讼制度的功能价值，分析并探寻刑事附带民事公益诉讼制度在贵州省司法实践中存在的问题，解读司法实务中存在的争议，以期引起司法实务界对该项制度的重视，进而推动检察机关勇于面对各种挑战，促进检察公益诉讼工作全面协调发展。

一、刑事附带民事公益诉讼之源流与特征

刑事附带民事诉讼是刑事诉讼与民事诉讼两种不同诉讼类型模式的组合，其本身的审判程序就带有复杂性，而刑事附带民事公益诉讼更是增添了

* 作者单位：贵州省黔东南州黎平县人民检察院。

公益诉讼制度后三种诉讼形态的结合，其本身具有区别于其他诉讼制度的历史渊源和特征。

（一）刑事附带民事公益诉讼制度发展脉络及现状概述

人民检察院提起公益诉讼肇始于1997年，当时河南省方城县一个行政部门低价出售国有资产，该县人民检察院介入调查后却发现没有具体公务人员构成犯罪，无法通过刑事、行政手段解决国有资产流失的问题，遂以民事诉讼原告的地位提起诉讼，最后得到了该县人民法院的支持。[①] 在上述案例中，检察机关以原告的身份提起诉讼，对挽回国有资产的流失发挥了重要作用，并对后来的司法实务具有重要的指导意义。但到了2004年，最高院以批复的方式禁止检察机关以原告的身份提起对国有资产保护的诉讼，此后一段时间内检察机关只能依照现行《刑事诉讼法》第99条第2款的规定，以刑事附带民事诉讼的方式解决国有、集体财产受到损害的问题，检察机关开展民事公益诉讼的脚步受到了限制。

2014年10月，党的十八届四中全会明确提出"探索建立检察机关提起公益诉讼制度"，十二届全国人大常委会于2015年7月作出全国人大常委会《关于授权最高人民检察院在部分地区开展公益诉讼试点工作的决定》，紧接着最高人民检察院发布了《检察机关提起公益诉讼改革试点方案》，对试点地区公益诉讼工作的开展进行全面的制度设计与安排。最高人民检察院、最高人民法院于2016年相继发布了《人民检察院提起公益诉讼试点工作实施办法》和《人民法院审理人民检察院提起公益诉讼试点工作实施办法》。自此，检察机关开展公益诉讼工作有了明确的制度建构，试点工作取得了良好的效果。[②] 2017年修订的《民事诉讼法》对检察院提起民事公益诉讼制度设置了原则性规定，直到2018年3月1日"两高"《关于检察公益诉讼案件适用法律若干问题的解释》第20条才正式规定了刑事附带民事公益诉讼制度。[③]

---

① 王亚新、陈杭平、刘君博：《中国民事诉讼法重点讲义》，高等教育出版社2017年版，第158页。

② 郑朋树：《我国检察机关提起行政公益诉讼的试点分析与相关制度完善》，载《行政与法》2018年第8期。

③ 最高人民法院、最高人民检察院《关于检察公益诉讼案件适用法律若干问题的解释》第20条第1款：人民检察院对破坏生态环境和资源保护、食品药品安全领域侵害众多消费者合法权益等损害社会公共利益的犯罪行为提起刑事公诉时，可以向人民法院一并提起附带民事公益诉讼，由人民法院同一审判组织审理。

（二）刑事附带民事公益诉讼与其他诉讼制度的区别及特征

刑事附带民事公益诉讼作为有别于传统的民事公益诉讼和刑事附带民事诉讼的新的诉讼监督制度，是检察机关在公益诉讼整体框架下，将民事公益诉讼与刑事公诉的有机结合，该制度的确立具有依附性、适用法律综合性等显著特征。

刑事附带民事公益诉讼是依附于刑事诉讼的，附带民事公益诉讼的存在是以刑事诉讼的存在为前提，具有一定的依附性特点，但是刑事附带民事诉讼中又有其自身的特殊民事诉讼属性，例如，在附带民事公益诉讼中可以适用刑事诉讼中一般不适用的调解、和解程序，附带民事公益诉讼的双重属性决定了该制度系一种特别的民事诉讼。因此，附带民事公益诉讼的裁判不仅需要依据刑事法律，同时也要依据民事法律，只是根据司法解释的相关规定，民事法律的适用具有补充性。①

根据司法解释的规定，相对于属于私益救济诉讼的一般附带民事诉讼而言，检察机关提起附带民事公益诉讼代表了大多数人的利益，具有公益性的特点，而一般附带民事诉讼只能由利益受到直接损失的人提起，这是二者的本质区别。另外，一般的附带民事诉讼原告人的诉讼请求以经济赔偿为主，而附带民事公益诉讼的诉讼请求则是以停止侵害、修复原状为主。

二、刑事附带民事公益诉讼裁判特征统计与司法分析

（一）案件受理时间、案件受理地区统计分析

本文研究样本所收集的关于贵州省刑事附带民事公益诉讼的37份裁判文书，时间跨度为2017年1月至2019年7月接近三年，通过分析数据可见，案件办理数量呈大波浪式发展。2016年及之前，贵州省没有刑事附带民事公益诉讼案件，而2017年案件受理数量较低，主要原因是公益诉讼试点期间，检察机关对刑事附带民事公益诉讼持谨慎态度，加之法律法规的缺失以及监督对象与范围的不明确，全年案件数量仅有3件，占研究样本的8.1%，但2018年、2019年案件数激增，呈井喷式发展，2018年案件数量为19件，占研究样本的51.35%，2019年1至7月案件受理量就达15件，占研究样本的40.54%，预计2019年全年案件受理数量会多于2018年案件数量，具体数据见图1。

---

① 陈光中：《刑事诉讼法》（第五版），北京大学出版社2013年版，第244页。

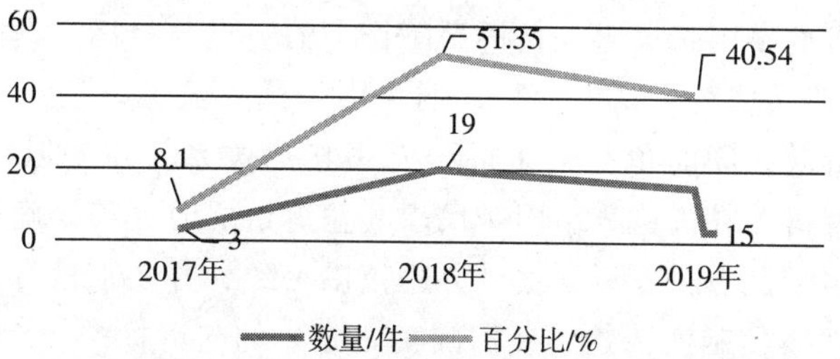

图 1　全省刑事附带民事公益诉讼案件时间分布统计

就贵州省法院系统受理刑事附带民事案件的区域来看，涉及贵阳、遵义、铜仁等 7 个地州市。其中，铜仁市受理案件数量最多，为 10 件；毕节市与黔西南州紧随其后，分别为 9 件与 6 件。上述地区受理案件总量几乎达到了研究样本的 2/3 以上，这也反映出这些地区司法机关对刑事附带民事公益诉讼工作的重视程度较高，群众对环境资源保护以及食品安全保护意识较强的现状，具体数据见图 2。

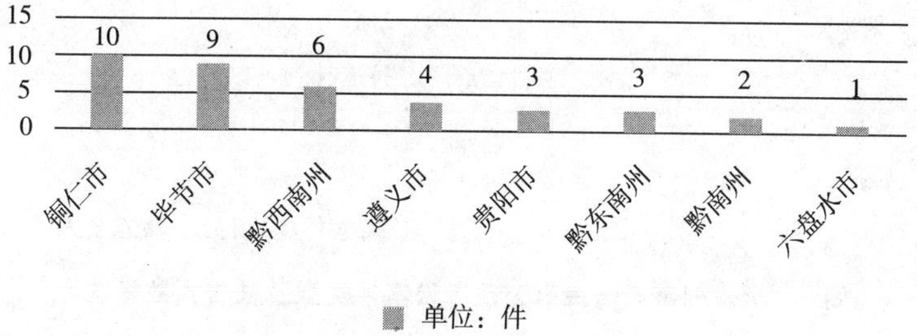

图 2　全省刑事附带民事公益诉讼案件地区分布统计

（二）受理案件类型统计分析

根据 2018 年 3 月 1 日“两高”《关于检察公益诉讼案件适用法律若干问题的解释》第 20 条规定，检察机关刑事附带民事公益诉讼的范围被局限在生态环境和资源保护、食品药品安全领域。

在笔者所分析的 37 个样本案例中，案例涉及的罪名有 9 个，其中生产销售有毒、有害食品罪 11 件；非法占用农用地罪 10 件；滥伐林木罪 6 件。上述案件涉及的罪名主要集中在刑法分则第三章第一节“生产、销售伪劣商品罪”和第六章第六节“破坏环境资源保护罪”类案件中，这也反映出打击、惩罚破坏生态环境资源、食品药品安全领域犯罪，保护社会公共利益是目前贵州省刑事附带民事公益诉讼工作中的重点与目标，具体数据详见图3。另外，需要达成统一认识的是，刑事附带民事公益诉讼是一种特殊类型的民事公益诉讼，同时也与刑事诉讼有密切的关系，需要以刑事诉讼为前提，也即检察机关在提起刑事附带民事公益诉讼之时，需要确认被告人所触犯的罪名与附带民事公益诉讼案件办理范围一致，并要求被告人所触犯的罪名已经达到"事实确实清楚、证据确实充分"的起诉标准。

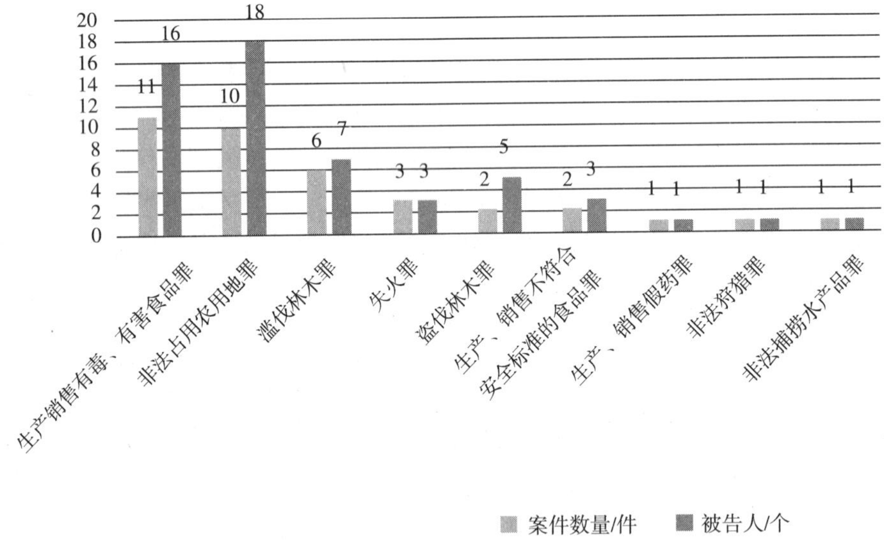

图3　全省刑事附带民事公益诉讼案件类型及被告人数量统计

从图3中还可以看到，37个案例中，涉及自然人作为被告人的36个，单位作为被告人的为4个。在司法实务中，审查附带民事公益诉讼被告人是否适格的环节，需要注意当刑事诉讼的被告人与刑事附带民事公益诉讼的被告人不是一一对应关系之时的特殊问题。

在此，笔者对该问题予以分开进行讨论。第一种类型：一般来说，刑事诉讼被告人与附带民事公益诉讼被告人是统一的，但是当作为附带民事公益诉讼被告人的刑事诉讼被告人逃逸不在案，是否需要对其他在案的被告人提起附带民事公益诉讼的情况。笔者认为，如果有其他共同侵权人在逃，因涉及民事责任的分担，不宜提起刑事附带民事公益诉讼，可以在刑事程序结束后，提起单独的民事公益诉讼。第二种类型：刑事诉讼的众多被告人当中，存在不是附带民事公益诉讼的侵权人的时候，上述非民事公益诉讼被告人在附带民事公益诉讼程序中应如何对待的情况。笔者认为，刑事诉讼中的共同被告人，但不是附带民事公益诉讼的被告人的情况下，如果对犯罪行为所导致的公共利益受损的事实有所了解的，可以作为附带民事公益诉讼的证人出庭作证，否则，可以不必应诉答辩。第三种类型：刑事附带民事公益诉讼的被告人不是刑事诉讼案件中的被告人，也即应该承担附带民事赔偿的被告并非涉及刑事案件的当事人，此时应否一并将其追加起诉为刑事附带民事公益诉讼被告人的情况，笔者认为，为节约司法成本，及时修复或补偿已经受到损失的社会公共利益，检察机关应该将已经查明的附带民事公益诉讼的适格被告人均起诉至人民法院。如黔西县人民检察院于 2019 年 1 月 2 日向黔西县人民法院提起公诉的被告人车某某涉嫌非法占用农用地罪一案中，法院受理后依法追加黔西县某贸易公司作为附带民事公益诉讼的被告人参加诉讼，后依法判决车某某与该贸易公司限期对非法占用林地进行恢复治理，及时挽回了当地生态林地资源受到的损失。

（三）检察机关在刑事附带民事公益诉讼中的称谓统计分析

检察机关在刑事附带民事公益诉讼中的称谓不同，会导致对一、二审阶段当事人权利义务以及检察机关提起附带民事公益诉讼主体身份适格问题的理解不同。“两高”《关于检察公益诉讼案件适用法律若干问题的解释》第 4 条规定，“人民检察院以公益诉讼起诉人身份提起公益诉讼，依照民事诉讼法、行政诉讼法享有相应的诉讼权利，履行相应的诉讼义务，但法律、司法解释另有规定的除外”，可见，在刑事附带民事公益诉讼中，检察机关应该被称为公益诉讼起诉人。本文所收集的样本案例中，在“两高”《关于检察公益诉讼案件适用法律若干问题的解释》正式实施之前，也即 2018 年 3 月 2 日以前，法院在刑事附带民事判决书中，对检察机关的称谓存在不一，仅有的 3 份刑事附带民事判决书，将检察机关称为公诉机关暨刑事附带民事公益诉讼起诉人的有 2 件，称为公诉机关暨刑事附带民事公益诉讼人的有 1 件。自“两高”《关于检察公益诉讼案件适用法律若干问题的解释》发布之后，全省法院系统共计受理判处 34 个刑事附带民事公益诉讼案件，但对检察机关的称谓也并未达成统一认识，其中将检察机关称为公诉机关暨附带民事公益诉讼起诉人的有 14 件，将检察机关称为公诉机关暨附带民事诉讼原告人的有 3 件，称为公诉人的有 2 件，具体数据见图 4。可见，虽然“两高”《关于检察公益诉讼案件适用法律若干问题的解释》对检察机关在刑事附带民事公益诉讼中的称谓已经有了明确规定，但司法裁判者对检察机关在刑事附带民事公益诉讼中的地位以及称谓却依旧存在不同的认识。笔者认为，检察机关在刑事附带民事公益诉讼中称之为“公益诉讼起诉人”具有一定的合理性。一是从法律规范上来看，“两高”《关于检察公益诉讼案件适用法律若干问题的解释》第 4 条已经规定了人民检察院以公益诉讼起诉人身份提起公益诉讼，另外最高检于 2018 年 3 月 3 日发布的典型案例，也即湖北省利川市检察院诉吴某某、赵某某、黄某某刑事附带民事公益诉讼案中，就明确将检察机关称为“公益诉讼起诉人”。因此，“公益诉讼起诉人”的称谓具有法律基础。二是从二审的启动上来看，将刑事附带民事公益诉讼中的检察机关称为“公益诉讼起诉人”而非公诉人，更加符合“两高”《关于检察公益诉讼案件适用法律若干问题的解释》第 10 条“关于人民检察院不服人民法院第一审判决、裁定的，可以向上一级人民法院提起上诉”的规定，也即在刑事附带民事公益诉讼中，如检察机关对一审判决、裁定不服的，启动二审程序的时候需要由检察机关提起上诉，而非以公诉人的监督地位提起二审抗诉。

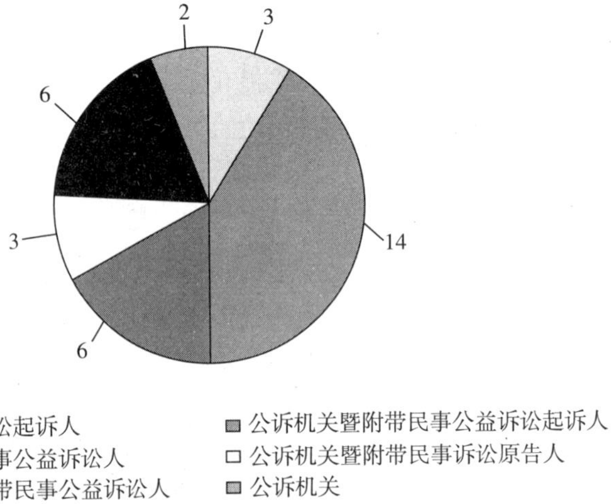

图 4　全省刑事附带民事公益诉讼检察机关称谓统计

（四）刑事附带民事公益诉讼中是否履行诉前公告程序与调解、和解程序统计分析

2018 年 3 月 2 日实施的“两高”《关于检察公益诉讼案件适用法律若干问题的解释》第 13 条明确了民事公益诉讼的诉前程序，即“人民检察院在履行职责中发现破坏生态环境和资源保护、食品药品安全领域侵害众多消费

者合法权益等损害社会公共利益的行为，拟提起公益诉讼的，应当依法公告，公告期间为三十日。公告期满，法律规定的机关和有关组织不提起诉讼的，人民检察院可以向人民法院提起诉讼”。但是，法律法规以及司法解释对刑事附带民事诉讼中检察机关是否需要履行诉前公告程序并没有明确性的规定，因此在司法实务中特别是在司法裁判上就存在很大的争议。

从本文所收集的样本案例来看，未履行公告程序的33件，已经履行公告程序的4件，见图5，如普安县人民检察院于2018年11月2日提起的食品安全领域刑事附带民事公益诉讼案，以在检察院公告栏以及普安县广播电视台播放广告的形式对外进行公告；又如威宁县人民检察院于2019年5月6日提起的森林资源保护领域刑事附带民事公益诉讼诉前公告程序，采用的是在威宁县每日新闻网站上公告的方式进行。可见，在诉前公告程序是否履行以及以何种方式履行的问题上，存在做法不一的情形。有学者认为限于刑事诉讼审理期限的要求，检察机关可以在不进行诉前公告的情况下直接提起刑事附带民事公益诉讼，[①] 有的学者认为应按照民事诉讼法及相关司法解释关于民事公益诉讼的立法精神和原意，检察机关提起的刑事附带民事公益诉讼应当进行诉前公告。[②]

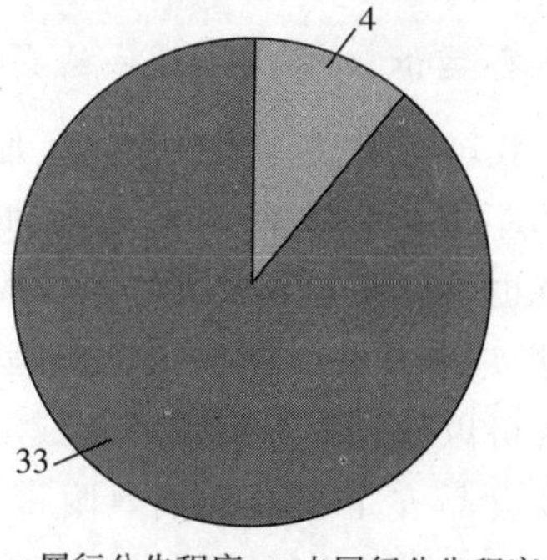

图5　全省刑事附带民事公益诉讼履行诉前公告程序统计

笔者认为，在司法实践中，应该明确检察机关提起刑事附带民事公益诉讼无须履行诉前公告程序，并可以直接向人民法院提起诉讼。理由如下：第

---

① 鲁杨：《完善刑事附带民事公益诉讼程序》，载《人民检察》2018年第10期。

② 郭沙沙、左德起：《探讨刑事附带民事公益诉讼若干制度问题》，载《长春理工大学学报（社会科学版）》2019年第3期。

一，刑事附带民事公益诉讼具有鲜明的附带性色彩，在附带民事公益诉讼程序中，刑事诉讼法律制度占据主要的地位，民事程序制度依附于刑事诉讼制度，具有补充性。在刑事诉讼程序中，检察机关审查起诉的期限为一个月，若履行30日的公告程序，必然会延误刑事案件的办理，影响案件的办理成效。第二，检察机关在了解涉及生态资源保护、食品安全保护等领域的案件线索时，对案件事实以及证据材料的把握更加充分，收集的相关证据材料也更为专业恰当，如由社会中其他组织或者个人提起附带民事公益诉讼，会导致更多的社会资源消耗，而且很可能达不到保护社会公共利益的理想效果。

另外，在所收集的37个样本案例中，均无调解、和解结案的案例，所有案件均经过了审理并判决支持检察机关的诉讼请求。一般来说，在民事诉讼中，可以就履行数额、时间、方式等进行调解，在民事公益诉讼程序中检察机关需要履行公告程序，这不仅可以让社会公众了解到案件的起诉信息，同时也可以让民众对民事公益诉讼过程中的调解、和解程序予以监督，防止已被侵害的社会公共利益得不到有效的保护。笔者认为，从立法原意来看，公益诉讼案件应该尽量避免调解、和解，特别是在没有履行公告程序的刑事附带民事公益诉讼案件中，调解与和解更应该谨慎。

（五）刑事附带民事公益诉讼中食品领域惩罚性赔偿统计分析

针对食品安全问题，我国有关法律明确规定了原告可以提起惩罚性赔偿请求，惩罚性赔偿的目的不仅可以对赔偿义务人加以惩处，同时对食品生产、销售领域的从业人员也具有警示和教育作用。民事诉讼中的原告可以提起惩罚性赔偿请求在司法实务中不存在争议，但是刑事附带民事公益诉讼中，惩罚性赔偿请求是否可以得到支持还未能达成统一的意见。从本文所收集的研究样本来看，涉及食品安全领域的刑事附带民事公益诉讼案例共13件，其中仅有3件向人民法院提起了惩罚性赔偿请求并获得法院的判决支持，其他的案例均未提及，有的甚至仅仅只要求刑事附带民事公益诉讼被告人在媒体上公开道歉，无法满足社会大众对检察机关开展公益诉讼监督工作应获成效的期待，具体数据见图6。笔者认为，检察机关提起刑事附带民事公益诉讼是为了保护不特定多数消费者的合法权益，在诉讼过程中增加惩罚性赔偿的诉讼请求，更加有利于保护社会公共利益。在刑事附带民事公益诉讼中，虽然检察机关不是消费者，但是检察机关可以通过惩罚性赔偿请求对食品安全领域的违法者予以惩戒和警告，并能够维护更多消费者的合法权益，应该说检察机关提起刑事附带民事公益诉讼，更能够代表更大多数人的利益，所以提起惩罚性赔偿的诉求更应该能够得到支持，这也更加符合法律中设置惩罚性赔偿条款的立法初衷和目的。同时，检察机关提起惩罚性赔偿请求可以更好地解决社会组织、个体群众收集和固定证据难、法律诉讼业务知识不强的难题，能够有效地防止食品侵权行为的发酵。如果检察机关参与诉讼仅仅是为了制止现存的侵害食品安全的危害行为，那么仅启用刑事诉讼程序即可，而不需另外启动一个较为复杂的附带民事公益诉讼程序；如启动该复杂程序仅仅为了得到被告人的赔礼道歉，浪费了原本就较为紧张的司法资源。在司法实践中，最高检发布的湖北省利川市人民检察院诉吴某某等人生产销售不符合安全标准食品刑事附带民事公益诉讼典型案例中，就探索性地提出了惩罚性赔偿诉求并获得了法院的支持，该案对司法实务具有重要的指导和借鉴意义。

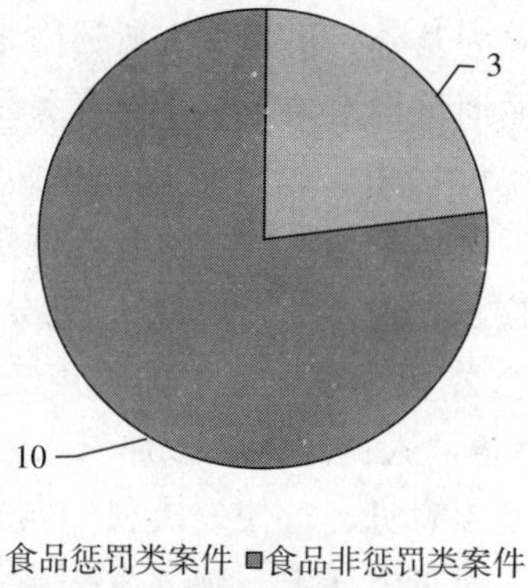

图 6　全省刑事附带民事公益诉讼食品类案件惩罚性赔偿统计

（六）刑事附带民事公益诉讼中合议庭组成人员情况统计分析

2018 年 4 月 27 日通过的《中华人民共和国人民陪审员法》第 16 条第 2 项，“人民法院审判下列第一审案件，由人民陪审员和法官组成七人合议庭进行：（二）根据民事诉讼法、行政诉讼法提起的公益诉讼案件”，可见，人民法院在审理民事公益诉讼、行政公益诉讼类案件时，应该由法官三人和人民陪审员四人共计七人组成合议庭对案件进行审判。本文中，笔者所收集的样本案例，刑事附带民事公益诉讼案件审判过程中由三人组成合议庭审理的有 27 件，由七人组成合议庭审理的有 9 件，适用简易程序审理的有 1 件，具体数据见图 7。

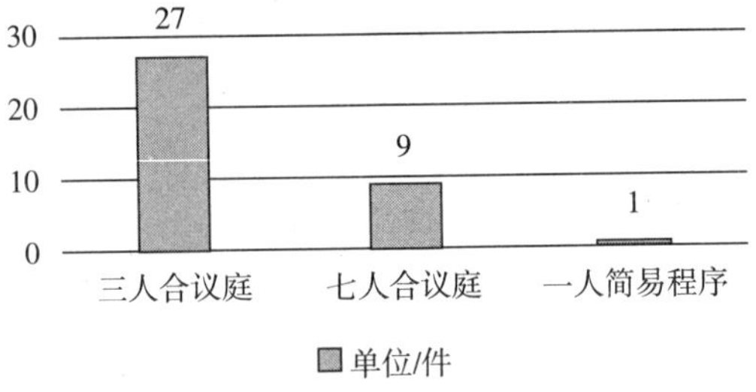

图7　全省刑事附带民事公益诉讼案件合议庭组成人员统计

刑事附带民事公益诉讼是否需要按照上述规定由七人组成合议庭审理，在司法实务中做法不一。笔者认为，行政、民事公益诉讼关于合议庭组成人员的规定并不必然适用于刑事附带民事公益诉讼。一是刑事附带民事公益诉讼需要以刑事诉讼的成立为基础，正如上文所述附带民事公益诉讼具有依附性的特征，应该首先遵循刑事诉讼关于程序的有关规定，尽可能地追求效率价值。如在附带民事公益诉讼中，过分适用民事、行政公益诉讼的制度规定，那么附带民事公益诉讼本身独特的价值功能就荡然无存。二是附带民事公益诉讼的目的是保护广泛的社会公共利益，充分地采纳人民陪审员的意见，能够更好地表达社会公众对案件诉求的呼声。通过对《中华人民共和国人民陪审员法》第21条“人民陪审员参加三人合议庭审判案件，对事实认定、法律适用，独立发表意见，行使表决权”与第22条“人民陪审员参加七人合议庭审判案件，对事实认定，独立发表意见，并与法官共同表决；对法律适用，可以发表意见，但不参加表决”的比较，可以发现三人合议庭审理案件时，陪审员可以对案件事实、法律适用等问题全面发表表决意见，而七人合议庭审理案件时，陪审员对法律适用无表决权。因此，选择三人合议庭审理案件，人民陪审员可以根据案件事实、对社会的损害程度以及法律适用等对案件裁判结果充分地发表意见，更加符合检察机关代表大多数人的公共利益提起附带民事公益诉讼的制度蕴意。

三、刑事附带民事公益诉讼制度的完善与司法对策

（一）建构刑事民事联合办案机制，提高保护公共利益的司法效率

一是强化各业务部门办案人员的综合业务能力，提高对案件线索发掘的敏锐度。在现阶段，不仅仅需要进一步强化公益诉讼部门办案人员对民事、行政公益诉讼制度业务理论的掌握，还需要让检察机关业务已很成熟的刑检

部门办案人员提高发现线索的能力，补足短板，形成办案综合合力，协调配合有针对性地开展附带民事公益诉讼工作。二是建立检察机关内部联动工作机制，实现案件数据信息共享。强化检察机关各个业务部门的内部工作协调，充分利用“两法”衔接平台，善用平台监督管理，推动个案依法处理，形成合力，联合办案，解决案件来源的问题。加强案件线索管理、立案侦查、审查逮捕、审查起诉、案件信息等各个环节数据的共享，在案件受理、审查逮捕与起诉过程中，附带民事公益诉讼案件办理工作同时跟进，在打击刑事犯罪的同时，促使附带民事公益诉讼被告人履行民事赔偿义务，及时高效地保护社会公共利益。

（二）完善民事诉讼与附带民事公益诉讼之间的程序选择设计，简化诉前公告程序

刑事诉讼理论与民事诉讼理论交叉的问题，一直是司法界与实务界争论不休的疑难领域。检察机关提起的刑事附带民事公益诉讼，由于综合了多种诉讼制度的特征，因此比纯粹的民事诉讼、刑事诉讼更具复杂性。就目前来看，社会公共利益的保护，主要有三种诉讼模式：一是以刑事诉讼被告人触犯刑法为前提，由检察机关提起刑事附带民事公益诉讼；二是由检察机关或者有关社会组织提起民事公益诉讼；三是由民事权益直接受损人以原告的身份提起刑事附带民事诉讼或者单独的民事诉讼。笔者认为，应通过立法制度设计，在检察机关可以提起刑事附带民事公益诉讼，且没有适格的社会组织、民事权益直接受害人或者该组织、个人没有提起诉讼的情况下，由检察机关直接提起附带民事公益诉讼，避免因另外单独提起民事公益诉讼，导致社会公共利益未得到及时有效保护。其主要理由在于检察机关直接参与到刑事附带民事公益诉讼中不仅可以将刑事诉讼的证据运用到附带民事公益诉讼中，节约司法成本。同时，也能够很好地解决组织或者个人难以处理复杂的民事诉讼纠纷的难题。另外，通过简化附带民事公益诉讼的诉前公告程序，可以提高诉讼的进度与效率，防止因30天诉前公告期限而导致诉讼进程的暂停，而且有可能导致错过附带起诉的期限，贻误提起附带民事公益诉讼。①

---

① 龙婧婧：《刑事附带民事公益诉讼可简化诉前程序》，载《检察日报》2018年12月12日，第3版。

（三）扩大附带民事公益诉讼的监督范围，多方式保护受损的公共利益

检察机关提起刑事附带民事公益诉讼具有多种诉讼的共同特征，因此，需要不断完善立法，以立法方式确定附带民事公益诉讼的合法性，合理解决民、刑程序交叉领域存在的疑难问题，适当扩大附带民事公益诉讼的案件办理范围，有利于进一步推动检察机关开展公益诉讼工作，更好地充当保护社会公共利益的角色。从笔者所收集的样本案例来看，附带民事公益诉讼案件的办理范围主要集中在食品安全、生态环境和资源保护领域，案件受理范围较窄，不能很好地全面保护社会公共利益。因此，笔者建议可以通过立法的方式，设置兜底性条款，将更多涉及社会公共利益且需要保护的领域纳入附带民事公益诉讼的受案范围内，毕竟该项诉讼制度目前正处于起步阶段，随着社会的不断发展，新问题会不断涌现，检察机关在办案过程中需要法律以及司法解释作为支撑。另外，目前刑事附带民事公益诉讼案件判处被告人承担责任的方式较为单一，特别是在食品安全领域案件中，绝大多数案件仅仅是要求被告人赔礼道歉，社会公共利益受到的实际损失并没有得到直接赔偿。① 因此，检察机关在办理附带民事公益诉讼中，应严格依照法律规定客观地提出诉讼请求，以停止侵害、消除妨碍、消除危险、恢复原状、赔偿损失、赔礼道歉以及惩罚性赔偿金等多种方式全面地保护社会公共利益。

（四）建立健全附带民事公益诉讼程序规范，设立公益诉讼赔偿基金

作为一种新型的诉讼制度，刑事附带民事公益诉讼由于缺乏明确的办案指南与规范，影响了附带民事公益诉讼案件的办理，不利于及时地保护社会公共利益。因此，应该不断建立健全相关法律制度，例如在举证责任分配、刑事诉讼证据与附带民事公益诉讼证据是否转换、诉讼过程中和解、调解以及检察机关败诉的后果承担等方面应该在立法上予以明确，从而更好地实现公益诉讼制度的价值，不断满足社会大众对良好社会生活的期盼。在司法实践中，判处附带民事公益诉讼被告人所承担相应责任的赔偿金的去向以及如何使用一直存在疑问。有的判决将赔偿金直接支付至财政部门（或者国库），如望谟县人民检察院提起的高某某涉嫌生产、销售有毒、有害食品罪

---

① 全国首例食品安全领域民事公益诉讼案件，2017年12月15日吉林省通化市人民检察院诉董某某食品侵权责任纠纷一案中，法院仅判决被告人董某某在媒体上公开道歉。

刑事附带民事公益诉讼案，望谟县人民法院判决被告人高某某支付十倍赔偿金 52000 元并上缴国库，但赔偿金如何使用以及使用过程中应该如何监督，却并未形成统一的认识。目前，已有部分省市成立了由财政部门、环保部门、人民法院、检察机关共同设立的生态环境损害赔偿专项资金账户，[①] 该经验值得予以全面推广，可由各个职能部门协调后，设立专门的公益诉讼赔偿基金账户，加强监管，统一管理，提高赔偿基金的使用效率。

① 甘肃省人民检察院课题组：《检察机关刑事附带民事公益诉讼制度研究》，载《中国检察官》2019 年第 2 期。

新时代未成年人罪错行为分级干预体系建构

石　瑛　何　缓*

中国特色社会主义进入了新时代，社会主要矛盾从“有没有”转化为“好不好”，未成年人罪错行为也出现新情况新变化新问题，全社会对未成年人保护工作更加重视和关注。以刑事处罚为主导的单一处遇制度无法有效应对未成年人罪错行为尤其是低龄未成年人犯罪问题，罪错未成年人陷入要么“关”要么“放”两个极端的困境。探索建立多元化的分级干预体系已成为新时代未成年人司法不可回避的新课题。我们建议借助修改《未成年人保护法》和《预防未成年人犯罪法》的契机，整合和改革散见诸法中的非刑罚措施，细化完善罪错未成年人分级干预体系，从轻到重建构起监护人管教、训诫、安置辅导、专门教育、刑事处罚等分级干预和矫治措施，形成家庭管教、保护处分、刑事处罚的多元处遇机制，并积极争取立法确认，推动未成年人司法制度的不断完善，努力推进实现未成年人保护领域的治理能力和治理体系现代化。

一、建构新时代未成年人罪错行为分级干预体系的迫切需要

（一）现行法律对“儿童犯罪”无能为力

近几年，我国未成年人犯罪低龄化趋势愈加明显，未达刑事责任年龄未成年人实施严重危害社会行为的案例屡屡发生。去年底，湖南沅江发生12岁男孩持刀弑母案，又一次引发“儿童犯罪”应对的热论。“儿童犯

* 作者单位：贵州省人民检察院。

罪”一次又一次刺痛人们敏感的神经，不仅是因为这类案件手段残忍、“罪行”严重、影响恶劣，更是由于现行的法律体系缺乏有效的处置应对之策，显得无能为力又无可奈何，往往是“一放了之”，给人留下放任纵容的印象。如广西韦某（19 岁）在广州番禺杀害 11 岁女童案侦破后，警方调查发现韦某曾于 2010 年在其家乡掐死一名男孩，因作案时年龄未满 14 周岁依法不负刑事责任，2011 年，其在家乡又因持刀伤害小女孩被判刑 6 年，2015 年 11 月，韦某减刑释放后来到广州市番禺区再次作案。有论者认为，正是“刑事责任年龄”让他有恃无恐，从初犯变成惯犯，终成杀人狂魔。

根据我国法律规定，对实施恶行的儿童既不能给予刑罚处罚，也没有其他有效的刑罚替代性措施加以处置，难以安抚被害人和社会公众的报复情绪。诚如论者分析那样：针对低龄未成年人校园暴力和恶性暴力事件频发之现状，我国《刑法》和《预防未成年人犯罪法》规定的三种措施基本上处于“空转”状态。“责令家长或监护人加以管教”只能陷入悖论怪圈，因为“儿童犯罪”就是监护管教失效的反映。收容教养的合法性和效果一直遭质疑，加之是在“必要的时候”，实际运行情况已导致其形同虚设。“送工读学校进行矫治和接受教育”需经“申请、批准”前置程序，而由于观念认识的偏差，很少有父母会申请将孩子送入限制人身自由的学校学习。如此一来，现行司法体系面对“犯罪儿童”无可奈何，唯有押宝马茨阿的“漂流理论”应验，寄希望于浪子回头“漂”回来，否则，就是等其年满 14 周岁再犯时再进行惩处。而人民群众对这一现实不满，甚至出现要求降低刑事责任年龄以对犯罪儿童严格惩处的呼声。

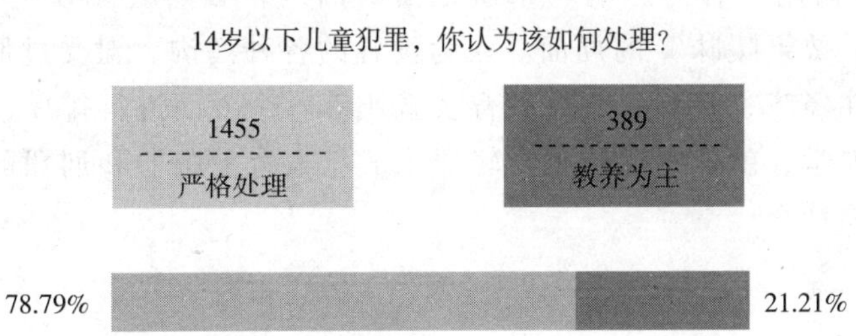

图 1　如何处理 14 岁以下儿童犯罪新闻调查

（二）现行法律对犯罪未成年人矫治不精准

当前，我们处置未成年人犯罪的程序法有了一个专章规定，但实体法还不过是成年人刑法的一个少年版而已，成人刑法体系垄断话语权。以成人标准制定的刑法以及建立的刑法体系，必然维护的成人社会的主流价值观，只把未成年人作为“缩小版的成人”来对待。《刑法》第17条第2款中把对未成年人的处罚规定为“从轻减轻”，其用意就在于认为孩子是成人的一部分，即“穿小号衣服的成年人”，主要是比照成人刑罚量适当从轻或减轻即可。虽然检察机关坚持“六字方针”“八字原则”，依法对犯罪未成年人少捕慎诉少监禁，充分发挥不捕、不诉及附条件不起诉的司法分流作用，尽量让犯罪行为较轻的未成年人尽快脱离刑事诉讼程序，避免受到刑罚处遇对待。但由于系统完整的非刑罚措施阙如，多数犯罪未成年人还是被依法批捕起诉判刑，司法机关最终对犯罪未成年人“一关了之”的情况司空见惯。而且，从判决情况来看，近90%的犯罪未成年人被判处的是3年以下有期徒刑、拘役、管制等刑罚，近一半的被判决不满1年有期徒刑及以下的刑罚。这种短期自由刑容易使未成年人发生交叉感染，学得更坏。短期自由刑刑罚使得监狱变成了不道德的滋生地，变成了犯罪的高等学府，有助于增加犯罪和重新犯罪。此外，用刑罚的方法对付低龄未成年人犯罪，实际上是“用成年人的药治孩子的病”。刑罚处遇并不都适宜这些未成年人，有些可能还会用药过猛，矫枉过正。只有必要的刑罚才是公正的刑罚，因为刑罚是个双刃剑：它通过法益破坏达到法益保护。过度的刑罚，如果不是法秩序的不容拒绝的要求，那就是对目的思想的严重作孽。还有，当前的未成年人犯罪记录封存效力不明，强调对记载犯罪的物理材料进行封存，但对封存犯罪信息的使用和评价未进行明晰。更多停留于形式上的封存，宣示色彩浓重。对“封存”会产生何种效果、“查询”作何用、有何影响均未做正面的回应，必然会导致“载体易封，信息难封，效果暧昧”的局面。人为设置的各种鸿沟，对受过刑事处罚的未成年人在经济、政治、心理教育及就业等各个方面进行排斥，未成年人回归社会就学、就业举步维艰。轻罪未成年人背上犯罪和刑罚的标签，不利于其回归社会。

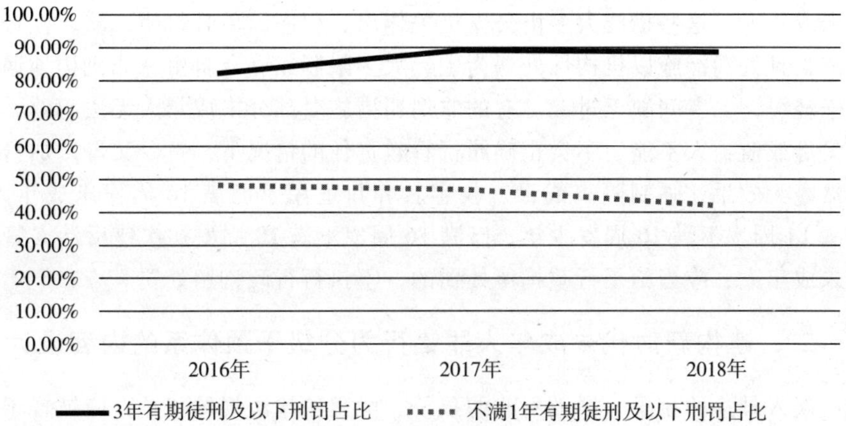

图 2 贵州近三年判处未成年人轻刑罚占比

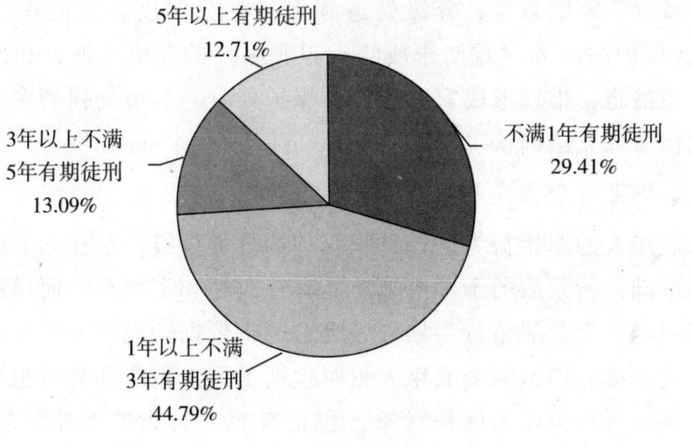

图 3 2015－2016 年犯罪未成年人量刑比例

（三）现行法律非刑罚措施分布零散实效甚微

我国尚未确立干预未成年人罪错行为的保护处分制度，但是存在具有保护处分特征和作用的各类非刑罚措施，只是零散分布在诸多法律法规中，没有集成体系，实际运行效果差强人意。经整理，大致有训诫、责令具结悔过、赔礼道歉、赔偿损失，责令监护人严加管教、社会帮教、社区戒毒、社区康复、专门学校教育、治安管理处罚、收容教育、强制隔离戒毒、收容教养等。这些措施中，有责令监护人严加管教、社会帮教、专门学校教育、收容教养是专门针对未成年人，其他主要针对成人，采取小儿酌减的原则适用于未成年人。这些措施大多由公安机关作出，程序简单且封闭，缺乏监督和救济，且处罚措施以机构性处遇为主，大多限制或剥夺自由，非机构处遇则过于轻缓，二者间缺乏过渡。有的非刑罚措施对部分未成年人无法起效，如在父母或监护人不能、不会正确履行管教责任的情况下，责令父母严加管教必然毫无效果；强制隔离戒毒、收容教养只适用于已满16周岁未成年人；已满14周岁不满16周岁少年，已满16周岁不满18周岁初次违反治安管理的未成年人，应当给予行政拘留处罚的，不执行行政拘留处罚。

二、建构新时代未成年人罪错行为分级干预体系的内容设计

误入歧途的孩子、屡教不改的孩子、触犯法律法规的孩子，应被置于政府的监管之下——不是作为其敌人，而是作为其最终的监护人。为加强未成年人保护，进一步完善未成年人司法制度，满足人民美好生活需要，最高人民检察院《2018—2022年检察改革工作规划》提出，要探索建立罪错未成年人临界教育、家庭教育、分级处遇和保护处分制度。我们建议借助修改《未成年人保护法》和《预防未成年人犯罪法》的契机，整合和改革散见诸法的非刑罚措施，推动形成家庭管教、保护处分、刑事处罚的多元化干预机制，并积极争取立法确认。

（一）合理划分未成年人罪错行为级别

对未成年人的罪错行为进行科学合理的分类分级，是建立分级干预体系的前提和基础，所采取的干预措施才能有针对性和实效性。而厘清罪错行为的外延和内涵，又是罪错行为划分等级的逻辑依据。现代未成年人司法制度滥觞于英美，英美国家的未成年人犯罪包括了刑法犯罪和身份犯罪。日本少年法将少年非行行为作为保护对象，包括有犯罪行为的少年（犯罪少年）、不满14周岁触犯刑罚法令的少年（违法少年）和将来有可能犯罪或触犯刑罚法令的少年（虞犯少年）。德国《少年法院法》将少年的违法行为定义为犯罪或是过错。我国台湾地区“少年事件处理法”处理少年保护事件和少年刑事案件，具体包含少年有触犯刑罚法律之行为者、少年有触犯刑罚法律之虞者、儿童触法行为。《联合国少年司法最低限度标准规则》将少年犯定义为被指控犯有违法行为或被判定有违法行为的儿童或少年人。违法行为是指按照各国法律规定，可由法律加以惩处的任何行为。通过比较不难看出，未成年人罪错行为不仅包含刑法意义上的犯罪行为，还应包括未成年人的不良行为。

诚然，冰冻三尺非一日之寒。未成年人犯罪行为不是一时突发、随机而起的，而是循序渐进发展和逆变而来的，通常呈现“一般不良行为→严重不良行为→犯罪行为”的演进过程。一旦未成年人形成不良的行为习惯，而未得到及时的矫正，就容易越陷越深，最终滑向犯罪的深渊。基于此，我们将未成年人罪错行为从轻到重分为一般不良行为、虞犯行为（严重不良行为、治安违法行为）、儿童犯罪、犯罪行为。

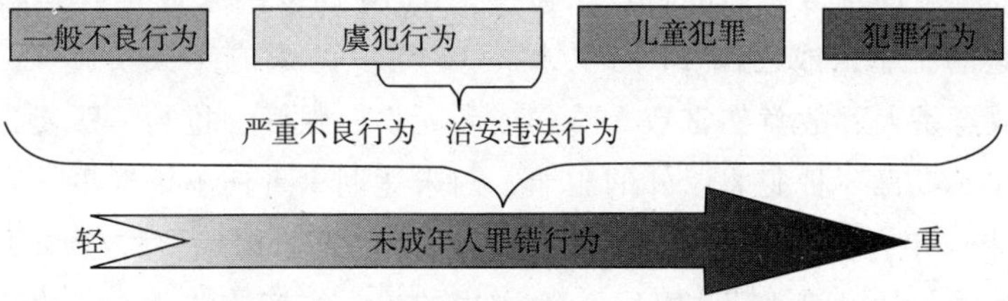

图 4　未成年人罪错行为分级结构

1. 未成年人一般不良行为。主要指未成年人一般行为失范，主要是基于未成年人的身份而存在的越轨行为，可以类比英美法系的“身份犯”。根据《预防未成年人犯罪法》第 14 条规定，有旷课，夜不归宿，携带管制刀具，打架斗殴，辱骂他人，强行向他人索要财物，偷窃，故意毁坏财物，参与赌博或者变相赌博，观看，收听色情、淫秽的音像制品、读物等，进入法律、法规规定未成年人不适宜进入的营业性歌舞厅等场所等行为。

2. 未成年人虞犯行为。所谓有触犯刑罚法律之虞之行为者，乃指行为具有触法之倾向，有触法之堪虞，有触法之可能，唯尚未实际触犯刑罚法律所明文规定之禁止行为，故又称为“虞犯”。而有犯罪之虞之少年，则称之为“虞犯少年”，有犯罪之虞之不良行为，则称之为“虞犯行为”或“虞犯事件”。我国台湾地区“少年事件处理法”第 3 条第 2 款规定少年虞犯情形有：（1）经常与有犯罪习性之人交往者；（2）经常出入少年不当进入之场所者；（3）经常逃学或逃家者；（4）参加不良组织者；（5）无正当理由经常携带刀械者；（6）吸食或施打烟毒或麻醉药品以外之迷幻物品者；（7）有预备犯罪或犯罪未遂而为法所不罚之行为者。我国法律没有采用虞犯概念，未成年人虞犯行为是指未成年人的行为已经具有触犯刑法处罚的倾向，有犯罪的可能性，但尚未实施触犯刑法明文规定的禁止行为。主要包括两类行为，一是《预防未成年人犯罪法》第 34 条规定的纠集他人结伙滋事、扰乱治安、携带管制刀具、屡教不改、多次拦截殴打他人或者强行索要他人财物、传播淫秽的读物或者音像制品等、进行淫乱或者色情、卖淫活动、多次偷窃、参与赌博，屡教不改、吸食、注射毒品等严重不良行为。二是《治安管理处罚法》第2条规定的扰乱公共秩序，妨害公共安全，侵犯人身权利、财产权利，妨害社会管理，具有社会危害性，尚不够刑事处罚的治安违法行为，两者存在部分重合交叉。

3. 儿童犯罪。是指因为未满刑事责任年龄不予以刑事处罚的行为，具有成年人实施即构成犯罪的特点，包括未满14周岁的未成年人实施了《刑法》规定的犯罪，或已满14周岁未满16周岁的未成年人实施了《刑法》规定的故意杀人、故意伤害致人重伤或者死亡、强奸、抢劫、贩卖毒品、放火、爆炸、投毒8种犯罪以外的犯罪，因未达刑事责任不予刑事处罚。

4. 未成年人犯罪。是指未成年人实施符合犯罪构成要件应受到刑事处罚的行为，包括已满14周岁不满16周岁的人，实施故意杀人、故意伤害致人重伤或者死亡、强奸、抢劫、贩卖毒品、放火、爆炸、投毒犯罪，或已满16周岁未满18周岁的未成年人，实施《刑法》规定的犯罪，依法应当负刑事责任。

（二）强化监护管教

父母或其他监护人是保护未成年人的第一责任人，家庭是未成年人最先开始生活和学习的地方。家庭关系紧张也是导致未成年人实施虞犯行为甚至犯罪行为的重要原因。最高人民法院发布的数据显示，犯罪未成年人的家庭多存在不同程度的不良因素，留守家庭、离异家庭、流动式家庭、单亲家庭、再婚家庭更容易出现未成年人犯罪。家庭有效监护是干预未成年人罪错行为的最佳措施。对于未成年人实施一般不良行为，案件或事件处置机构应责令监护人严加管教，并负责监督执行。监护管教的内容可以视情采取以下措施：（1）监护教育，监护人应当注重未成年人的人格尊严，维护其身心健康发展，培养其良好的行为习惯，重视其生活教育和知能教育。（2）自家监禁，将未成年人限制在自己家中，限制其夜间游荡及平时自由进出活动。（3）交往限制，限制未成年人与不良朋辈往来，禁止参与帮派等不良组织。（4）不良场所禁入，禁止未成年人进入电子游戏厅、歌舞厅、台球厅、网吧、酒吧、洗浴中心、按摩保健场所等不宜其活动的场所。（5）督导考核，监护人要加强与办案机构的沟通报告，主动接受督导考核。监督执行机构可以为未成年人穿戴电子监控设备，了解未成年人的活动轨迹情况，及时对监护人进行提醒和督导。

(三) 合理设计保护处分制度

建议借鉴好的经验做法，并结合我国的实践情况，废除收容教养、收容教育，合理设计我国保护处分制度。

1. 训诫。所谓训诫者，即以言词加以训谕、劝说、开导之意。对于实施严重不良行为、治安违法行为或儿童犯罪，但因不满 14 周岁或情节轻微不需要处罚未成年人，为避免过分姑息，公检法办案机关应当对其进行训诫，指明其不良行为的危害，晓谕应该遵守的事项，促使其能悔悟行为的错误，觉醒改过向善，今后不再重犯。未成年人向被害人道歉或赔偿，具结悔过，出具悔过书，作善行保证。训诫时，其监护人应当到场，训诫人员应以通俗易懂的言语加以劝导，并将所要求未成年人应遵守的事项，以书面的形式告知未成年人及其监护人。办案机关对其训诫后，还要进行回访监督，督促其改正错误。如监护人没有遵守训诫内容忽视未成年人的管教，致未成年人再犯的，应当按照强制亲职教育的规定接受教育。除行为确实轻微单独适用外，训诫与责令监护管教及其他保护处分措施共同适用。

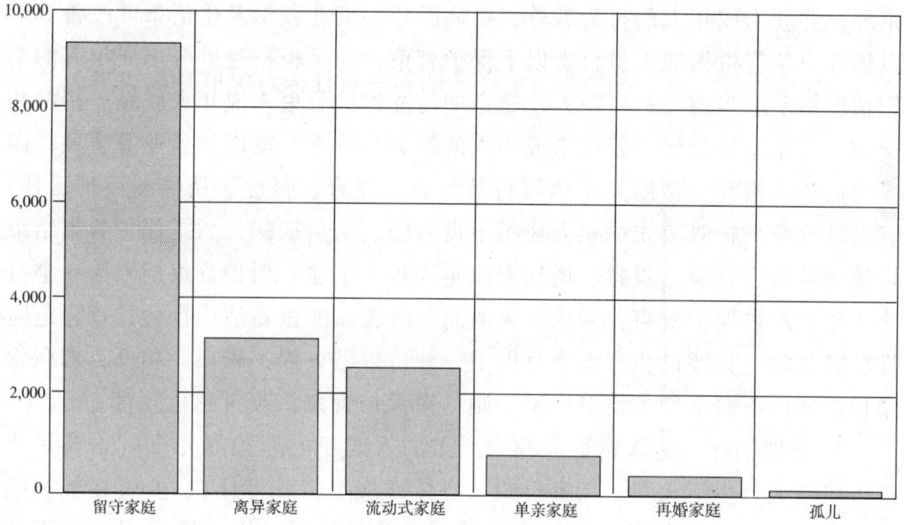

图 5　家庭不良因素与未成年人犯罪

2. 观护帮教。是指未成年人罪错案件办理机关根据未成年人罪错行为的性质、危害性和个人情况，将罪错未成年人交付特定的个人、机构或团体，根据社会调查报告制定个性化的观护帮教方案，通过专业力量对罪错未成年人进行心理干预、文化教育、技能培训及社会生活等方面的支持，使其得到妥善合理的保护、教养、矫治与辅导的保护处分。

（1）假日生活辅导。办案机关将罪错行为较轻的未成年人交付具有社会学、教育学、心理学或医学等专门知识的专业个人、团体或机构，拟定个人或集体辅导计划，并经办案人员核定，在其非上课、非工作或无其他正当待办事项的时间，对未成年人施以个别或群体品德教育、辅导学业或其他作业，并组织参加公益劳动等服务，帮助其养成勤勉习惯及法治意识。执行假日生活辅导应该以改正未成年人不良习性为必要方法，注意维护未成年人名誉与尊严。执行次数应视未成年人的辅导成效而定，一般为3至10次为宜。

（2）保护管束。办案机关对虽有虞犯行为或治安违法行为，但情节尚不严重，其品性尚不恶劣，可期望其改善，但予以训诫并处假日生活之辅导又显处罚较轻，不能适应个别化处遇的需要的罪错未成年人，将其释放于社会，交付其近亲属、师长等合适成年人、福利机构、慈善团体、社会工作机构等，协助办案机关对未成年人加以监督、管束、辅导与保护，辅导未成年人应该遵守的事项，与其经常保持联系接触，注意其行动，随时加以指示和指导，并就未成年人的行为教养、疾病医疗、就业就学及生活条件改善等予以辅导。执行机构或人员负责以下保护管束：一是根据受处分未成年人的个别情况指示应当遵守的事项；二是定期与受保护管束未成年人联系、接触和交谈；三是辅导受保护管束未成年人的行为、就学、就医、就业等事项；四是与监护人洽商，帮助其正确履行其管教、养育、督促、诱导的监护责任；五是辅导受保护管束未成年人戒绝不良习瘾、治愈疾病；六是保护管束结束后继续监督、管束、观察、诱导未成年人步入正途。保护管束期限为6个月至3年。经过保护管束，未成年人的品行改善，能重新适应社会，社会危险性已经消除，只要已执行6个月以上，就可以结束保护管束。相反，若在管束保护期内不服从管束情节严重，则结束保护管束，改付感化教育。

3. 安置辅导。将罪错行为较为严重的未成年人和犯罪儿童（主要是流浪未成年人等生活无着、无家可归、身体残疾等特殊群体），安置在福利或教养机构，对其进行妥善保护、教养、矫治和辅导，以戒除恶习、矫正品行、改善言行，奋发向上，正常做人。福利或教养机构要以有利于未成年人重返家庭、学校和社会为考虑来制定和实施辅导计划。要为未成年人提供适当的居住场所，并予妥善的生活照顾，施以品德教育，辅导其学业或其他作业，使其养成勤勉的习惯和守法意识。安置辅导期限为2个月至2年，只要执行逾期2个月，卓有成效，就可解除；执行中可以延长1次；若在安置辅导期间违反规定情节严重，撤销安置辅导，交付感化教育。

4. 感化教育（专门教育）。对于不适宜刑事处分但社会危险性较大的罪错未成年人（犯罪儿童、涉罪不捕不诉、被判处非监禁刑或免予刑事处罚的未成年人），为革除其不良习性，培养其重新适应社会正常生活的能力，将其收容专门的教育机构，施以有助于改善其行为的特殊教育。感化教育虽然以教育及矫治为目的，但其属于机构性处遇，是保护处分措施中最为严厉的一种，可作为替代短期自由刑的非刑罚措施。感化教育是以矫治少年犯罪人为目的，而刑罚的目的之一是惩罚、震慑，若对少年犯罪人已经实施感化教育，使其改过迁善，就达到了教育、矫治的目的，对其就不再有惩罚、震慑的必要。我国台湾地区设置少年矫正学校或少年辅育院负责感化教育。以人格辅导、品德辅导、知识技能传授为目标，强化辅导工作，以增进学生的社会适应能力。一般教学部提供高中、高职、中学、小学课程教育，以提升学生学习及沟通能力；特别教学部以调适学生心性、适应社会环境为教学重心，并配合职业技能训练，安排法治、伦理人际关系和生涯规划等课程，以增进学生生活能力。矫正学校采取会谈、个别咨询等方式进行个别心理辅导，以集会、班会、联谊活动、社团活动及团体咨询等方式进行集体心理辅导。通过订立生活守则、宿舍管理、书刊检查、接见亲友限制、书信检查、保外就医、处置申诉等方式对学生进行生活管教。感化教育的执行期间为6个月以上不超过3年。执行过程实行累进处遇措施，执行已逾6个月，若进入第一等之累进处遇，且其第一等成绩最近3个月内每月得分42分以上，可以免除执行；若进入第二等之累进处遇，且其第二等成绩最近3个月内每月得分42分以上，可以停止执行，所余执行期间交付保护管束；执行期满，教育感化终止。执行结束，对于出校后就学的学生，通知地方教育部门，优先推介辅导；对于出校后就业的学生，通知地方政府或就业服务机构安排技能训练或适当的就业机会；对于出校后未就学、就业的学生，通知户籍地或所在地的政府予以适当的协助或辅导；对于出校后因经济困难、家庭变故或其他原因需要救助的学生通知社会福利机构协助。

5. 附处措施——禁戒、治疗。对染有烟瘾或吸食麻醉、迷幻物品成瘾或有酗酒习惯的罪错未成年人，在处以保护处分措施的同时，交付适当的处所和机构，对其实施禁戒处分，以协助其戒除不良瘾癖，确保其身心健康，防止其再犯。对身体或精神存在缺陷或患有严重疾病的罪错未成年人，在处以保护处分措施的同时，交付由适当的处所和机构，实施治疗处分，以协助其治愈身心疾病，防止其再犯。

（四）科学匹配未成年人罪错行为与干预措施

对未成年人罪错行为的干预，应当秉持预防为主、尽早干预、保持谦抑的理念。建议从 10 周岁起对未成年人罪错行为进行保护干预，对严重不良行为及更严重的行为进行干预，对一般不良行为交由监护管教。对于已满 10 周岁不满 14 周岁的低龄未成年人罪错行为，强调消极干预，能不干预的尽量不干预；对于已满 14 周岁不满 18 周岁未成年人强调积极干预，但能轻处理的尽量轻处理。对于轻微罪错行为坚持“宽容”处理，对于恶劣的罪错行为，强调“不纵容”的处理。

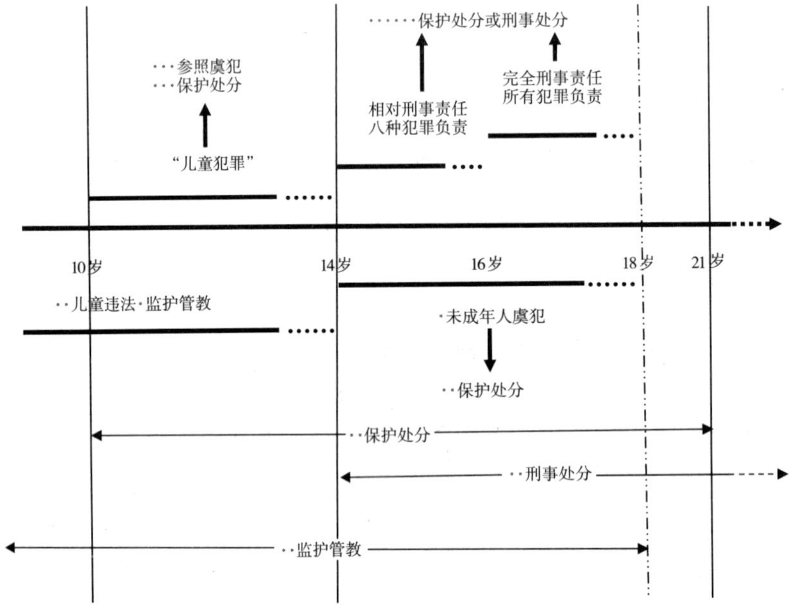

图 6　未成年人罪错行为分级干预体系

三、建构新时代未成年人罪错行为分级干预体系的现实路径

（一）修法推动

全国人大已经启动《未成年人保护法》《预防未成年人保护法》的修改，建议抓住修法契机，将建构未成年人罪错行为分级干预体系的制度规定和配套支持规定纳入立法进行确认。以期未来将在此基础上整合《刑法》《刑事诉讼法》《未成年人保护法》《预防未成年人犯罪法》《治安管理处罚

法》等涉及未成年人保护、处罚的法律，按“虞犯”与“实犯”合一、实体与程序合一、刑事处罚与保护处分合一的模式建立《未成年人刑法》或《未成年人事件处理法》。

1. 建议修改《未成年人保护法》明确以下内容：（1）设置未成年人保护机构。组建国家和地方儿童福利署（局），或退一步在民政设立儿童福利司（处、科），负责统筹、组织、协调、指导、督导未成年人保护工作，以解决当前多头管理，政出多门，条块分割，责任稀释的局面。（2）明确国家监护制度。明确国家是未成年人的最终监护人，国家监督指导监护人依法正确履行监护职责，采取措施监督监护，为罪错未成年人家庭提供指导和帮助。（3）建立强制亲职教育制度。未成年人的法定代理人或其他监护人，因忽视教养，致少年有触犯刑罚法律之行为，或有触犯刑罚法律之虞之行为，而受保护处分或刑之宣告，可以由法院等司法机关决定监护人接受一定时限的亲职教育辅导，并明确不接受亲职教育的处罚措施，对拒不接受亲职教育又不正确履行监护职责致未成年人发生罪错行为的失职家长问责，以确保责令监护管教的干预措施能得到切实执行。

2. 建议修改《预防未成年人犯罪法》中明确以下内容：（1）建立虞犯制度。以临界预防为重点，进一步调整完善现在规定的“不良行为”和“严重不良行为”，与《治安管理处罚法》衔接，明确未成年人虞犯制度。（2）正面规定“儿童犯罪”。明确将未达刑事责任年龄未成年人实施《刑法》规定的犯罪行为纳入调整范围，采取感化教育、安置辅导等保护处分措施进行干预。（3）明确监护管教的具体内容。（4）规定“保护处分”制度，并具体明确训诫、假日生活辅导、保护管束、安置辅导、感化教育、禁戒和治疗的具体内容、适用对象和执行程序。（5）明确未成年人犯罪记录封存的法律后果。封存的未成年人犯罪记录不得在其后的案件中加以引用，公安机关不得提供未成年人有犯罪记录的证明。违法犯罪记录不在本人人事档案和户籍登记及其他对社会公开的各种载体中记载，其在升学、就业等方面与其他人享有同等权利。保护处分记录也要封存。（6）改革工读学校，废除劳动教育、劳动教养制度，设置专门学校，负责开展感化教育。

（二）完善刑罚和治安处罚执行制度

1. 建立保护处分对刑罚替代执行制度。探索被判处 3 年有期徒刑及以下刑罚的未成年人，不交付未管所执行，而改由专门学校开展感化教育，或采取安置辅导、保护管束等保护处分，以减少短期自由刑的负面影响。在此实践基础上，进一步探索轻罪行为直接判决保护处分。

2. 放宽缓刑、减刑、假释的适用条件。提倡缓刑的适用，扩大少年刑事案件缓刑的适用范围；对未成年人的减刑、假释标准比照成人适度放宽的具体放宽标准，尽量采取非羁押刑罚措施，而改用相应的保护处分。

3. 完善未成年人社区矫正制度。由少年矫正机构依据社会调查报告制定个性化矫正方案，采取保护处分，同时应完善社区矫正的监督机制和考核标准，使其具有可操作性。

4. 建立未成年人更生保护制度。更生保护是指对刑满释放或受司法处分的人，运用社会的力量予以适当保护及辅导，以助其自力更生，重新适应社会。类似于英美法系的"中途之家"，使其在回归社会前有一个适应、缓冲的时间和空间，让其做好"回归准备"，避免回归社会不适应或无着落而再犯。未成年人更生保护对象是刑罚或保护处分执行完毕的未成年人。内容包括：（1）提供免费的食宿条件，以解决生存需要。（2）帮助未成年人就学就业，培养其劳动技能，为自力更生创造积极条件。（3）资助医药费、返乡费用或创业贷款等，提供紧急救助。（4）断绝未成年人不良交友，改变其出走、外出留宿等习惯。更生保护以帮助未成年人适应社会为目的，主要是促进未成年人融入社会，期限不宜过长，以其解除身体上的强制后6个月为限。

5. 完善治安处罚的执行。逐步减少直至取消对未成年人的行政拘留措施，改为保护处分。当前，对应当给予行政拘留处罚而不执行行政拘留处罚的未成年人，不能一放了之，应根据罪错行为严重程度予以相应的保护处分。

（三）加快社会支持体系建设

未成年人罪错行为干预体系的建构和顺利运转，离不开社会配套体系的支持。家庭监护需要福利机构等提供儿童托育、家庭咨询辅导、亲职教育、替代监护等多项服务措施，以使监护管教正确发挥效果。假日生活辅导、保护管束、安置辅导等保护处分措施的执行，需要交由专业的社工人员、社工组织、福利机构或教养机构具体开展。刑事诉讼中的社会调查、合适成年人到场、附条件不起诉考察帮教、缓刑考察、社区矫正等工作需要专业司法社会工作力量参与。为此，要加强儿童福利体系建设，积极拓展社会组织参与，大力培育、引导和规范专业机构、团体和组织参与未成年人保护工作，提供专业未成年人社会工作服务。

性侵女童犯罪调查报告

——以六盘水地区 2015 -2018 年的案件为视角

赵 杉 赵 艳*

近年来，六盘水地区性侵女童犯罪呈高发态势，严重影响女童身心健康，本文从六盘水市检察机关 2015 年至 2018 年办案数据入手，深入分析性侵女童案件的特点、原因及办案中存在的难点问题，并提出相应的对策建议，以期更好地预防和打击此类犯罪。

一、2015—2018 年六盘水市检察机关办理性侵女童案件的基本情况

（一）性侵案件的基本情况

据统计，2015 至 2018 年四年期间，全市检察机关共受理性侵案件 360 件 398 人。其中 2015 年受理性侵害案件 100 件 108 人；2016 年受理性侵害案件 95 件 100 人；2017 年受理性侵害案件 78 件 80 人；2018 年受理性侵案件 87 件 110 人（见图 1）。

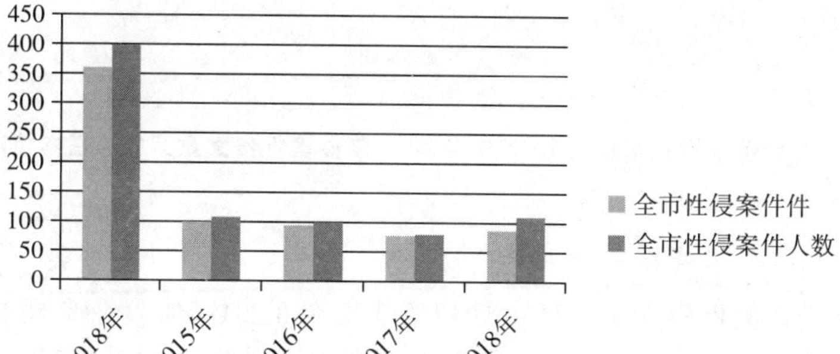

图 1 六盘水市检察机关 2015 年至 2018 年办理性侵案件的基本情况

* 作者单位：贵州省六盘水市人民检察院。

（二）性侵女童案件数及判决情况

2015至2018年四年期间，性侵女童案件114件122人，被害女童达137人。其中：2015年受理性侵女童案件14件14人，被害女童17人，该年受理的性侵女童案均起诉至法院，收到的判决均为有罪判决。2016年受理性侵女童案件29件30人，其中被害女童37人，该年受理的性侵女童案除公安机关撤回1件2人，1件1人作绝对不诉外，起诉至法院的29件30人，收到的判决均为有罪判决。2017年受理性侵女童案件34件35人，被害人女童40人，该年受理的性侵女童案除1件1人刑事和解不起诉，其余的33件34人均起诉至法院，收到的判决均为有罪判决。2018年受理性侵女童案件37件43人，被害女童43人，该年受理的性侵女童案件1件1人起诉至法院，未开庭审理，其余的36件42人均起诉至法院，收到的判决均为有罪判决。

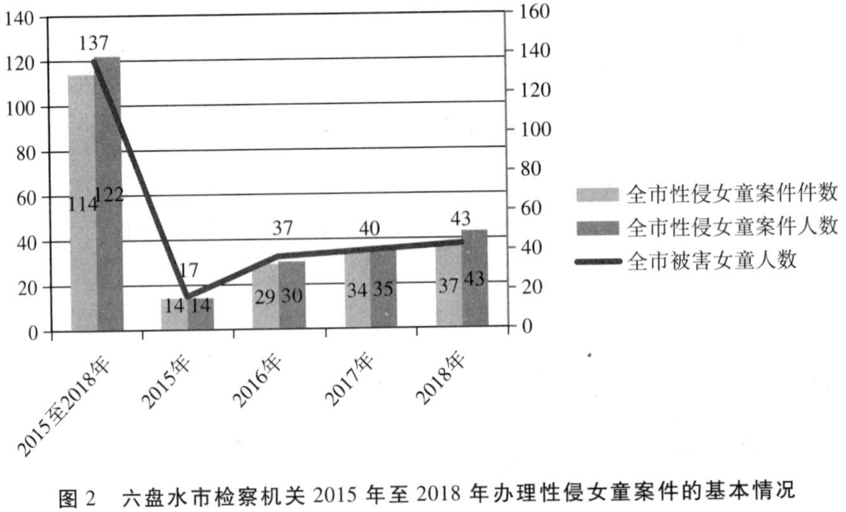

图2　六盘水市检察机关2015年至2018年办理性侵女童案件的基本情况

（三）涉及主要罪名分布比例

全市受理的性侵女童案件占性侵害类案件的31.6%。在受理的114件性侵女童案件中，涉及的罪名有强奸罪、猥亵儿童罪、强迫卖淫罪。其中强奸案件78件，占所受理的性侵女童案件的68.4%；猥亵儿童案件31件，占受理的性侵女童案件的27.2%；强迫卖淫案件5件，占受理性侵女童案件的4.4%。

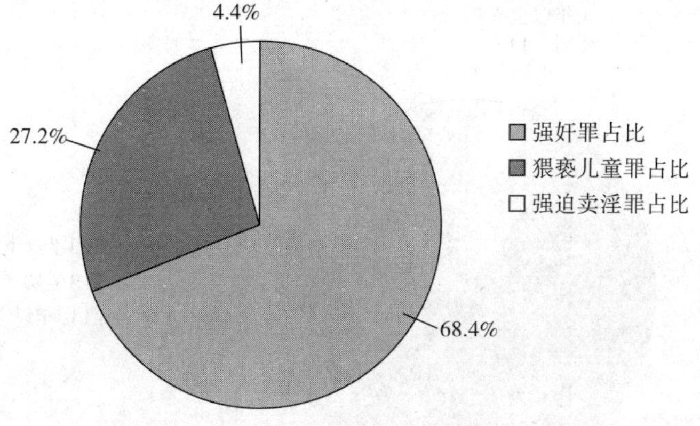

图3　2015年至2018年性侵女童案件类型（单位：件）

（四）涉及的地区分布情况

六枝特区2015年至2018年性侵女童案件共32件33人；盘县（现称盘州市）2015年至2018年性侵女童案共26件26人；水城县2015至2018年性侵女童案共14件15人；钟山区2015年至2018年性侵女童案共42件48人。

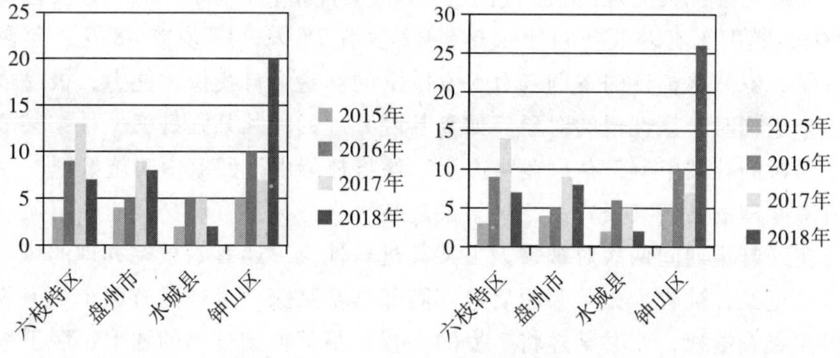

图4　2015－2018年判决的性侵女童案涉及的地区分布情况案件数和人数

（五）案件的量刑情况

2015年至2018年，对性侵女童的罪犯判处3年以下有期徒刑的有57人，3至10年有期徒刑的76人，10年以上有期徒刑的14人。

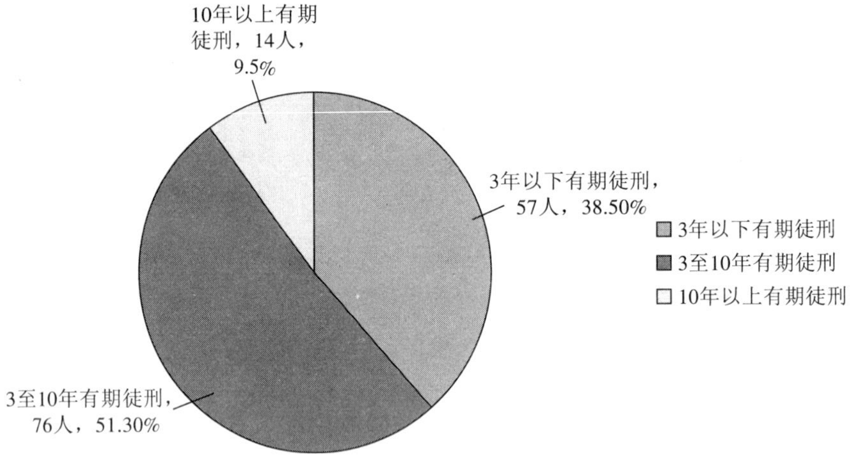

图5　全市2015年至2018年性侵女童案件的量刑情况

二、性侵女童案件呈现的特点

（一）低龄女童监管缺位时无自我保护能力，常常成为犯罪嫌疑人临时起意的性侵对象

全市检察机关受理的女童遭受性侵害案件中，14周岁以下的被害女童137人，其中5岁以下有11人，6至12岁有78人，13岁有48人，年龄最小者仅3岁。从统计的案例来看5岁以下的女童无自我保护能力，极易成为犯罪分子临时起意性侵的对象。如盘县院办理的杜某某强奸案，杜某某酒后看见同村的杜某甲（3岁）在路边玩，便将杜某甲抱回家中实施奸淫。又如六枝院办理的吴某某强奸案，吴某某趁被害人王某某（6岁）的外祖父、外祖母在外赶集期间两次对被害人王某某进行性侵。还有六枝院办理的张某某猥亵儿童案，被告人张某某酒后逛到寨邻李某某家，发现只有两个六七岁的小孩在家看电视，张某某遂将7岁的女孩李某某抱到自己的腿上，脱下李某某的裤子，对孩子进行猥亵。

（二）案件多为"熟人"作案，多具有"软暴力"特征，致隐蔽性较强、发现难度大

在性侵女童案件中，以普通朋友身份作案的23人，同村人或邻居作案的38人，陌生人作案的24人，以"恋人"身份作案的8人，亲属或亲戚身份作案的25人（其中亲生父亲作案1人，舅舅作案3人，姨父作案3人，叔叔作案2人，姐夫作案1人，母亲同居男友作案1人，继父作案2人，继

外公作案1人，其他亲戚身份作案11人）。校园内作案4人（小学门卫作案2人，老师作案2人）。

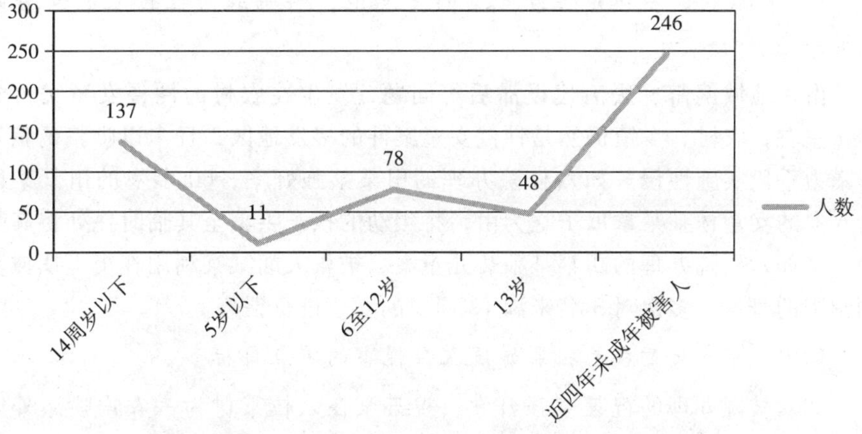

图6　2015－2018年受到性侵害的女童年龄阶段分布图（单位：人）

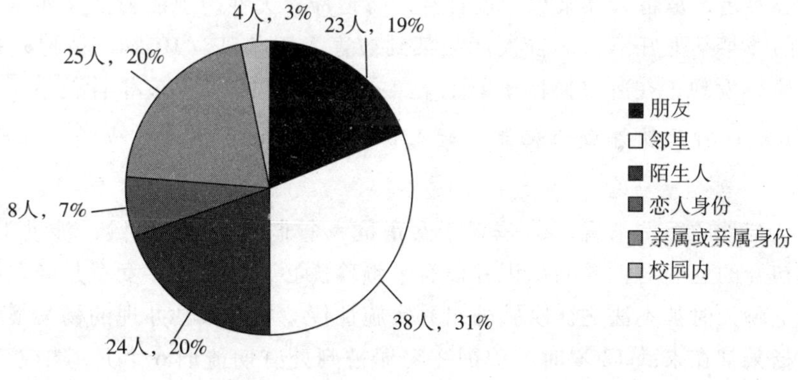

图7　2015－2018年性侵女童案件中犯罪嫌疑人与被害人关系

如钟山院办理的蒋某某强奸案，被告人蒋某某作为被害人王某某的继外公，在王某某10岁左右就对其实施性侵害，并采用威胁等方式致被害人不敢将蒋某某的行为告诉母亲，至案发时被告人对王某某的性侵行为已长达4年之久。被告人的行为造成孩子性格极度孤僻，不愿与同学交往，放学后害怕回家，还经常在上课时发生昏厥。又如盘州市人民检察院办理的张某某猥亵儿童案。被告人张某某在盘州市某小学任教期间，利用教师的身份，在学校办公室先后对5名女学生采用搂抱、抚摸的方式进行猥亵，5名被害人均系未满12周岁的幼女，其行为严重侵害了儿童的身心健康。学校是教书育人的地方，是孩子插上梦想翅膀，遨游知识海洋的地方，如此老师，让被侵害的孩子所有梦想陷入泥淖，人生从此充满黑色的梦魇。

（三）农村、乡镇是性侵女童的多发地，哄骗成为性侵农村女童的主要手段

由于地域偏僻、法治建设滞后等问题，发生在农村的性侵女童案占到95%左右，农村、乡镇仍然是性侵女童案件的多发地区，且多以哄骗诱骗等非暴力手段实施性侵。如六枝院办理的田某某强奸案，60多岁的田某某以给6岁的女童林某某拿瓜子吃为由，将年幼的孩子哄骗至其临时住处将其强奸；又如六枝院办理的胡某某猥亵儿童案，被告人胡某某利用在街上摆摊卖刮刮奖的身份，多次对3名未满12周岁的女童进行猥亵。

（四）智障女童成为犯罪嫌疑人性侵害的重点目标

如六枝院办理的祝某某强奸案，祝某某在六枝某村为一农户喷涂外墙时，看见13岁被害人谭某，便与其交谈，在交谈时发现谭某智力低下，遂将谭某带自房屋后面的牛圈里，强行与谭某发生性关系。经云南鼎丰司法鉴定中心鉴定，被害人谭某患中度神经发育迟滞，无性防卫能力。又如盘县院办理的汪某某强奸案，被告人汪某某到被害人王某某（10岁，精神残疾二级）家，发现正在卧室换裤子的王某某，遂强行与王某某发生性关系。

（五）聊天软件成为犯罪嫌疑人诱奸、骗奸13岁左右女童的最便捷途径

从统计的案例来看，13岁对于女童是一个非常危险的年龄，涉世未深、情窦初开的她们对世界的认识并没有一颗玲珑心，多数被害女童是因在聊天软件上聊天时被不法之徒哄骗外出并实施性侵。如水城县办理的杨某某强奸案，杨某某在未满18岁时就曾因盗窃罪被判处有期徒刑6个月，出狱不久后，经朋友介绍与13岁的张某认识，二人通过QQ聊天保持联系，并多次出来见面，被告人明知张某只有13岁且系在校学生，却多次将张某从学校或家中约出与其发生性关系，甚至还冒充张某的家长给张某的老师打电话。从二人的QQ聊天记录看，被告人先是扮演一个“温情爱人”，后则是恶语威胁。

（六）部分未成年犯罪嫌疑人以暴力非法控制女童，以强迫女童从事性服务作为生财之道

如钟山院办理的代某、汪某某、张某某等人强奸、强迫卖淫案，代某通过QQ聊天认识被害人张某某（13岁，小学六年级学生）后，将其带至小

旅馆强奸，并伙同汪某某、张某某等人对张某某实施殴打和持刀威胁，对张某某的人身进行非法控制，强迫其外出提供有偿性服务，为代某等人挣钱。又如张某协助组织卖淫案，张某负责开车接送由李某某（15岁，未达到刑事责任年龄）、彭某某（15岁，未达到刑事责任年龄）非法暴力控制的女童黄某（13岁）、汤某（13岁）及另2名女童（一个11岁，一个12岁）往返火车站、客车站附近的小旅馆及出租屋，从事有偿性服务，将被害女童作为挣钱工具。

三、女童遭受性侵的发案原因探析

（一）监护人对亲属、邻居身份的犯罪嫌疑人毫无防备意识，疏于对未成年人的保护

在农村，许多村寨主要是以亲属关系为纽带建立的聚居点，许多家长对乡亲邻里间保持着最朴素的信任关系，缺乏必要防范意识，理所应当地认为在家的周围是安全的，殊不知这些“朴素”的关系里危机四伏。由于家长每日困于家务和农活，没有更多的精力对年幼孩子予以管教，大多家长任孩子在家的周围四处玩耍，采取“放养”方式。而正是由于家长的毫无防备意识以及采取的“放养”方式，为居心叵测的犯罪分子提供了可乘之机。

（二）对未成年人的性教育严重缺失，导致孩子自我保护意识和自我保护能力较差

一是家长不对孩子进行性防卫启蒙。受封建思想和封建传统的制约，中国父母往往“谈性色变”，当孩子问到此方面的问题，往往因为“难以启齿”而搪塞敷衍，疏于对子女性的教育。二是学校老师不对学生加强性教育。在中国的学校，由于教育环境也长期受封建思想影响，如何将性安全和性知识纳进入课堂教育，仍困扰着诸多教育者。

正是由于性教育的严重缺位，孩子无法从正常途径学到必要的社会知识和生理常识，导致孩子自我保护意识和自我保护能力较差，甚至很多孩子根本分不清什么是性侵害，什么是异性间的亲密行为，当孩子遇到性侵害时，年幼的孩子不知道这是犯罪行为，还主动为犯罪嫌疑人“保守秘密”，导致事后收集证据难，控告难。

（三）犯罪嫌疑人文化生活匮乏、法治观念淡薄，容易受社会不良文化影响

从统计数据可以看出，农村已成为女童受侵害的重灾区。由于整个社会

的剧烈变化，农村已改变了曾经“日出而作，日落而息”的生活方式，温饱问题已经基本得以解决，但文化生活则远远滞后于经济的发展，在不良文化和社会不良风气的引导下，年幼无知、自我保护能力弱的女童容易成为犯罪分子性侵的首选对象。

（四）城市流动人口集散地的周边治安管控不到位，成为性侵女童案件多发地

如六盘水市火车站、客车站及周边的小旅馆、民房出租屋等地，长期有三教九流的社会闲杂人员汇聚，且社会治安管控不到位，入驻小旅馆不需要身份证，流动人口租住民房也未有报告登记等制度，派出所偶尔发现问题多以罚款解决，未触及根本，违法犯罪成本小，导致这些地方成为性侵女童案件和强迫女童卖淫案件的密集地。

（五）家庭、学校、社会对13岁女童的引导、教育、管理没有引起足够重视，导致13岁女童成为最容易被性侵的群体

13岁是女孩子开始做梦的年龄，但父母、学校老师都没有针对这个关键的年龄为她们的人生上关键的一课，也没有在平时的生活、学习中尽到时时提醒义务，社会上所有的宣传和广告也没有将这一年龄段作一个重点关注的节点。而智能手机的普及和运用，使自媒体时代的不良视频及信息传播难以监控，很多女童就根据自己个人的喜好取舍手机上的各类信息。同时，早熟的女孩子13岁时生理上会有明显变化，随着个子长高一头，人也变得越来越漂亮，这个时候，很多女童喜欢玩自拍，并将自己的个人信息全部晒到聊天软件上，对于陌生人请求加好友，也会毫不犹豫地接受。于是犯罪嫌疑人便以交朋友、约见面、外出游玩、吃喝及赠送小礼品等方式示好这些天真烂漫的女童，由于没有接受过有关性防卫教育，很多女童管不住自己的嘴和贪小便宜心理，有的则因早熟而急于想尝试恋爱的滋味，便会对网络聊天时认识的陌生人的邀约满口答应，当其随陌生人外出谈情说爱或喝酒、聊天、吃宵夜时，其人生的悲剧也便随之而至。

（六）被告人因对法律的无知，以“恋爱”为名对女童实施性侵

如六枝院办理的李某某强奸案，17岁的李某某以“恋爱”为名，明知王某是幼女，仍与12岁的王某多次发生性关系，致王某在13岁时怀孕到医院人工流产。又如六枝院办理的韩某强奸案，25岁的韩某在某小学门口跑摩托车时认识了13岁的被害人刘某某，韩某与刘某某以“恋人”身份相处，并在明知刘某某不满14周岁的情况下多次与刘某某发生性关系。

四、性侵女童案件办理中的难点和问题

（一）案件未被及时发现和报案，导致公安机关取证难

一是由于多数女童往往身心发育尚不成熟，不具备保护自己免受侵害的能力，亦不懂得在遭受侵害后留取证据维护自身权益。二是多数性侵女童案件均为熟人作案，被害人在被熟人软暴力性侵的情况下，部分女童会出于害怕和羞耻心理，不敢寻求家长及司法机关的帮助。三是部分家长长期外出打工，家庭监护方式存在缺失，导致女童被性侵后不能被及时发现，不少性侵女童案件都是在案发一段时间之后才发现，有的甚至过几年才报案，此时客观上的生物物证证据基本已经灭失，导致调查取证难度大。

（二）在案件取证过程中稍有不慎，会对被害人造成二次伤害

由于性侵案件取证难的问题，公安机关对于后期掌握的一些细节，有时需要对被害人进行二次甚至多次询问，同时，《未成年人检察工作指引》规定必须听取被害人意见，当通知被害人拿文书和听取意见时，对被害人均是一种变相提醒，反复强化其这部分记忆，对被害人的伤害更加可怕。一次次对于案发经过细致的询问不可避免地令被害女童多次唤起痛苦的经历，给其造成二次甚至是多次伤害。

（三）部分案件证据不足只能不捕，部分案件犯罪嫌疑人在逃，取证不及时，导致量刑畸轻

有许多性侵女童案件因证据只有犯罪嫌疑人供述和辩解及被害人陈述，由于被害女童年龄较小，不能准确表达案件发生的时间、地点，又因发生性侵的地点隐秘，导致供述与陈述不相符合，无法证实发生性侵的事实，最终只能证据不足不捕。如水城县办理的一起叔叔涉嫌强奸亲侄女案件，就因证据不能相互印证而不捕。另外嫌疑人作案后在逃的案件，证据的收集固定不到位导致最终不能罚当其罪。如盘县院办理的蒋某某强奸案，被告人蒋某某酒后将在其家中馆子玩耍的 3 岁女童强奸，致女童下体大出血。犯罪嫌疑人作案后外逃，公安机关没有注意将该案被害女童的相关诊断病历及时有效收集在案。案发于 2013 年，时隔 4 年后才将外逃的犯罪嫌疑人抓获归案。犯罪嫌疑人归案后，被害人亲属已将诊断病历遗失，且不愿告知相关医院，致本案给被害人幼小生命造成的伤害后果无证据支撑，最终法院采纳辩护人的辩护意见，对被告人从轻判处有期徒刑 7 年，这个案件如果被告人被及时抓获，证据被完整收集，对被告人的处刑理应在 10 年以上。

五、预防性侵女童的对策建议

（一）切实加强宣传，增强家庭及社会对女童保护的意识，防止和减少性侵女童案件的发生

一是从家庭层面开展性保护启蒙教育。针对目前偏远的农村及城乡接合部大多数家长由于自身文化素质不高，对女童仍没有较强的保护意识现状，积极发挥检察官法治副校长的作用，让幼儿园及中小学教育部门以周末家长会的形式，举办一些家长大课堂，让学生家长重视防止儿童被性侵的宣传和教育，在孩子2至3岁时家长要逐步开始性知识安全启蒙教育，明确告知孩子哪些部位是隐私部位，不管是熟悉的人，还是不熟悉的人都不可以随便让其看到或抚摸自己的隐私部位，也不可以随便看或摸别人的隐私部位，如果受到伤害一定要及时告知父母。

二是从学校角度尽早开始性防御的启蒙教育。幼儿园作为早期教育载体，老师应科学正确地告知小朋友身体部位的名称，明确告知哪些部位是不可以外露的，并在平时哼唱的儿歌、玩乐的游戏中，适量加入提高小朋友警惕性的元素，让他们在玩乐中学会最基础的性安全知识。在小学、中学阶段，老师应根据不同年龄阶段讲授与其相适应的性知识和抵御性侵害的方法，特别对13岁左右的女童，应作为一个重点，让她们在思想上从小树牢自尊自爱的性道德观。检察官担任法治副校长的，可以将性安全课程和法制教育相结合，将刑法中关于性侵害相关罪名的处罚并配合案例予以讲授，对刑事诉讼法中关于证据的保全、收集、采用，以及立案程序等予以讲授，让孩子懂得利用法律手段保护自己。

三是从社会层面加强性安全法治教育。媒体应宣传、制作健康科学的电视节目，在少儿、教育、法制频道播放，增加孩子正确了解性安全知识的渠道。全市未检部门应联合妇联、关工委等部门加强对女童保护的宣传力度，可根据地域发展特点，利用通俗易懂的方式，如发放绘画宣传手册，利用村社宣传栏宣讲典型案例，制作公益广告、漫画等方式，加强全社会对女童的性保护意识，构建家庭、学校、社会一体的性教育体系。政府职能部门要加强对大众传媒管理，加大打击黄色、淫秽音像制品、书刊等违法活动，严禁未成年人进入网吧上网。同时要加强对学校及女童住所周边的熟人的法治宣传教育工作，并加强对流动人口有效管理，减少对女童性侵害的可能性。

（二）加强社会治安综合治理工作，对有性犯罪前科的人员强化监控和管理

一是加强对人口密集区域的社会治安综合治理工作。对无证经营的小旅馆及时依法取缔，被取缔后暗地开展经营的，一经查实，除给予治安处罚外，参与组织、强迫、引诱、容留、介绍、协助卖淫等犯罪的，依法追究刑事责任；对有证经营的酒店宾馆不定期开展排查，并要求经营者签具承诺书，凡是发现参与组织、强迫、引诱、容留、介绍、协助卖淫等构成犯罪的，依法追究刑事责任；对出租屋加强管理，无业人员长期租赁房屋的，房主要向片区派出所报告，租赁人员要持有效身份证件到片区派出所进行登记，基层组织要加强联防联动工作，确保犯罪分子无处藏身；发现国家机关工作人员给参与组织、强迫、引诱、容留、介绍、协助卖淫等犯罪分子充当保护伞的，依法从严惩处。

二是从严管控有性侵女童案底的犯罪人。首先，公开在网络上公布其近照片、家庭住址以及主要罪行，让公众自觉关注女童在生活学习中可能存在的危险，提高参与女童保护的意识，提高群众的警惕。其次，公安机关应对性犯罪者予以严密监控，禁止此类犯罪者从事与未成年人有关的工作，禁止在幼儿园、学校等附近居住生活。性侵女童或有多次性侵犯罪史的罪犯即使刑满释放，也要佩戴电子脚环接受监控。最后，有性犯罪前科的罪犯出狱后，必须每半年向其户籍所在地的派出所报告一次活动情况。

（三）建立全市性侵案件信息库和入职查询制度

应在全市公安系统建立性侵案件信息库，将2015年以来的性侵案件的犯罪人信息全部纳入信息库管理，在幼儿老师、小学教师、中学教师、医师、学校门卫录用时先要入库查询，凡是有性侵案底的均不能录用。

（四）检察机关加强对性侵女童案件的提前介入工作，最大限度保护被害人

一是通过提前介入，引导公安机关依照法定程序，及时、全面收集固定证据，及时对性侵害犯罪现场进行勘查、及时对犯罪嫌疑人、被侵害女童进行人身检查、提取体液、毛发、被害人和犯罪嫌疑人指甲残留物等生物样本，指纹、足迹、鞋印等痕迹，衣物、纽扣等物品。在城乡接合部或城市里诱奸女童的案件要及时提取天网视频及住宿登记等相关视听资料及书证，确保定罪量刑的关键证据被及时、科学、有效地收集在案。

二是通过提前介入，及时对被害女童开展心理疏导，将侵害行为对女童

造成的心理创伤减到最小，避免因心理疏导不及时给被害女童造成严重心理问题，影响其今后的成长及生活。对于10岁以上的女童，应由心理专家配合介入工作，开展心理疏导，力求心理救助专业到位，有效缓解被害女童心理压力。

三是通过提前介入，及时对有需要的被害女童提供经济救助、临时监护等措施。如针对亲生母亲去世或外出打工，被害女童由其亲生父亲或继父等人监护，但监护者本身就是对其实施性侵者，这就不仅需要为被害女童提供经济救助，更为重要的是为其提供临时监护，避免因救助不及时、监护不到位而让被害女童陷入无枝可依、无处栖身的困境。

（五）检察机关在具体办理性侵女童案件时，要做到人员机构专业化、办案场所专门化、办案方式特别化、权益保障联动化

一是人员机构专业化。从选好配强未检办案力量入手，优先选择办案经验丰富、熟悉女童身心特点、具备心理学知识的女检察官担任承办人。

二是办案场所专门化。设立未成年人专用询问室，室内装饰拟如家居环境，公安机关的询问室应配备录音录像设备及法医鉴定场所，最大限度地限制被害人隐私的扩散，减轻其内心的不安与紧张，使其在法定代理人或合适成年人的陪同下能客观连贯陈述案件过程，接受身体检查。

三是办案方式特别化。第一次询问被害女童时，应对与性侵害犯罪有关的事实进行全面询问，并作好同步录音录像，询问以一次询问为原则，尽可能避免反复询问。对外公开的文书，不披露被害女童的身份信息，对性侵害的事实注意以适当的方式叙述，树立对女童予以特殊、优先保护的司法理念。公安机关发现可能有女童被性侵害或者接到相关线索的，无论案件是否属于本单位管辖，都应当及时采取制止违法犯罪行为、保护被害人、保护现场等紧急措施，必要时应当通报有关部门对被害人予以临时安置、救助。并通知检察机关对相关取证工作介入指导。办案人员到被害女童的亲属所在单位、女童所在学校、居住地调查取证的，应当避免采取驾驶警车、穿着制服及其他可能暴露被害人身份、影响被害人名誉、隐私的方式。

四是权益保障联动化。进一步加强与公安机关、人民法院、教育机关、民政机关、医疗机构、心理康复机构、妇女儿童保护组织等单位的通力协作，为被性侵的女童提供全方位“一站式”保护。对于家庭中监护人侵害或监护缺失，导致未成年人处于危险状态的，建议、督促、支持有关机构、组织和人员向人民法院申请撤销、变更监护人资格和提起人身、精神损害赔偿，协调有关部门做好未成年人安置和司法救助工作，提供包括争取赔偿、介绍心理咨询和辅导、帮助脱离侵害环境等综合帮助。

控告申诉检察

检察机关司法救助工作机制的完善

——以贵州检察机关司法救助工作为视角

杨　涛*

检察机关司法救助工作，是人民检察院在办理案件过程中，对遭受犯罪侵害或者民事侵权，无法通过诉讼获得有效赔偿，生活面临急迫困难的当事人采取的辅助性救助措施，具有人民属性、司法属性和政治属性。开展司法救助不仅能抚慰被害人受伤的心理、切实保障人权，同时能让被害人对国家的司法制度产生认同，使被破坏的社会关系得到修复，将可能发生的矛盾和冲突化解在萌芽状态，能预防和减少涉检涉诉案件的发生，是检察机关联系困难群众的"直通车""联心桥"。

一、贵州检察机关开展司法救助工作的情况

（一）贵州检察机关开展司法救助工作基本情况

贵州检察机关在开展司法救助工作中，积极探索，勇于实践，努力在救助时间上求"早"、在救助效果上求"实"、在救助途径上求"宽"，在救助覆盖面上求"广"，着力提高司法救助工作质效，不断增强司法人文关怀。

2013 年至 2018 年全省检察机关受理国家司法救助（刑事被害人救助）分别为 148 人、254 人、425 人、554 人、895 人、1246 人，受理救助人数

* 作者单位：贵州省人民检察院。

同比上一年分别增加71.62%、67.32%、30.35%、61.55%、39.22%；发放救助金额分别为191.5万、253.4万、302.3万、388.2万、777.2万、985.9万元，救助金同比上一年分别增加32.85%、19.29%、28.41%、100.21%、26.85%。2018组织开展了“深入推进国家司法救助工作”专项活动，将司法救助工作提升到全新高度，并将贫困户、军人军属、未成年人、残疾人作为重点救助对象，救助贫困人口380人、未成年人262人，平均每案救助1.67万元，单案最高救助16万元。

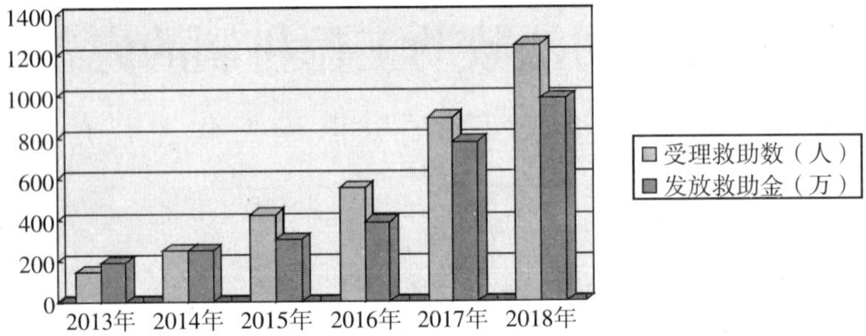

图1　贵州检察机关开展司法救助工作情况

（二）贵州检察机关开展司法救助工作成效

近六年，全省检察机关司法救助人数与救助金额均呈逐年递增趋势，司法救助工作成效明显。主要做法为：一是增强救助意识，扩大救助范围。强化主动救助和服务意识，转变救助理念，体现人文关怀，努力拓展案源渠道，扩大救助范围。二是创新工作模式，加大救助力度。建立由省检察院统筹的三级院联动一体化救助机制，有效化解资金不足问题，压实传导责任，督促工作落实，加大救助力度。三是突出工作重点，形成多元救助。将贫困人口和未成年人作为救助的重中之重，加强内部衔接、上下联动、内外协调，形成救助合力。积极探索多元化救助方式，引导多方参与司法救助工作。四是细化救助措施，实现标本兼治。做到因案施策，注重“扶贫”与“扶志”相结合、经济救济与心理抚慰齐发力，通过救助传递司法温暖，促进社会公正与和谐。

二、司法救助工作存在的问题

（一）案件分布不均，经费保障各异

通过对贵州检察机关2016年至2018年国家司法救助工作数据进行分析

后发现，省市县三级检察院受理司法救助人数与均案救助金额分别成“正三角形”和“倒三角形”结构，省检察院“僧少粥多”与基层检察院“僧多粥少”的矛盾异常严重。从案件分布看，近三年省市县三级检察院受理的国家司法救助总人数分别为62人、97人、2536人，基层检察院的案件量占到全省案件总量的94.10%，案件分布极不均衡；从经费保障看，市县检察院司法救助资金来源不一，有的是自筹资金，有的是向当地政府部门申请，没有统一的渠道保障，且各地经济发展不平衡，大部分地区救助资金短缺，但省检察院司法救助资金较为充沛；从救助金额看，近三年省市县三级检察院均案救助金额分别为2.28万、1.66万、0.73万元，基层检察院受救助金少、案件量大等客观因素影响，均案救助金额远低于省市检察院；从救助金使用情况看，市县检察院的司法救助金当年基本能够用完，但省检察院因救助金多、案件量小，造成部分司法救助资金闲置。如省检察院2016年、2017年司法救助金分别为70万、80万元，但办理的司法救助案件均未超过20件，实际发放救助金额分别仅为26万和37.8万元，发放金额尚未占到总金额的50%。

（二）救助观念落后，认识存在偏差

虽然近年来“大闹大救”“不闹不救”的司法救助怪象得到逐步纠正，但与高检院“应救尽救”的要求仍有较大差距。有的依申请救助、坐等送案上门的陈旧思想仍然存在，依职权救助、上门问案、司法扶贫等服务意识不强；有的开展工作有顾虑，担心开展司法救助会让被害人认为是案件办理有“猫腻”、是“理亏”的表现，怕引发被害人新的信访问题，因而不敢救助；有的地区要求被害人提出司法救助申请前，必须提起刑事附带民事诉讼，而且法院要出具民事赔偿不能执行到位的证明，导致部分符合救助条件的被害人得不到救助。

（三）审批程序不统一，发放周期过长

《人民检察院国家司法救助工作细则》第26条规定“人民检察院决定救助的，刑事申诉检察部门应当将《国家司法救助决定书》送本院计划财务装备部门。计划财务装备部门应当依照预算管理权限，及时向财政部门提出核拨救助金申请”，并没有检察机关核拨救助金需要政法委审批的程序规定。但在实践中，市县两级检察院救助金发放程序烦琐，检察机关提出救助意见后需要报当地政法委审批（黔西南州报司法局审批），有的政法委每季度或每半年研究一次司法救助工作，救助金发放周期较长，不能达到及时救

助的目的。

（四）救助金额偏低，监管存在困难

现行司法救助方式多为救助金救助，但基层检察院受地方财政限制，救助金额多为5000元以内的小额救助，即使是因案件原因导致被害人死亡，对其家属的救助一般也不会超过5万元，一般情况下可以帮助被害人暂时缓解困难，但对于动辄数十万的医疗费用和康复费用来说，小额救助有时并不能帮助被害人解决“急迫困难”。如毕节检察机关近年来办理的司法救助案件，最低救助2000元、最高救助60000元，平均每案救助仅6353元。同时，对没有监护人的被救助人，救助金监管存在困难，难以保证“物尽其用”。

（五）救助方式单一，缺乏灵活性

《关于建立完善国家司法救助制度的意见》规定“国家司法救助以支付救助金为主要方式，同时与思想疏导、宣传教育相结合，与法律援助、诉讼救助相配套，与其他社会救助相衔接”，同时也规定，积极探索建立刑事案件伤员急救“绿色通道”、对遭受严重心理创伤的被害人实施心理治疗等多种救助方式。但是，由于“一次性救助”规定系坚持辅助性救助原则的重要内容，所以被害人在案件前一环节受过救助金救助的情况下，下一环节的其他司法机关能否继续开展救助，存在不同认识，这与多种救助方式并行的要求也不尽相同，影响司法救助作用的充分发挥。[①]

（六）救助信息不畅，案源渠道较窄

检察机关控申部门有着丰富的释法说理和群众工作能力，在开展司法救助工作中能够全面且多元化地做好救助对象的息诉罢访工作，将其作为司法救助工作的具体负责部门有一定的合理性。但是，控申部门在接待信访、办理刑事申诉案件时很难发现符合司法救助条件的当事人，而需要救助的对象绝大部分为刑事案件的被害人，如果办案部门不将救助线索移送给控申部门，控申部门很难自行发现，导致错失救助机会的情况发生。

（七）社会知晓度低，当事人不了解

实际工作中，多是检察机关调查了解情况后，对符合条件的当事人主动告知其有申请国家司法救助的权利，并告知当事人提交所需材料，依职权开

① 金志锋、杨宝川：《增强司法救助灵活性》，载《检察日报》2017年6月5日。

展救助。有些当事人对国家司法救助知之甚少，有的符合救助条件的当事人因担心接受了司法救助金会减轻对犯罪嫌疑人的刑罚而放弃申请，有的以为检察机关对其给予司法救助是对其所受损失的赔偿，认为金额不应该少于其所遭受的损失。①

三、完善司法救助机制的建议

（一）上下联动，健全救助机制

近年来，贵州省检察院探索建立了上下联动的一体化救助机制，取得了较好的社会效果。即基层检察院收集司法救助案件线索，层报至省检察院审核后，由省检察院予以救助。2018 年省检察院审核基层检察院层报的司法救助案件 82 件，符合救助条件的 51 件，发放司法救助金 164.3 万元（省检察院发放 90.3 万元，提请省委政法委发放 74 万元），如此既解决了省检察院“僧少粥多”与基层检察院“僧多粥少”的矛盾，又调动了全省三级检察机关的工作积极性，提高了司法救助工作质效。但是，由于一体化救助机制尚处于探索阶段，未形成制度性文件，对提请时效、证明材料、层报程序等具体事项没有明确规定，造成基层检察院报送救助线索的时间有长有短、材料有多有少、程序有繁有简，需要在今后的工作中健全完善，形成制度机制共同遵循。

（二）内外协作，形成工作合力

检察机关要主动将司法救助工作融入社会经济发展大局，建立完善内外衔接机制。对内检察机关办案部门要建立线索移交机制，在审查逮捕、审查起诉环节认真审查被害人情况，符合司法救助条件及时转交控申部门办理；对外争取同级党委领导和政府相关部门支持，加强与民政、共青团、扶贫办、妇联、残联、社区、村委等机关团体和组织的联系，积极引入社会保险、民政救助、城乡低保、教养基金、农村五保等救助形式，改变检察机关唱“独角戏”的模式，积极引导多方参与救助工作“大合唱”，构建辐射广、多元化、综合配套的国家救助工作新格局。

（三）规范程序，拓展救助方式

建议由政法委牵头，与公安、检察、法院、财政等部门进一步规范救助

---

① 郇晓娜：《浅析检察机关司法救助工作存在的问题》，载《正义陕西》2018 年 12 月 17 日。

程序，明确公检法三部门救助案件范围与审批期限，制定工作细则，确保程序顺畅，缩短救助时间，提高工作质效。同时，检察机关要加强与当地党委、政府、企事业单位的协作配合，破除救助方式单一的难题，实现救助效果最大化，切实解决当事人实际困难。如六盘水市检察机关探索使用的解决低保、培训就业、帮助入学等救助方式就取得了很好的社会效果。

（四）拓宽渠道，加强资金监管

建议将“一次性救助”修改为“对同一案件的同一当事人原则上只进行一次救助金救助”，使各司法机关灵活决定是否对被害人进行救助。同时采取有力措施，不断拓宽司法救助资金的筹措方式，将社会捐助、个人赞助等作为司法救助资金的来源渠道。对没有监护人的被救助人，加强对救助金的监管，可以采用分期拨付、亲属代管等方式，并引入社区（村委）监督机制。检察机关要定期跟踪回访，与社区（村委）形成监督合力，确保救助金切实发挥救助效果。

（五）各司其职，提高办案质效

基层检察院要充分利用自身贴近群众的优势，指定专门机构和专人承办国家司法救助案件，强化工作的专门性和专责性。上级检察院要加强统筹部署，强化分级负责，及时督促下级院履行司法救助责任。要把有限的司法救助资源集中用于最需要救助的困难群众，突出抓好本地区贫困人口的脱贫帮扶，利用多元化救助模式，加大司法救助工作力度。要因案施救，争取在检察机关办案的第一环节就进行救助，实现“应救即救”“应救尽救”。

（六）加强宣传，增强社会知晓

利用宪法宣传日、法治宣传周、检察开放日等活动，通过媒体报道、法治讲座、展板信息等多种方式宣传国家司法救助工作，提高群众主动申请救助的意识，防止符合救助条件的被害人因不了解政策而错过了申请救助的最佳时机。将检察机关12309平台、门户网站、微信微博作为重要的宣传阵地，公布救助条件、范围、程序、需要提交的资料等内容，提高司法救助的社会知晓度。探索在政法机关信息整合共享平台上设置司法救助板块，开通网上实名申请救助系统，首先对当事人在网上提交的申请救助资料进行初审，初审通过后通知申请人递交纸质材料，对不符合救助条件的做好释法说理，增强群众对国家司法救助工作的了解和信任。

国家司法救助在检察环节的困境解析与路径探究

杨朝贵*

国家司法救助工作是我国司法制度及其体系的逻辑内涵，是当前推进脱贫攻坚工作、改善民生、完善社会保障体系不可或缺的一部分。对刑事被害人的救助和保护关系到成千上万家庭的切身利益，检察机关是国家法律监督机关，作为专门的法律实施机关，其中一项重要职能，就是开展国家司法救助工作，对刑事被害人进行司法保护。本文旨在简要分析检察实践工作中，办案人员开展司法救助工作面临的主要难题，分析检察机关开展刑事被害人司法救助工作所处的诸多困境，提出粗浅对策建议，以供参考。

一、司法救助案件现状的简要分析

近些年来，需要予以国家司法救助的刑事被害人①案件数量呈明显上升趋势，具体表现为被害人普遍老弱病残（地处西部偏远贫困地区）、侵害罪名相对集中（主要集中在故意伤害、盗窃等几个罪名中）、给被害人造成严重的身体和精神伤害（因案致人死亡、重伤或严重残疾等）、被害人家庭因案致贫严重（遭受重大财产损失）等。

L省G市辖区内检察机关从2014年1月1日至2018年12月31日五年来办理的司法救助案件一共为293件，从图1“司法救助案件所涉罪名”可以看出，在司法救助所涉及的原案罪名方面，案件数排在前五的案件依次为故意伤害罪、盗窃罪、故意杀人罪、交通肇事罪和强奸罪，其他罪名的犯罪案件极少，文中不做列举。涉嫌故意伤害罪的案件为94件，占比约32%，

---

* 作者单位：贵州省六盘水市水城县人民检察院。

① 本文所探讨的刑事被害人司法救助，泛指在检察环节由检察机关依照刑事诉法等法律法规、最高人民检察院等国家机关制定的相关文件规定开展的对刑事被害人及其家庭成员（家属）的司法救助。

占了所有案件罪名的近三成；涉嫌盗窃罪的案件86件，与故意伤害罪案件相差不大，仅比故意伤害罪案件少8件，排在第二，如果按100件为基数平均分成五个量级，以案件数从高到低进行衡量，则故意伤害罪和盗窃罪处在同一个量级上，为第一量级；排在第三的为故意杀人罪案件，为51件，占比约17%，只能处在第三量级上，与第一量级相比案件数大幅下滑，而第二量级的案件数为零；交通肇事罪案件17件，占比约6%，强奸罪案件14件，占比不到5%。

从以上数据分析不难看出，在所有司法救助案件中，造成刑事被害人身体伤害、生命、健康的剥夺最为集中和严重，包括故意伤害、故意杀人、强奸等，三种罪名的案件共有159件，占了总数的54%，数量最多。其次是财产性犯罪，在图中指向为盗窃罪，因盗窃犯罪行为造成刑事被害人财产损失需要予以司法救助的案件大约为总数的三分之一，间接反映了“两抢一盗”社会治安问题在农村的症结所在，农村的社会安全和稳定，离不开对暴力犯罪和盗窃犯罪行为的深度打击，也离不开经济社会的综合发展，毕竟经济发展了，农民吃得饱、穿得暖了，偷牛盗马和小偷小摸等盗窃行为和社会现象就会有所好转。

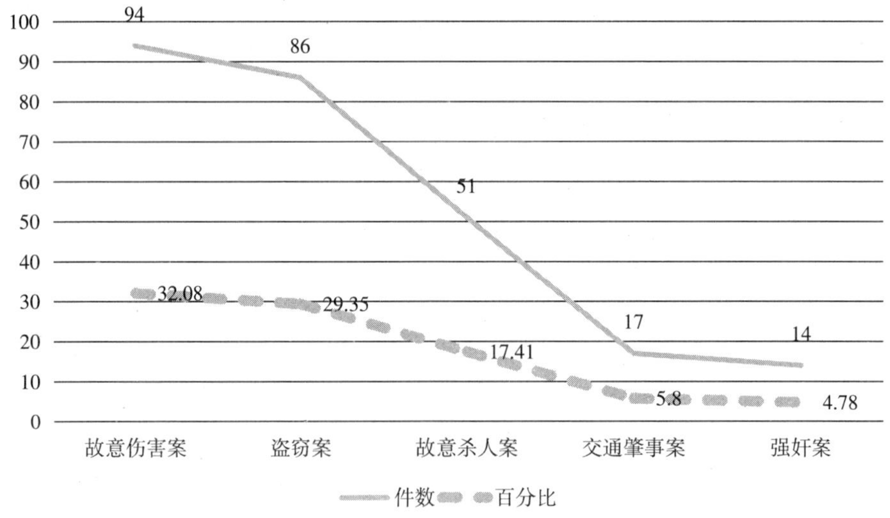

图1　2014—2018年来司法救助案件所涉罪名

“刑事被害人类别（见图2）”显示，我们知道，刑事诉讼法律程序在保护刑事案件犯罪嫌疑人和被告人合法权益方面力度很大，与此形成鲜明对比的是对刑事案件被害人也就是案件弱势一方合法权益的保护明显不够，在G市五年来所办理的293件司法救助案件中，从刑事被害人所遭受的侵害类型来看，案件数量排在前三位的依次是造成死亡、遭受重大财产损失、造成重伤或严重残疾。其中，因刑事案件造成被害人死亡的案件87件，排在第一位，约占总数的三分之一，犯罪行为造成被害人死亡的比例之高让人触目惊心；造成刑事被害人重大财产损失的案件为78件，约占总数的27%。通过与图1的比对很容易看出，这些重大财产损失主要是发生在农村的盗窃犯罪导致的，主要是一些偷牛盗马等盗窃大牲畜、盗窃农用车等财物，而牛马、农用车等是农民耕种不可或缺的生产生活资料，是农民居家过日子必不可少的生活来源，如果这些生产生活资料被盗取，农民就丧失了基本的生活来源和生产工具，让本就贫困的家庭陷入更加贫困的境地，无异于是“雪上加霜”；造成刑事被害人重伤或严重残疾的案件为40件，约占总数的14%。我们知道，西部贫困地区的农民家庭普遍还是靠人力进行耕种，一个劳动力的伤残很可能导致整个家庭陷入极度的贫困之中。不难看出，在保护刑事被害人权益方面还亟待加强（尤其是在涉及被害人及其家庭权利保障方面力度明显不足）。

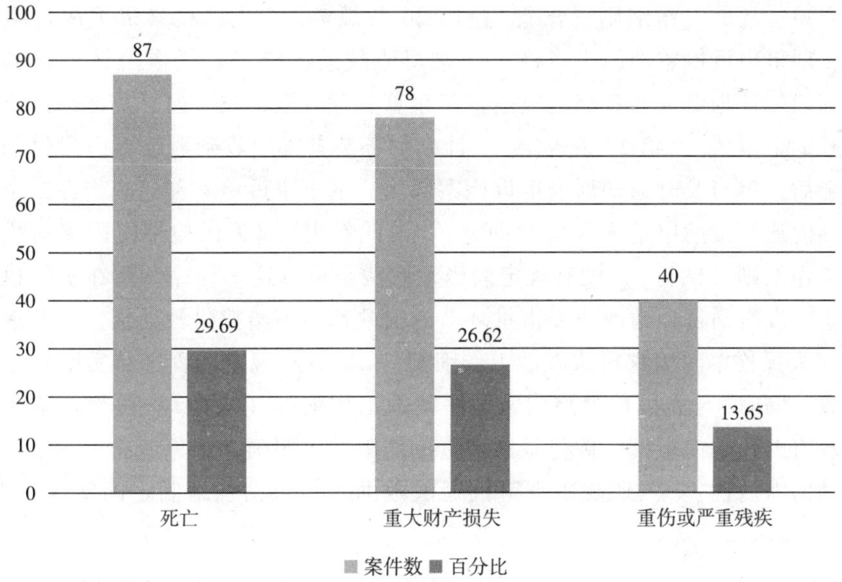

图2　刑事被害人类别

二、开展刑事被害人司法救助工作面临的主要难题和困境

检察环节刑事被害人的司法救助，是检察机关对因受到犯罪行为侵害而又未能从被告人（犯罪嫌疑人）处获得执行或其他渠道得到充分赔偿的刑事被害人，对其给予一定司法救助的制度，类似于人民法院开展的司法救助。为了保障刑事被害人的合法权益，需要对刑事被害人进行司法救助，以实现法律实质上的公平正义。此外，刑事被害人司法救助制度也是保障人权、维护民主的需要。笔者从近几年控申部门办理的司法救助案件进行分析，认为刑事被害人司法救助工作主要面临如下难题和困境。

（一）救助体制机制还需进一步完善和健全

法律规定不够具体和详细，可操作性不强，很多规定大而化之，不利于办案人员掌握和应用，缺乏指导性。我国未就司法救助制度出台统一的法律，相关规定散见于民事诉讼法、行政诉讼法以及中央八部委制定的《关于开展刑事被害人救助工作的若干意见》等法律法规和司法解释中。[①] 对刑事案件受害方中刑事被害人家庭的救助缺乏相互兼容的救助审批程序，导致审批程序不规范，审批期限不确定，救助范围不明确。根据《人民检察院国家司法救助工作细则（试行）》第26条规定："人民检察机关决定救助的，刑事申诉检察部门应当将《国家司法救助决定书》送本院计划财务装备部门。计划财务装备部门应当依照预算管理权限，及时向财政部门提出核拨救助金申请。"第27条规定："计划财务装备部门收到财政部门拨付的救助金后，应当及时通知刑事申诉检察部门。刑事申诉检察部门应当在二个工作日内通知救助申请人领取救助金。"由此看出，《人民检察院国家司法救助工作细则（试行）》没有规定向当地政法委审批这一程序，但在实际执行当中，没有通过当地政法委审批环节，财政部门不给拨付救助金，这就造成了《人民检察院国家司法救助工作细则（试行）》规定的程序与实践程序不一致。同时，《人民检察院国家司法救助工作细则（试行）》对当地政法委和政府财政部门审批、拨付救助资金的期限并未明确，难免造成工作拖延和救助的滞后性。[②] 当地政法委审批司法救助工作依据当地制定的实施细则，

① 汤媛媛：《司法救助工作存在的问题及应对措施》，载《人民法院报》2015年1月17日。

② 吴建立、段秋萍：《被害人救助工作程序还需完善》，载《检察日报》2013年6月26日。

内容包括公检法三机关司法救助范围，而对于公检法的救助范围却没有具体分工，主要依靠司法救助机关与政法委审批人员根据条文意思以及司法经验进行协商判断，存在很大的主观性。由于国家立法部门尚未对刑事被害人司法救助制度立法，这导致司法机关对刑事被害人实施司法救助缺乏法律依据，使司法救助基本没有统一的可供公检法等政法部门和财政局、残联等政府行政部门或社会组织共同执行和遵循的具体标准。而最高人民检察机关下发的意见以及地方性的救助实施办法等，尚未建立起具有法律约束力的刑事司法救助制度。

（二）沟通协调通畅度不够，救助方式比较单一

G市辖区内检察机关2014年1月1日至2018年12月31日五年来办理的293件司法救助案件中，在所采取的对刑事案件被害人及其家庭的救助方式中，除给予资金救助外，采取的其他社会救助方式较少，依次为给予法律援助15件、协调社会保障3件、给予心理疏导2件、解决教育困难1件、解决就业困难1件，其他案件均是资金救助，除此之外并没有其他方式的救助（见图3）。

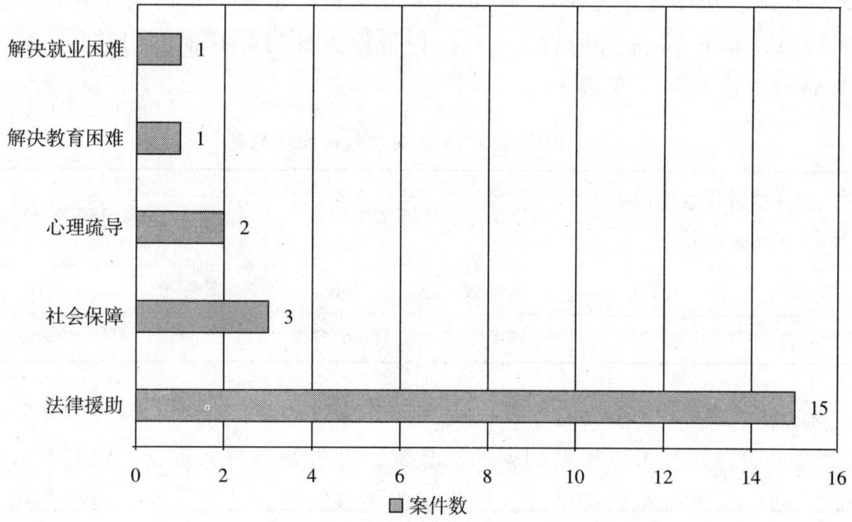

图3　2014—2018年社会救助方式（除资金救助外）

强化相关国家机关、社会管理部门的沟通连接和规章制度的协调配合与衔接使用显得比较必要。因为司法救助工作是一项社会协调性极强的国家治理工作，不是某个部门能够独立决定和完成的工作，系统性、协调性要求比

较高。要使刑事被害人在刑事诉讼的各个阶段都能得到充分的司法救助，公检法三机关在程序上的衔接与紧密配合是非常关键的。现实中，由于公检法缺乏开展刑事被害人的司法救助工作的衔接机制，未制定出可操作性强的相应实施细则，造成了有关部门对刑事被害人司法救助出现宣传不到位、落实不到位的情况。

民政等其他政府部门和社会团体开展的社会救助方面（注：本文所指社会救助泛指政府部门和社会团体等民间组织所开展的各种救助活动），刑事被害人司法救助与社会救助体系的衔接机制尚未建立，对尚未办理民政救助的，有的检察机关会进行一定的沟通协调，但这种沟通协调未形成正式的制度。[①] 此外，还需要其他政府部门与全社会的共同参与和努力，否则凭检察机关一己之力不能实现全力开展和提升被害人司法救助工作。

（三）线索来源不畅，范围狭窄，宣传力度不够

缺乏对刑事被害人国家司法救助制度的深入宣传，当事人对国家司法救助制度了解甚少。案件来源方面，在G市五年来所办理的293件司法救助案件中，虽然由刑事申诉检察部门主动提起救助的案件仅有80件（约占7%，不到总数的三分之一），而由当事人及其近亲属申请的有190件（约占65%），剩下23件（约占8%）由控告检察部门等其他部门移送，但此处要特别作出说明（见表1）。

表1　2014至2018年司法救助案件来源

刑事申诉检察部门主动提起救助		当事人及其近亲属申请		其他部门移送	
案件数	占比	案件数	占比	案件数	占比
80件	约7%	190件	约65%	23件	约8%

在实际工作中，多是检察机关先在工作中调查了解情况，对符合条件的当事人主动告知其可以申请国家司法救助，并告知当事人提交所需材料，很少有主动申请进行救助的情况，线索来源不够畅通，范围狭窄。有些当事人对国家司法救助的制度不甚了解，出现符合条件的受害人因担心其接受了国家司法救助会减轻对犯罪嫌疑人的刑罚而放弃申请，还有的以为检察机关对

① 昆明中院涉民生案件专项行动又出新招——修订《昆明市执行案件困难人员生活救助办法》。

其进行国家司法救助是对其所受损失的赔偿，认为金额应该不少于其所受的损失。[①] 在刑事案件办理过程中，刑事被害人虽然可以通过提起刑事附带民事诉讼获得赔偿，但众所周知，在中国西部地区，刑事被害人法律意识普遍不强，或者因为未成年刑事被害人的监护人不称职地履行监护职责、被告人无力赔偿等原因，很多老百姓不懂得利用有效的法律武器保护自身的合法权益，甚至很多老百姓连基本的法律观念都没有，实践中很多刑事被害人并没有提起刑事附带民事诉讼，多数老百姓根本不知道存在国家司法救助制度这项法律政策，致使刑事被害人不能及时有效甚至无法得到赔偿，可见法律政策的宣传、老百姓法治意识的提高、法治教育的任务等工作任重而道远。

三、提升刑事被害人司法救助工作的路径探究

（一）健全司法救助法律体系

加快司法救助制度化、法律化进程，出台司法救助法，建立起覆盖被害人、刑事诉讼法律援助及执行救助各方面的司法救助体系。[②] 并做好与刑事诉讼法和民事诉讼法以及行政诉讼法的相互衔接，确立刑事被害人司法救助制度在整个法律体系中的应有地位，使刑事案件中对被害人进行司法救助的法律规定及其制度成为有法可依的制度，其目的和宗旨在于真正达到保障刑事被害人合法权益。在制度构建上，应对司法救助的形式、适用条件、经济困难的认定标准、审查和批准、监督管理等作出细化规定，规范司法救助程序，确保刑事被害人司法救助制度在实践层面具有可操作性。

（二）内外联动，搭建多元救助模式

针对符合救助条件的救助对象，探索辐射广、多元化、综合性的司法救助工作模式，积极申请，争取县级、市级财政资金支持，根据救助对象的实际情况合理确定救助金额，及时发放到位，最大限度地发挥司法救助作用。当前，检察机关对刑事被害人的司法救助主要体现为现金救助。此处以地处西部山区的水城县为例，水城县作为农业大县和贫困县，特困被害人的出现概率较其他地区高之又高，对于经济困窘的被害人家庭，现有救助额度明显是“杯水车薪”，解决不了实际困难，而这样的现象在其他县区也普遍存

---

① 刘亚、王丽：《方圆》，载《检察日报》2019年6月19日。

② 汤缓缓：《司法救助工作存在的问题及应对措施》，载《人民法院报》2015年7月1日。

在。另外，对情况特殊的刑事被害人救助对象，要积极协调民政、卫健、学校等部门采取横向联动的救助措施，形成救助工作合力。对不符合司法救助条件，但其生活确有困难的，建议将其纳入社会救助范畴。

通过对司法救助案件的办理，水城县检察机关正积极探索建立多部门、多渠道开展司法救助的工作机制，与民政、卫健、妇联等部门建立协调措施，实现多位一体救助模式，缓解司法救助的单一模式，实现真救助实救助，切实解决救助对象的困难，让救助更加多元化、人性化。积极推动落实经济救助、思想疏导、心理治疗、教育帮扶、身体康复、法律援助、技能培训、社会救助等相结合的综合救助方式。[①] 如水城县检察院办理的熊某某司法救助一案，积极引入社会救助模式，与民政卫健部门共同救助该户建档立卡贫困户，此案是水城县检察院引入社会救助模式开展司法救助的首例司法救助案件。熊某某是水城县阿戛镇×村的一名普通妇女，与丈夫生育两个儿子，一家四口安享天伦之乐。2018年10月，熊某某的两名幼子在山东省青岛市被害，其丈夫也因故身亡，突如其来的变故使熊某某彻底陷入绝望。水城县检察院控申部收到驻村扶贫队员的反馈信息后，立即与当地党委政府、村支两委取得联系，同时与青岛公安机关联系了解案件的进展情况，通过下访得知熊某某才29岁，生育两子后做了结扎手术。鉴于此案的特殊情况，根据熊某某提出的需求，水城县检察院决定引入社会救助模式开展救助，通过与卫健部门的沟通协调，卫健部门决定免费为熊某某实施输卵管恢复术。通过与民政部门沟通，民政决定救助熊某某一万元。本文认为，如果刑事被害人身体重伤或者严重残疾、家庭生活特别困难，或者需要长期进行心理治疗或者身体康复的，救助机关在考虑救助资金幅度和额度的时候，本着以人为本、符合法律法规规定的原则，可以适当地增加救助限额，提高救助额度。

（三）畅通线索渠道，强化宣传引导，多种途径阐释救助政策

在科学技术、网络通信如此发达、自媒体、融媒体如此丰富的今天，检察机关完全可以通过检察微信平台、新浪微博平台、检察微信小程序和公众号、今日头条平台等媒体传播方式，积极宣传国家司法救助政策和典型案例，增加国家司法救助政策的群众知晓度，刑事被害人尤其是刑事被害人家庭了解国家司法救助政策后，也会主动向检察机关申请司法救助，拓宽了司

---

① 尹伊君：《〈最高人民检察院关于全面加强未成年人国家司法救助工作的意见〉理解与适用》，载《人民检察》2018年第8期。

法救助线索渠道。刑事被害人司法救助工作要转变工作理念、强化服务意识，从主要依申请救助向依职权救助转变，从坐等送案向上门问案转变，主动对接主要业务科室和卫健、妇联、刑事被害人保护等组织，及时发现救助对象，纳入救助审查范围。实现主动关怀，做到“应救尽救”，及时救助。同时，还要着眼于加强教育和引导群众正确对待国家司法救助工作。在工作开展中，水城县检察机关一方面通过摆放法律知识展板、发放资料、宣传手册等法治宣传的形式，向群众宣传和解释刑事被害人国家司法救助工作；另一方面积极向救助申请人详细讲解国家司法救助的具体程序和相关材料，使之能尽快得到有效的救助，以解燃眉之急，及时消除社会的不安定因素，促进社会和谐。

开展被害人司法救助工作，是对刑事被害人司法保护的积极探索和实践，保护刑事被害人，既是全社会的共同责任，也是检察机关的重要职责。开展好刑事被害人国家司法救助工作，采取更加有力的措施，不断提升刑事被害人国家司法救助工作水平，充分体现了司法机关的人文关怀和责任担当。

员额制检察官监督管理机制的完善

——以黔西南州检察机关司法体制改革实践为视角

刘　青*

检察官是依法行使国家检察权的检察人员，肩负着维护社会公平正义，维护国家利益、社会公共利益，维护个人和组织的合法权益的职责使命。完善员额检察官的监督管理机制，加强对检察官的监督管理，对加强检察官革命化正规化专业化职业化建设，推动司法办案责任精准落实，维护司法公正、促进社会公平正义、促进社会和谐稳定等具有重要现实意义。

一、员额制检察官监督管理的基本实践

从司法体制改革实践看，员额制改革过程中，通过分类管理、明晰权责、监督制约、激励保障等改革措施，逐步形成了一套较为系统的管理体系，为司法责任制的落实创造了重要条件。

（一）分类管理

检察官员额制改革是司法人员分类改革的重要内容之一，是推进检察官队伍革命化正规化专业化职业化建设的关键举措。2013 年，中共中央组织部、最高人民检察院《关于印发〈人民检察院工作人员分类管理制度改革意见〉的通知》明确："人民检察院工作人员划分为检察官、检察辅助人员、司法行政人员。"为检察人员分类改革提供了政策依据，同时明确了三

* 作者单位：贵州省黔西南州人民检察院。

类人员的职责和比例。经过实践探索，检察机关结合我国基本国情和检察工作实际，按照职位分类的基本原理，科学整合职能职责，完成了检察人员分类改革。以黔西南州检察机关为例，全州检察机关员额制检察官和检察辅助人员占比为85.03%，司法行政人员占比为14.97%，实现主要人员力量集中到办案一线，优秀业务骨干回归办案岗位，检察工作的司法属性更加凸显。2018年，三类人员分类管理制度被写入《人民检察院组织法》得以确立，同时，《人民检察院组织法》明确检察官员额根据案件数量、经济社会发展情况、人口数量和人民检察院层级等因素确定，地方各级人民检察院检察官员额，在省、自治区、直辖市内实行总量控制、动态管理，为员额检察官的管理提供了基本遵循，构建了具有中国特色的检察人员管理制度。

（二）明晰权责

司法责任制改革是司法体制改革的关键和核心，明晰司法办案责任，是落实“谁办案谁负责，谁决定谁负责”司法责任的基本前提。司改过程中，检察机关在法律规定的框架内，坚持检察权依法独立公正行使，合理放权与加强领导相统一，权力明确与责任清晰相统一，坚持突出主体地位与强化监督制约相统一，遵循检察权运行规律，合理下放职责权限，科学明确检察长、检察委员会、副检察长、检察官、检察官助理的职责、权限、责任。以黔西南州人民检察院为例，州检察院按照司法责任制改革要求，以公正高效为价值目标，将139项权限下放给检察官，对检察官的职责和责任进行划分，构建了清晰的权责体系，为司法责任制的落实提供了重要支撑。

（三）监督制约

司法体制改革实践过程中，对员额制检察官的监督制约主要体现在五个方面。一是明确权责。检察官办案责任实际上是一种监督管理制度，通过明确检察官的职责、权限和责任，划定检察官权力边界，防止权力的扩大和滥用，规范检察权的运行与司法办案行为。二是办案监督。实践中，在对检察官职责、权限和责任进行明确的基础上，主要通过开展案件流程监控、案件质量评查、司法规范化建设等形式强化对司法办案的监督。三是日常管理。通过加强思想政治与职业道德建设，建立司法业绩档案和绩效考核制度机制等形式加强对员额检察官的日常监督管理。四是员额退出。建立员额退出机制，明确员额退出情形与退出程序，打破“入额终身制”，规范员额管理。如州检察院出台了《员额制检察官退出暂行办法（试行）》，司改以来，按照规定退出员额6人，畅通了员额制检察官能上能下、能进能退渠道。五是负向惩戒。通过对检察官涉嫌违反检察职责行为进行惩戒，或依照法律及相关规定对检察官的其他违法违纪行为进行处理，加强对检察官的监督制约。

（四）激励保障

员额检察官职业保障主要体现在两个方面。一是经济保障。首先是经费资产统管。黔西南州8个基层检察院全部纳入州级财政一级预算管理，实现了资产经费由州级统一管理，为员额制改革提供了经济保障。其次是工资制度改革。员额制检察官工资套改后，黔西南州检察机关员额制检察官工资较改革前平均增资比例提升了53.01%，员额检察官在经济待遇水平明显提高。二是非经济保障。实施员额检察官单独职务系列，畅通员额制检察官上升渠道，为员额制检察官提供发展空间，增强职业成就感和获得感。检察官单独职务系列实施以来，黔西南州检察机关坚持“定期晋升”和“择优选升”相结合，按程序择优选升员额检察官4人，按期晋升员额检察官84人。

二、员额制检察官监督管理面临的困境

员额制改革有效推动了检察队伍革命化正规化专业化职业化建设和司法责任制的落实，但在改革过程中还面临人少事多矛盾，权责体系不够规范、监督机制不够健全、激励保障机制尚需完善等困难和问题。

（一）分类管理存在困境

在人员分类管理改革过程中，检察官实行员额制管理，按照改革要求，员额严格控制在中央政法编制的39%以下。从黔西南州检察机关实际情况看，部分基层检察院员额比例仅为中央政法编制的37%，除州检察院和兴义市人民检察院外，其他基层院员额检察官人数均在15人以下，员额检察官人数总体偏少。此外，国家监察体制改革和派驻纪检组监察机构改革后，两级检察院划转的中央政法编制数约占全州检察机关编制数的26%，全州检察机关面临机构编制紧缺的现实困境。随着机构编制的减少、检察职能的拓展、案件数量的增多，检察机关人少案多、人少事多的矛盾凸显。

（二）权责体系尚需规范

完善的权责体系是落实司法办案责任的关键，但从实践看，权责体系的构建还不够科学规范。一是权责不够明晰。检察官、检察官助理之间的职责、权限、责任不够明晰，可操作性不强。比如最高人民检察院《关于完善人民检察院司法责任制的若干意见》规定“检察辅助人员参与司法办案工作的，根据职权和分工承担相应的责任”。但在实践中，还存在检察官与

检察官助理权责边界模糊的问题。二是与时俱进不足。国家监察体制改革和检察机关内设机构改革后，检察职能的调整与重塑，原有的权责体系与改革发展不完全匹配。比如，实行“捕诉一体”后，员额检察官的职责和权限发生了变化，需对原有的权责体系进行修改完善。此外，《刑事诉讼法》《人民检察院组织法》《检察官法》的修订，检察机关的职权、检察官的职责权限责任均发生一定变化，权责体系需适应新的要求而重新调整。

（三）监督机制不够健全

内部监督制约和外部监督制约机制有待完善。一是日常监督管理有待强化。在日常监督过程中，存在案件质量评查、案件流程监控常态化开展不足，检察官动态管理机制不全、防范干预过问案件的制度落实不到位等问题，日常监督管理机制尚需探索完善。二是员额准入与退出机制不够完善。新修订的《检察官法》第20条明确了八种应当依法提请免除检察官职务的情形，且明确了任免的权限和程序。但实践中，检察官的退出配套机制还不够健全，需要在准确理解和把握退出情形的基础上，细化检察官退出员额的具体制度措施。此外，从初任检察官遴选实践看，由于员额的限制，部分符合检察官条件的检察官助理面临长期不能入额的现实困境，检察官队伍结构尚需优化。三是绩效考核机制有待深化。当前的考核体系主要存在考核指标可操作性不强，考核结果运用不充分等问题。四是惩戒机制不够健全。根据新修订的《检察官法》规定，惩戒委员会对检察官“故意违反法律法规办理案件的或因重大过失导致案件错误并造成严重后果的”等违反检察职责的行为，提出构成故意违反职责、存在重大过失、存在一般过失或者没有违反职责等审查意见。在实际操作过程中还需要进一步完善制度机制，明确具体追责情形、惩戒程序等，增强操作性。

（四）激励保障尚需完善

司改以来，检察官的激励保障机制不断健全，为检察官提供了重要的履职保障，但部分激励保障措施有待完善。从经济保障方面看，新修订的《检察官法》第64条规定：“检察官退休后，享受国家规定的养老金和其他待遇。”但如何落实员额制检察官退休后的待遇，则需要进一步探索完善退休后的保障制度。此外，资产、经费由省级统一管理后，基层院的考核主体、经费保障、财务工作等面临一定难题。以黔西南州为例，经费实行州级财政统管后，为资产、经费由省级统一管理打下了基础，但各基层院财务人员需往返于州、县之间办理审批事项和支付业务，工作成本增大。从非经济保障方面看，员额制检察官单独职务系列与行政职务职级如何衔接配套上缺乏规定，员额制检察官的交流渠道较窄。此外，员额制检察官退出员额转任检察官助理后，如何与检察官助理单独职务系列衔接；转任司法行政人员后，如何确定其职务职级等问题需探索解决。

三、员额制检察官监督管理机制的完善

为加强检察官队伍革命化正规化专业化职业化建设，推动司法办案责任精准落实，促进公正司法，需进一步加强人员分类管理、构建科学权责体系、完善监督制约机制和激励保障机制，完善员额制检察官监督管理配套制度体系，提升管理水平。

（一）加强人员分类管理

1. 完善动态调整机制。建立由省级统一管理的员额检察官动态调整制度机制，在严格控制总量的情况下，综合考虑基层院或市（州）院所在地的人口数量、经济发展情况、机构编制、单位层级等因素，按照“优先考虑基层人民检察院和案件数量多的人民检察院办案需要”的要求，探索由下级院按需报备、层层审批的员额动态调整机制，明确动态调整的范围、条件、程序和规则，构建运行高效、调配有力的动态调整体系，充分利用好有限的员额资源，缓解人少案多、事多矛盾。

2. 全面提升管理效能。以内设机构改革为契机，深化“捕诉一体”机制，优化办案模式，规范检察机关内部运行机制，提升检察权运行效率。在机构编制紧缺的情况下，完善聘用制检察辅助人员和聘用制书记员招录管理机制，适当提高聘用人员待遇保障水平，解决聘用人员流动性大的问题，确保招得进、留得住、用得好，提升检察工作综合保障水平。

3. 加大人才培养力度。探索建立与政法机关之间，与环保、国土、质检等行政执法部门之间的干部双向挂职锻炼机制，搭建好行政执法与刑事司法良性互动、相互支持配合的平台，拓宽检察官视野，提升综合素质；探索建立特约检察官助理、专家咨询委员会等制度，借助“外脑”解决法律监督专业技术能力不足问题；创新招录机制，探索完善从律师或者法学教学、研究人员等从事法律职业的人员中公开选拔检察官的具体制度，充实检察官队伍；探索检校合作模式，创新按需培训、系统培训方式，提升检察队伍革命化正规化专业化职业化水平。

4. 深化科技应用。推进“大数据＋司法办案”“大数据＋检察办公”“大数据＋队伍管理”“大数据＋检务保障”“大数据＋检察决策支持”“大

数据+检务公开和服务”等系统建设与应用，全面推进大数据应用与检察工作深度融合，推动检察工作向数字化、网络化、应用化、智能化发展，促进检察工作提质增效，更好地维护司法公正、提升司法能力。比如，深化智能语音系统在司法办案中的运用，可把检察官从繁杂的文字材料中解脱出来，投入更多精力专注于办案；深化远程视频讯问系统的运用，可有效节约办案时间、减少办案成本等。

（二）构建科学权责体系

1. 科学划分职责。随着改革的深入推进，检委会的职责发生了变化，需在实践的基础上做好顶层设计，修订《人民检察院检察委员会议事和工作规则》《人民检察院检察委员会组织条例》，科学明确检察委员会审议议题范围、条件、程序和相关要求，明确检委会的职责。比如对提请检委会审议的“重大、疑难、复杂”案件，应明确判断的标准和范围，防止检察官随意将案件提请检委会审议而规避其职责。此外，根据新修订的法律法规，重新完善检察长、副检察长、主办检察官、独任检察官、检察官助理的职责体系，厘清职责边界。

2. 依法明确权限。权力清单的制定需符合检察权运行规律、级别管辖要求和内设机构的基本职能。一要科学划分权限。根据法律法规，重新明确检委会、检察长、副检察长、检察官、检察官助理的职权，完善权力清单。根据《人民检察院组织法》第 29 条和《检察官法》第 9 条规定：“检察官在检察长领导下开展工作，重大办案事项由检察长决定。检察长可以将部分职权委托检察官行使，可以授权检察官签发法律文书。”在完善权力清单的过程中，需遵循检察权运行规律，明确检察长授权的具体范围、方式、程序等，构建“收放有度”的授权体系。二要科学明确职权。根据内设机构调整后的职能，结合“捕诉一体”办案机制要求，细化各业务部门的职权，构建科学的运行体系。

3. 精准厘清责任。厘清责任是落实“谁办案谁负责，谁决定谁负责”司法办案责任的关键。因此，需要根据法律法规的规定和检察职能的调整，进一步厘清检委会、检察长、副检察长、主办检察官、承办检察官、检察官助理之间的办案责任，构建清晰的责任体系，为司法责任制的落实提供支撑。以检委会和检察官之间的责任划分为例，根据最高人民检察院《关于完善人民检察院司法责任制的若干意见》第 37 条第 3 款规定“属于检察长（副检察长）或检察委员会决定的事项，检察官对事实和证据负责，检察长（副检察长）或检察委员会对决定事项负责”。第 40 条规定“检察官向检察委员会汇报案件时，故意隐瞒、歪曲事实，遗漏重要事实、证据或情节，导致检察委员会作出错误决定的，由检察官承担责任；检察委员会委员根据错误决定形成的具体原因和主观过错情况承担部分责任或不承担责任”。在建立责任清单过程中，需要进一步厘清检委会集体责任和检委会委员个人责任、检委会责任和检察官责任，明确检委会、检察官承担责任的界限、范围、程度。

（三）完善监督制约机制

1. 完善日常监管机制。一是加强革命化正规化建设。丰富教育培训方式，深化巡视巡察，强化思想政治与职业道德建设、纪律作风建设，构建与司法权运行新机制相适应的监督制约体系，打造对党绝对忠诚的检察队伍。二是健全员额退出机制。完善员额退出机制，细化员额退出情形，构建“能上能下，能进能退”员额管理机制，促进人员合力流动，优化员额结构。三是完善办案监督机制。完善检察官办案制度、检察官联席会议制度，推动司法办案制度化规范化开展；完善案件质量评查、案件流程监控制度机制，常态化开展案件质量评查和案件流程监控，推动规范司法；健全问责机制，严格执行防范干预过问案件制度，推动检察人员依法独立公正行使检察权，促进公正司法。四是完善司法业绩管理制度。健全检察官、检察官助理司法业绩档案管理制度，将办案数量、质量、效率、效果、安全纳入检察官和检察官助理的司法业绩档案，完善履职监督机制。五是完善外部监督机制。健全主动接受人大监督和政协民主监督等工作机制，创新开展“检察开放日”等活动，丰富检务公开的形式，强化外部监督，促进严格、规范、公正、文明司法。

2. 完善绩效考核机制。绩效考核是推动司法责任制落实、提升办案质效的有效路径。一是健全绩效考核制度。完善三类人员考核办法，细化考核指标、考核内容、考核程序、结果运用等，健全考核体系。二是科学设置考核指标。考核指标制定要坚持“遵循司法规律、突出实绩导向，坚持责、权、利相统一，坚持公平公正”的原则，探索建立考核指标动态调整机制，围绕“检察工作实绩、职业道德、专业水平、工作能力、工作作风”，体现绩效考核的全面性、系统性和完整性，考核指标重在实绩，综合考虑办案数量、质量、效果等因素，结合各业务部门的职责和检察官的职责权限、办案的难易程度等情况制定。三是完善考核方式。坚持“平时考核与年度考核”相结合，全面、客观、公正进行考核，探索设置一定机动分值，解决“干得多错得多扣得多”“不干事不出事不扣分”的问题，树立正确的考核导向，激发干警干事创业激情。四是注重结果运用。探索考核结果的分类运行机制，根据不同业务条线的工作性质进行分类别使用，确保工作性质相近的人员在一个平台上进行评价，应用结果，确保考核公平公正。同时，建立考核结果与奖惩挂钩制度，将考核结果作为调整检察官等级、工资以及检察官奖惩、免职、降职、辞退的依据，推动检察官依法高效履职。

3. 完善惩戒制度机制。一是加强惩戒委员会建设。完善惩戒委员会组成人员选任机制，明确标准和范围，加强检察官惩戒委员会组成人员建设；完善惩戒委员会日常工作制度，细化惩戒委员会的职责权限和工作规则，推动惩戒委员会工作规范开展。二是完成惩戒制度机制。根据新修订的《检察官法》规定"最高人民检察院检察官惩戒委员会、省级检察官惩戒委员会的日常工作，由相关人民检察院的内设职能部门承担"。建议省级检察院依法出台具体的惩戒办法，明确惩戒的范围与惩戒程序，细化构成故意违反职责、存在重大过失、存在一般过失或者没有违反职责的具体情形和判断标准，完善回避、陈述、举证、辩解、异议的相关规定，构建科学合理、公平公正、运行高效的惩戒体系。

（四）完善激励保障制度

1. 完善经济保障措施。一是完善检察官工资制度。新修订的《检察官法》第 59 条至第 63 条对检察官工资制度以及相关福利待遇作出了规定，建议从顶层设计的角度，根据检察工作特点，完善相关配套制度。比如出台检察官退休办法，明确检察官退休后享受的待遇，解决检察官后顾之忧。二是完善经费保障体系。在资产经费由省级统一管理的过程中，深化信息平台建设与运用，搭建规范、高效、安全的财务审批和业务支付平台，减少大量的人力、物力、财力的投入，提升资产经费管理效率。同时，加强调查研究，总结资产经费由省级统一管理过程中存在的实际问题，出台配套措施加以解决，为检察工作的开展提供充足的财物保障。

2. 健全非经济保障制度。一是完善晋升机制。搭建与绩效考核相匹配的晋升机制，完善"按期晋升"和"择优选升"制度，严格按照员额晋升比例和程序晋升员额，畅通能上能下渠道，为检察官提供良好的发展空间。二是拓宽人才交流渠道。坚持顶层设计与基层实践相结合，自上而下完善检察官单独职务系列与行政职务职级、检察官助理单独职务系列相匹配的制度机制，畅通能进能出渠道，推动人才合理流动，优化检察官队伍。三是完善职业保障制度。健全检察官权益保障委员会制度机制，出台保护司法人员依法履职的规定，依法保护检察官的职业尊严和人身安全。

检察辅助人员集中管理的实践探索

——以X市检察官助理的管理方式为对象

廖显东　廖国柳*

2013年3月1日，中组部、最高检联合下发《人民检察院工作人员分类管理制度改革意见》，明确将检察院工作人员划分为检察官、检察辅助人员、司法行政人员三类，并规定检察辅助人员是协助检察官履行检察职责的工作人员，包括检察官助理、书记员、司法警察、检察技术人员等。司法体制改革全面铺开至今，"三类人员分类管理"改革卓有成效，改变了过去检察机关人人都是检察官的局面，保证能办案、办好案的人员进入员额检察官队伍。

现阶段，检察辅助人员尤其是检察官助理的管理，在X市甚至是全国检察机关均采用"分配制"模式，即事先按照办案团队或业务部门的工作需要，一次性将检察官助理编入某个办案团队或分配到某个业务部门。但随着"四大检察"全面协调充分发展和内设机构改革的推进，检察官助理的"分配制"管理模式已在实践中遇到了不少困难，如不久前X市检察机关检察官助理等人员的离职，折射出当下检察辅助人员管理模式中存在着一些尚未解决的问题。而"集中管理"，顾名思义就是将所有检察官助理集中于某个部门或机构，全院"一盘棋"，直接统一管理，在各个业务部门有实际办案需求时再进行人员的二次分配。本文以检察官助理这一检察辅助人员为主要视角，"窥一斑而知全豹"，探索"集中管理"的实践操作性和可行性，以期解决实践中存在的对检察辅助人员管理的问题。

一、X市检察机关检察官助理工作现状

目前，X市两级院共有检察官助理159人，由少部分未入额的检察员、

* 作者单位：贵州省毕节市人民检察院。

助理检察员和大部分近几年招考的检察官助理组成，两者分别有 14 人和 145 人，占政法专项编制 29.89%，队伍力量仍较薄弱，员额制检察官、检察官助理、书记员的比例为 1 ∶ 0.83 ∶ 0.05，严重低于全省平均水平；文化程度均为大中专以上学历，其中中专学历 5 人，大专学历 6 人，本科学历 145 人，硕士研究生学历 3 人；年龄情况为 25 岁以下 12 人，26 至 35 岁 137 人，36 岁以上 10 人。全市检察机关对检察官助理的管理方式是以办案团队的形式，分别将检察官助理分散到各个业务部门，辅助本部门员额制检察官办理案件。经过几年的实践检验，检察官助理在工作中均能较好地胜任本职工作岗位，协助配合好部门员额制检察官办理案件，冤假案、错案发生率为零。

二、检察官助理实行“分配制”管理暴露出的问题

随着司法体制改革不断地向纵深推进，目前 X 市检察机关以“分配制”模式管理的检察官助理在工作中存在以下主要问题。一是以办案量为考核依据，过于笼统不够具化。实践中，对检察官助理的考核依托于办案团队员额制检察官的办案情况，办案量与协助的检察官相一致。由于所属办案团队不一样，办案程序和标准亦不同。在年终司法业绩考核时虽以办案量为主，但具体到每个部门业务属性不同，每个案件也有难易之分。如“扫黑除恶”专项斗争以来，刑事检察部门办理的涉黑涉恶案件，均是涉案人员较多，案情复杂，一个案件办结时间基本上都要三五个月。这就导致了办案团队的检察官助理办案量明显低于刑执部门所办的减刑假释案件，如此，以案件量为依据的考核就有失公允。二是人心浮动，队伍不稳。目前，检察官助理晋升的渠道仅有两种：一是遴选成为检察官，二是在检察官助理上晋升职级。按照第一种渠道，目前 X 市两级院检察官助理以 30 来岁的年轻人居多，而两级院员额制检察官的数量基本饱和，加之新修订的《检察官法》对担任检察官有“从事法律工作满五年”的条件限制，这就导致了当下年轻的检察官助理处在入额尴尬境地；按照第二种渠道，2016 年中组部发布的《法官助理、检察官助理和书记员职务序列改革试点方案》已明确规定，检察官助理序列设置 6 个职务层次，由高到低依次为高级检察官助理，一级至五级检察官助理，并与综合管理类副巡视员至科员一一对应。但截至目前，贵州省仍未试行助理的套改，司改只提升了员额制检察官的待遇，检察官助理的待遇下步如何改革尚不明晰。同时，检察官助理的角色定位不清晰，职级晋升和待遇难以与现实相匹配，种种因素促使了 X 市检察机关年轻检察官助

理们纷纷离职的现象发生。从长远看，这必然影响检察机关后备人才的储备和培养。三是分配不合理，工作忙闲不均。“分配制”的管理模式下，在监察体制改革“三局”人员转隶后，部门检察官助理分配不均问题凸显，就X市市院而言，存在检察官助理在不同的业务部门工作量完全不均等的情况，如某业务部门全年办案量不高，但安排的检察官助理偏多，某部门办案量大，却出现一个助理服务几个员额的情况。此外，聘任制书记员主要被安排在核心业务部门，导致个别综合业务部门书记员人手紧缺，本应属于书记员的工作无形中由检察官助理承担。

三、检察官助理采用“分配制”管理存在问题的原因

经过大量的实践走访和调研论证，对X市检察机关检察官助理的管理存在的上述问题，笔者认为，首先最主要原因是管理方式不完善。“分配制”管理模式，侧重于事前管理，即事前将检察官助理按照一定标准进行分类，随后根据各业务部门当下工作需求，再将人员一次性分配到各个岗位，分配完毕后，缺少对检察官助理的动态管理，且在管理中，由于检察官助理的固定化，很少有检察官助理的岗位轮转，导致了办案团队内部出现检察官助理扎堆或者忙闲不均现象。其次是配套改革机制的欠缺。司改将“三类人员分类管理”，主要是为了将办案人员抽离出复杂的行政事务，让其能够回归本职，安心办案，但此次司改着重于员额制检察官序列改革，对检察辅助人员的改革举措甚少，如检察官助理在任免、考核、培训、奖惩、晋升等方面配套机制不足，导致检察辅助人员尤其是检察官助理迟迟得不到入额资格和名额。最后是年轻检察官助理的心理预期较高。司改前，凡是通过国家司法考试并考入检察机关的公务员，入职后即可被任命为助理检察员，从此开始检察官的办案生涯。但司改后，只有进入员额的才能是检察官，而且入额之路艰辛漫长，导致工作实际状况与年轻的检察官助理心理预期产生冲突。

四、对检察官助理实行“集中管理”的路径设想

据笔者查阅资料得知，对检察官助理实行“集中管理”实践时间较长的是中国台湾地区，在台湾检察官助理被称为检察事务官，两者均承担着辅助检察官办案的职能。当前，“分配制”管理模式一定程度上阻缓了司法体制改革进程，为进一步巩固司法体制改革的成果，最大化地发挥检察官助理在员额制检察官司法办案中的作用，笔者结合X市检察实务和台湾地区的

管理模式，提出应从以下四点入手探索实行对检察官助理“集中管理”的模式。

一要强能力，加大对检察官助理均等化和全面性的检察业务培训。司改以来，X市市院每年均按照省院年度教育培训安排，制定年度教育培训计划，但因部门业务需求不一，且长期实行“分配制”管理，检察官助理参加培训学习课程内容的局限性较大，大部分只能接触到所在部门的业务知识，同时检察官助理参加的培训情况也大不相同，如2017年以来，一方面全市检察机关核心业务部门每年外出学习或者参加省院、高检院组织的电视电话会议培训量明显大于综合业务部门（研究室、案管办等），另一方面市院参加培训机会又明显多于基层院等情况。这就导致了同为检察官助理，得到的培训机会却不均等，业务能力差距逐步拉大。下一步工作中，如果需对检察官助理实行“集中管理”，那么有些助理就会因为某方面业务能力的不足而影响案件承办质量，如一个长期待在刑事检察部门的助理，没有接受过民事检察方面知识的培训，集中管理后，就无法办理或者难以办理民事方面的检察案件。因此，现阶段加大均等化和全面性的检察业务知识培训力度是提高全市检察机关检察官助理业务能力的重要举措，也是今后实现对检辅人员集中管理的题中之意，特别是X市市院已被确定为国家检察官学院教学实践示范基地，可依托示范基地的教育培训资源和优势，聘请国内知名专家学者或检察实务专家来传经送宝；亦可组织检察官助理分批次到发达省份检察机关跨部门跨业务跟班学习。

二要借外力，提升“集中管理”的实践效能。“他山之石，可以攻玉”，与其摸着石头过河探索，不如我们大胆借鉴其他地区或发达省份先进做法，减少我们在探索的实践中走弯路、走错路。一方面借鉴先行的中国台湾地区的经验做法，减轻探索管理前期的工作量，明确集中管理的工作方向。台湾地区于2005年修订“地方法院检察署检察事务官事务分配要点”时，提出对检察官助理实行集中管理的模式。行至今日，已运行了近15年之久，集中管理的优势逐渐凸显，极大地促进了司法改革，提高了犯罪侦查品质，增进了司法效能并减轻了检察官工作负荷，这就为我们探索实行集中管理提供了很好的样本。台湾地区检察制度异于内地，这就要求我们要取其精华、去其糟粕的辩证吸收，要把握好原则，紧贴X市检察工作实际。另一方面，重庆、上海、江苏等发达省份里改革所需的资源丰富，在司法体制改革中走在全国前列，很多高检院推广的经验做法皆是由以上省份先行先试总结而得，故发达省份的工作经验亦可借鉴。我们可在此基础上边吸收，边探索，边改进，为最大化发挥集中管理的优势争取时间差。

三要测实力，完善检察官助理的司法业绩考核和入额竞争方式。目前，检察机关对检察官助理的司法业绩考核完全依托于所在办案团队的员额制检察官办案情况，因部门不同，员额制检察官所办案件数量、难易程度也不同，故采取这种考核方式对检察官助理的考核就不能全面客观地体现工作实绩。为了优化考核内容，实现对检察官助理客观真实全面地考评，下一步工作中我们可以利用“集中管理”带来的便利，以工作量取代办案数量，在集中管理的模式下，对所有检察官助理的考核实行“分散集中制”，即当助理被随机安排给某位员额检察官后，员额检察官根据助理在协助办案中的表现、工作态度、业务能力等进行每案一评，以检察官助理的每一项职责确定为一个基础指数，疑难复杂案件确定为一个加权指数，协助办理一件案件得到一个案件指数，最后作出考核情况说明和考核分值表，再统一交到检察官助理的管理部门；管理部门每季度或年终根据员额检察官对其的考核情况，考评时将每季度或全年协助办案的案件指数相加，就可以看出工作量的多少，以此为基础，再结合全体助理的实际工作表现，最终进行考核定档，评先选优。如此，我们对检察官助理协助检察官办案的工作量有一个统一的计算标准，就能将对检察官助理的考核放到一个平台上衡量比较，孰轻孰重，孰优孰劣，一目了然。这将为下一步检察官助理进入员额提供更加翔实的考核依据，而不单单是依据现有的入额遴选考试成绩，一战定胜负。

四要集全力，先行先试促推广。新生事物的茁壮成长均经历这么一个发展历程：不了解、观望→习以为常→具有可行性→推广适用。因X市位于川、滇、黔三省交界处，经济水平相对落后，脱贫攻坚任务艰巨，在X市单独探索建立检察官助理集中管理模式条件受限，能力亦有限。故笔者认为要检验一个新生事物能否适应实际需要，应先找寻一个地区试点。笔者建议可参照司法体制改革之初的试点做法，举全省检察机关之力共同摸索，先期以省院为牵头组织单位，各市（州）院和个别基层院共同参与，在实践中找经验查问题。待各方条件成熟后，以最具有优势条件的一个市（州）和一个县（区）院为试点，大胆开展探索“集中管理”模式，省院则在政策和资金上予以倾斜照顾。由此，对检察官助理的集中管理便能取得可复制可推广的先进做法，供全国检察机关学习借鉴。

结　语

当然，集中管理模式是否可行，目前不得而知，笔者仅能以X市现有的管理模式为视角来探索，可能碍于地方的特殊性，全局性较差，谨以此抛砖引玉。就司改推进的力度而言，我们不能有“外国的月亮比较圆”的想法，更不能有一刀切否定当下“分配制”的管理模式的思维。正如万毅教授对台湾检察事务官的评价：“没有团队，一个检察事务官，顶多只是一个检察官助理的能量，但一群有系统组织分工的检察事务官，却等同于一个能够胜任大型侦查行动的调查站。”面对当前对检察官助理等检察辅助人员管理存在的问题和检察官助理无法应付各项检察业务工作的能力短缺，笔者认为我们应根据高检院《2018—2022年检察改革工作规划》要求，在今后的几年内探索实行检察辅助人员集中管理、统一调度使用和所在部门管理、动态管理相结合的管理使用模式，即以“集中管理为主，分配管理为辅”的管理模式，即一方面，遵循已有的检察官助理仅从事所属部门相关工作，而不跨部门使用，保证“术业有专攻”；另一方面，在部门之内，检察官助理并不专属于特定的检察官，而是参照轮案制度，依照公平轮分、兼顾专长的原则安排工作，避免“不患寡而患不均”的问题。长远而言，从张军检察长提出“四大检察”全面协调充分发展看，今后检察官必然是业务能力突出，涉猎面广，又能在某个领域独树一帜的高素质资深检察官，因此不管采取哪种管理模式，我们仍然应探索检察官助理在个人意愿的基础上定期轮岗机制，熟悉不同业务部门的工作机制和流程，提高处理不同类型案件的能力，为实现建设精英化检察官队伍而努力。

检察机关内设机构设置与运行探究

范思力*

出于权力制衡和工作效率需要，设立不同国家机构实现国家权力的分类和配置是目前世界各国的通行做法。将这一逻辑贯彻至某类国家机关权力的权能配置时，便会产生内设机构这一承载不同权能的组织形式。就我国检察机关而言，目前对外彰显各类检察权能属性的依然是内设机构而不是检察官。检察权的不同权能，如刑事检察、民事检察、行政检察、公益诉讼检察等权能依然依附于内设机构。同时为便于检察机关内部运转高效顺畅，涉及经费使用、人事管理、办文办会等综合行政工作，往往也会单设若干内设机构专职负责。对这样的组织结构和其应有的运行状态，学术界和实务界更多从检察改革角度进行探讨，对当中蕴含的原理和规律很少探究。从检察机关内设机构发展历程看，机构变化既有自上而下，又有自下而上，既有集中调整，又有各自为战，其中的缘由并非检察改革所能涵盖。本文试从检察机关内设机构设置和运行的角度探讨相关规律性问题。

一、影响检察机关内设机构设置的因素

检察机关的机构设置作为一项常规人事工作，并不完全对应检察改革时间周期，也并非完全自上而下或以点带面进行。从1949年出台《中央政府最高人民检察署试行组织条例》开始，到2018年12月最高人民检察院下发《关于推进省以下人民检察院内设机构改革工作的通知》为止，以中央和最高检出台相关法律文件为线索，检察机关的内设机构设置至少经历过八次较大变化。这些变化的标志性事件分别为：1949年开始最高检设立业务一、二、三处；1955年开始增设一般监督部门、侦查监督部门、审判监督部门、劳改监督部门；1979年开始按对象调整内设业务机构，分为刑事检察部门、经济检察部门、法纪检察部门、监所检察部门、信访部门等；1982年开始

* 作者单位：贵州省人民检察院。

再次按数字顺序命名业务部门，如最高检设一、二、三、四厅等；1989 年开始恢复 1979 年设置方式，同时成立反贪部门，实行捕诉分设；2001 年开始各地反贪、政工部门规格得到提高，反渎职侵权、案件管理、职务犯罪预防等部门相继成立；2014 年开始中央要求基层检察机关整合减少内设机构数量，原则按 5 个、8 个、10 个的标准整合内设机构；2018 年开始最高检要求省以下检察院按案件类型和业务性质为基础设置业务部门，同时业务部门再次调整为按数字命名，捕诉再次合一。[①]

简单归纳这些变化不难发现，检察机关的内设机构设置至少考虑三个因素。一是机构名称。纵向考虑，机构名称在上下级之间究竟是按“科、处、局、厅”命名，还是按“厅、部、室、组”命名。横向考虑，部门究竟是选择按“一、二、三”等数字序号命名，还是按刑事执行检察、民事检察、侦查监督等职能属性命名。学术界也比较关注该问题。在名称方面，有学者就建议变更我国检察机关内设机构的名称，仿照日本、韩国等国做法，改称为“部”，或者借鉴台湾地区的做法改称为“组”。[②] 二是机构和人员数量。要杜绝 1 人或 2 人机构现象就必须考虑内设机构究竟保持多少数量为宜，单位有多少人才可以设多少机构。目前关于机构和人员数量的研究较为集中于基层检察院。如有观点认为，区县检察院应予以裁撤，按社区、乡村委单元设立由一名检察官负责的独立办案单元。[③] 无论认为基层检察院机构和人员数量增加适宜还是认为减少合理，可以预计下一步省级、地市级检察院机构

---

① 参见《中央政府最高人民检察署试行组织条例》(1949 年 12 月颁布)；《各级地方人民检察署组织通则》(1951 年 9 月颁布)；《最高人民检察院组织条例（草稿)》(1954 年 11 月起草)；《人民检察院组织法》(1979 年 7 月颁布)；《最高人民检察院机关机构改革方案》(厅字〔1995〕45 号)；《关于地方各级人民检察院机构改革意见的实施意见》(高检发〔1996〕16 号)；《地方各级人民检察院机构改革意见》(中办发〔2001〕9 号)；《最高人民检察院政治部关于地方各级人民检察院机构改革组织实施过程中几个问题的意见》(高检政发〔2001〕90 号)；《关于在检察官办案责任制改革试点中推进内设机构整合的指导意见》(高检政〔2014〕150 号)；《省以下人民检察院内设机构改革试点方案》(高检会〔2016〕10 号)；《关于加强法官检察官正规化专业化职业化建设全面落实司法责任制的意见》(厅字〔2017〕44 号)；《关于推进省以下人民检察院内设机构改革工作的通知》(高检发政字〔2018〕66 号)；孙谦主编：《人民检察制度的历史变迁》，中国检察出版社 2009 年版。

② 万毅：《检察机关内设机构改革的基本理论问题》，载《政法论坛》2018 年第 5 期。

③ 孙皓：《论检察权配置的自缚性》，载《环球法律评论》2016 年第 6 期。

和人员的数量问题也会纳入理论与实务的视野。三是机构职能。内部机构设置需适应特定检察职能、组织特点和业务发展需要。[①] 无论是业务意义上的职能还是行政意义上的职能，检察机关内设机构一直在职能的分离与整合中徘徊。比如审查逮捕与审查起诉、财务资产管理与行政办公、控告检察职能与申诉检察职能的分合。总的来说，检察职能与机构设置关系的理论研讨主要集中于诉讼与监督、批捕与起诉、分工与制约等问题。

其实检察机关的组织结构本质上并没有异于现行国家机关组织结构。现在关注的理论问题既不影响检察权行使，也不影响检察机关的政治地位。正如有学者所言："在内部治理形态上，我国的组织人事制度并不将法院与其他机关区隔开来，而是对党委、人大、政府、法检两院、国有事业单位等进行一体化纳入，适用齐一的管理工具，各机关仅在细部有所不同。"[②] 奉行检察一体原则的我国检察机关在组织结构上更缺乏异于其他国家机关的空间。受制于科层与绩效的关系，实践中各级检察机关在内设机构设置上更关注另外两个因素，即规格、职务。这两个因素与名称、职能、数量共同影响着各级检察机关领导管理层的核心资源——人事。一是机构规格问题。规格直接决定各级检察机关的人事空间。单位级别受省、副省级、地市级、区县级等行政区划限制，其内设机构规格也会在此之下按"处、科、股"设置。比如基层检察院为正科级单位，内设机构规格一般只能到正股级。但同法院一样，检察机关得到中央人事上的重要倾斜政策，[③] 从检察长到检察员得到超越机构规格的高配。可这种状态并不稳定，除检察长外，其他干部的行政职级还受地方整体编制空间影响，还要靠地方党委政府调剂。为扩大人事空间，各地检察机关还会采取机构升格的方式。所谓升格，就是突破行政区划对内设机构规格一般限制，将内设机构规格升级，如将省级院的处级机构升格为副厅级机构，随之称为"局"或"部"。[④] 反之，若内设机构设置没有

---

① 龙宗智：《检察机关内部机构及功能设置研究》，载《法学家》2018年第1期。

② 刘忠：《格、职、级与竞争上岗——法院内部秩序的深层结构》，载《清华法学》2014年第2期。

③ 参见《中共中央组织部关于迅速给各级司法部门配备干部的通知》（〔79〕组通字44号）；《中央办公厅关于加强地方各级法院、检察院干部配备的通知》（中办发〔1985〕47号）等。

④ 参见《最高人民检察院政治部关于省级人民检察院政治部、反贪局机构规格、领导干部职级设置以及省级院厅级非领导职务干部配备情况的函》（高检政发〔1995〕56号）。

处理好规格问题，人员士气和机关地位就会受到影响。二是机构职务问题。科层制组织中若没有职务等级会难以识别上下级，难以形成实质管理层。在机构规格较为合理，人员编制整体变化不大的情况下，内设机构数量背后是领导职务的多少。按国家机关职务设置原则，机构数量关系正职数量，正职数量和机构人员数量则直接关系副职数量。[①] 对大多数基层检察人员而言，内设机构正副职是其成长为检委会委员、副检察长、检察长的必经之路。即便实行检察人员分类管理、公务员职务与职级并行后，职务数量仍是内设机构设置时不可回避的问题。对业务部门而言，机构正副职依然是员额检察官成长为检委会委员、副检察长、检察长的阶梯。对行政部门而言，机构职务多少直接决定司法行政人员职业预期。

若将规格、职务、名称、职能、数量共同作为考量检察机关内设机构设置的因素，就不难发现目前效仿日本、台湾地区淡化省以下检察院内设机构甚至“去部门化”，将检察官视为“独立官署”或“独任制国家机关”基本不可能。难度在于：第一，内部专业壁垒难以消除。目前我国所有检察权能及其附属的各类内部和外部工作程序，从熟练到精通所要积累培养周期并非当前司法环境所能承受。大部分检察官不可能在一两年内同时精通刑事、民事、行政、公益诉讼、控告申诉等领域的实务操作技巧，并具有办理相应领域重大、疑难、复杂案件的经验。为满足基层办案一线的人力需求和当前社会对司法质量的要求，现在只能尽量专人专职。第二，干部管理成本太高。按日本、我国台湾地区赋予的检察官权限，个案中检察官实质等同我国各级检察院检察长。在现行干部管理体制没有大幅变化的情况下，检察官均按地方机关一把手来管理显然成本太高，无论是地方党委组织部门、人大，还是检察机关自身均难以承受。第三，政法战线意义上的检察官角色定位决定检察机关的组织结构不能异于其他政法机关。无论是为干部交流还是为便于党委的组织领导，检察机关的机构名称、规格设置、职务设计至少应与其他政法机关保持一定融通性。在目前政法委、法院、公安机关、司法行政机关科层结构没有质变的情况下，检察机关变化的空间和可能性很小。制度设计上也可看出，此次新修订《人民检察院组织法》第 18 条、第 19 条对机

① 如《国家公务员制度实施方案》（国发〔1993〕78 号）中规定：“三人以下的处（科）设一职；四至七人的处（科）设一正一副；八人以上的处（科）设一正二副；人数特别多、下设科（股、队）室的处（科）级机构，副职可适当增加，但最多不得超过四人。”

构设置持保留态度，并没有明确基层检察院可不设业务机构。

二、检察机关内设机构运行的变化

自2014年启动司法体制改革以来，“去地方化”和“去行政化”的改革目标屡被实务界和学术界提及。何为“去行政化”？有学者认为，“去行政化”就是破除司法机关行政化结构和行政式运行弊端，体现的是对司法机关内部关系的调整。[①] 在“去行政化”对象选择上，有观点认为部门内部行政化是司法行政化的具体表现，如案件办理过程中机关内部各种请示汇报和审批。[②] 似乎是为回应这些观点，在随后检察机关推行的司法责任制改革中，一个重大变化就是取消业务部门负责人的案件审批权，部分业务如侦查业务，业务部门负责人也仅保留审核权。随后最高检在《关于完善检察官权力清单的指导意见》中进一步明确规定：“基层人民检察院业务部门负责人的审核权原则上应严格限制并逐步取消。”出现这些变化后，目前需要关注的是“去行政化”后检察机关业务部门该如何运行，行政部门运行是否受影响。要回答这些问题，应先梳理检察机关内设机构运行的过去和现在。

（一）司法体制改革前内设机构的运行特点

司法责任制改革前，业务部门运行主要靠部门负责人行使审核审批权。无论是行政事务还是业务工作，业务部门负责人通过行使审核审批权能起两个作用。第一，程序流转控制。通过审核审批把住“入口”，集中管理分配人员和部门工作。同时可以把住“出口”，随时根据各项工作进度适当安排调整。这样部门人员与负责人之间的联系就会变得频繁，负责人的地位和作用就得到体现。第二，监督各项工作，特别是案件。即便持批判案件审批制的立场都不得不承认，行政化审批模式中的审核抑或审批都是监督制约机制，[③] 行政审批制所带来的权力集中更有助于实现对检察权运作的管控。[④] 就司法办案活动而言，事中介入比事后监督更重要，错案造成的损失有时即便事后发现也很

---

① 张建伟：《超越地方主义和去行政化——司法体制改革的两大目标和实现途径》，载《法学杂志》2014年第3期。

② 郭利纱：《论我国司法改革的去地方化与去行政化》，载《烟台大学学报（哲学社会科学版）》2019年第1期。

③ 董玉庭：《检察机关去行政化审批模式改革探析》，载《吉林大学社会科学学报》2015年第6期。

④ 杜磊：《检察官办案责任制改革探索》，载《环球法律评论》2015年第3期。

难挽回。在审批审核权的加持下，部门负责人的权力一般大于承办检察官，相应责任也大于承办检察官。按科层制逻辑，部门负责人的行政职务级别自然需要高于其他人员。

人员分类管理改革前，由于检察官与非检察官界限较为模糊，检察机关的行政部门运行类似于一种体内循环。除后勤保障、公文往来、档案管理、工资核算等一般性行政事务，很多关系检察工作发展的重要性、全局性综合事务实际是以人员流动轮岗的方式完成。如人大报告、宣传报道、经验材料等全院全区域的大型材料撰写并不完全靠行政部门。越是重要、综合性强的材料，越需要业务部门与办公室、宣传部门等行政部门共同完成。在涉及检察机关人财物保障协调、重大舆情处理等全局性工作时更是如此。背后原因其实很简单：这类工作既有普遍性又有特殊性，普遍性表现为流程行政化，特殊性表现为这类行政工作与检察业务的相辅相成。检察工作越专业化，与之相关的行政工作就越要考虑专业因素。不懂不精检察业务很难在对外协调沟通中表达清楚意见、说清楚道理，提出符合检察工作发展规律的方案或意见建议。业务能力与管理能力毕竟存在一定差别，业务素质高是检察院领导干部的必要条件，但不是充分条件。①

（二）司法体制改革后内设机构的运行现状

司法责任制改革后，虽然业务部门负责人的案件审批审核权被弱化甚至取消，但部门内的行政事务，如外出培训、数据统计、调研宣传、政治学习、党风廉政等工作依然按审批审核方式运行。与过去相比，业务部门运行的最大变化是：部门负责人对业务工作一般承担组织协调职责。如根据《关于完善人民检察院司法责任制的若干意见》规定，业务部门负责人除办案外，主要负责调整随机分案结果、组织研究业务问题、组织对下指导、召集检察官联席会议等。业务部门的司法办案活动主要由部门内办案组织独立负责，部门负责人不仅不能干涉具体办案事项，而且在组建办案组织时也没有指挥分配人员的权力，② 更没有职务收取和转移的权力。在监督管理方面，业务部门负责人主要通过听取案件进展情况，依职权召集检察官联席会议等控制力较弱的方式履行监管职责。相比过去，司法办案活动中业务部门负责人与部门内检察官地位实际平等，没有明晰上下级之别，也没有可依托

---

① 高继明等：《检察机关内部层级权限的优化配置》，载《人民检察》2017 年第 5 期。

② 《人民检察院组织法》第 28 条第 2 款规定："由检察官办案组办理的，检察长应当指定一名检察官担任主办检察官，组织、指挥办案组办理案件。"

的办案事项形成“命令—服从”关系。部门负责人的政治地位和经济待遇更多依赖检察官等级而非行政职务级别。

人员分类管理改革后，行政部门已不能像过去那样随意流动轮岗。原因在于：第一，流动的主观能动性不足。员额制实行后，原先具有业务能力的司法行政人员主动选择大量回流至办案岗位，遴选为检察官或转任为检察辅助人员，行政部门岗位内部吸引力降低。在一份司改后对自身岗位预期的调查问卷中，55.2%受访对象选择了员额检察官，34.3%选择了检察辅助人员，仅有10.5%选择了司法行政人员。[①] 第二，检察官实行单独职务序列后与司法行政人员交流存在障碍。从检察官转任司法行政人员容易降低经济待遇，而且中央明确要求检察官不能配置在综合行政岗位。[②] 除检察长、副检察长因职务需要可分管行政工作外，由检察官专人专岗负责综合行政工作至少在政策上不提倡。从司法行政人员转任检察官则要经过遴选或重新计算业务工作年限，难度大、周期长。人力资源的重新分配客观造成检察机关行政事务压力增大。岗位职业预期的变化则导致行政部门吸引力大不如前。现只能采取两种方式缓解，一是将原先没有法律职业资格的人员调配至行政部门。二是通过外部交流渠道，从党政部门、人大政协等途径调任部分人员从事综合行政工作。长此以往，行政人员不懂检察业务，不愿长期在行政岗位将逐渐成为各地普遍存在的新问题。基层院原先政工、计财、宣传、文秘等重要行政岗位将缺乏合理有序人才梯队，不利于今后检察工作全面协调发展。

三、当前检察机关内设机构设置与运行需关注的问题

（一）如何协调内设机构设置与检察官单独职务序列

在实行检察官单独职务序列后，一个明显变化是检察官职务晋升不再依赖行政职级，等级设置和晋升方式已突破现有机构甚至机关规格限制。如基层院检察长的检察官等级经择优选升后能达到二级高级检察官，在经济待遇上已相当于甚至高于副厅级干部。从公务员分类管理制度看，建立检察官单独职务序列在现行干部管理体制下已是很大突破，在行政职数核定上很难另辟蹊径。既然检察官实行单独职务序列，检察官任命前的行政职务职级必然

---

① 孙洪坤：《检察院司法行政事务管理权和检察权相分离研究——基于实证考察的分析》，载《东方法学》2018年第2期。

② 参见《关于加强法官检察官正规化专业化职业化建设全面落实司法责任制的意见》（厅字〔2017〕44号）。

无法随检察官等级晋升并行调整。在一级高级以下检察官工资结构与行政职级工资结构无法对应情况下,[①] 原先中央对检察官实行的干部职级高配政策已没有继续实行的必要。随之而来的便要考虑是否将部分地方检察机关内设机构的规格“打回原形”，严格对应“处、科、股”。此时大体有两种人事方案可供选择，一种是按检察机关“科、处、厅”规格和内设机构数量重新核定领导职数和职级数。这样势必减少各地检察机关的领导职数和职级数。职务职级数减少后，无论是检察官转任退休，还是检察辅助人员、司法行政人员的职业发展，相比以前可使用资源明显会减少。另一种是现有领导职数予以保留。该方案看似可行，其实缺乏操作性。机构数量一旦大幅减少，检察官等级与行政职级一旦完全脱钩，业务部门领导职数即便保留也不能全部用于检察辅助人员、司法行政人员的职务晋升。另外受制于机构职能，检察辅助人员和司法行政人员也缺乏足够职位匹配领导职务。比如现在检察官助理无法提拔至原先检察长、副检察长、检委会专职委员、政工科长所对应的领导职务级别。即便不做减法、升格行政部门，基于机构数量限制，行政部门能承载的领导职数也很有限，基层院领导职数必然闲置。总体上看，目前检察官单独职务序列还停留在经济待遇方面，暂没有波及其他人事政策。[②] 检察官等级和行政职级将长期在检察机关并存，如何取舍还难以定论。大体上无论最终选择何种方案，检察官单独职务序列越深入，检察机关内设机构设置的空间就越会受到限制。

（二）内设机构设置与人员分类定岗如何协调

从目前检察机关内设机构设置思路看，业务部门大体按照业务类别划分。如最高检设第一至第十检察厅，其职能大体按刑事、民事、行政、公益诉讼、控告申诉等类别来划分。行政部门的设置思路变化不大，大体还按机要、人事、宣传、财务等传统行政事务类别来划分。从人员分类管理改革设计看，目前检察人员分为检察官、检察辅助人员、司法行政人员三类，检察辅助人员又可分为检察官助理、书记员、司法警察、检察技术人员四类。[③] 为达到人员分类管理应有效果就要通过内设机构实现人员岗位意义上的分类，如检察官不能配置在综合行政部门，司法警察按编队管理等。但目前部

---

① 参见《法官、检察官单独职务序列改革试点方案》（中组发〔2015〕19号）。

② 退休政策便是一个例证。参见《中共中央组织部人力资源社会保障部关于实行单独职务序列后法官、检察官退休年龄问题的通知》（人社部规〔2017〕15号）。

③ 这里的书记员一般指不占政法专项编制的聘用人员，不包括工勤人员。

门设置并没有完全考虑人员类别，业务部门中人员类别比较混杂，检察官、检察官助理，书记员、司法行政人员均可配置。在人员定岗上也没有体现出分类定岗，专人专职。如将检察官助理和司法行政人员混用在业务部门和行政部门。这样容易造成：第一，人力资源配置不够优化。如有的业务部门检察官多，检察官助理、书记员少，检察官与检察官助理、书记员之间难以同时形成多个办案组织，部分检察官要么单打独斗，要么共用检察官助理、书记员。有的业务部门检察官少，检察官助理、书记员多，只有一两名检察官，同样无法同时形成多个办案组织。第二，检察官助理各自为战，没有形成专门队伍管理机制。按目前部门设置思路，分散至部门的检察官助理相比检察官、司法行政人员并没有专属职业发展阶梯。与书记官室、技术部门、司法警察大队等平台和部门相比，也没有单独的部门或管理平台。检察官助理能否担任业务部门领导职务还缺乏法律政策指引，职业预期不明。在行政部门，检察官助理基于身份所限不能成为部门负责人。检察官助理作为检察机关体量较大、长期存在的职业群体，如果没有长效队伍管理机制，其稳定性、工作积极性容易受影响。

（三）如何区别业务部门与办案团队

司法责任制改革带来的变化不单是检察官个体权力的变化，还引发各地对组建新型办案组织的探索。除经《人民检察院组织法》确立的办案组织形式外，还出现了办案团队这一新型组织形式。办案团队追根溯源，应是从法院开始。不同于检察机关，法院的审判组织本就有合议庭和独任法官两种基本办案单元，两种办案单元均以庭室内法官为基础组建。在司法责任制改革中，法院的改革举措主要在两种基本办案单元的基础上组建审判团队。按《关于完善人民法院司法责任制的若干意见》中表述："基层、中级人民法院可以组建由一名法官与法官助理、书记员以及其他必要的辅助人员组成的审判团队，依法独任审理适用简易程序的案件和法律规定的其他案件。"也就是说，基层、中级法院的办案团队一般是指"法官+法官助理+书记员+其他必要的辅助人员"。《人民检察院组织法》《关于完善人民检察院司法责任制的若干意见》虽没有就"办案团队"进行表述，但检察机关的独任检察官模式一般也是"检察官+检察辅助人员"，从人员结构上看与法院的办案团队类似。司法实践中基于各业务部门人员配置比例不同，独任检察官不一定能配备检察辅助人员，或者配备的检察辅助人员实际与其他检察官共用。在没有新的官方概念之前，检察机关的办案团队理论上应指固定配备必要检察辅助人员的独任检察官。相应中央要求科学组建新型办案团队，实现

"术业有专攻"，赋予检察官对检察官助理的工作分配权、考核评价权、奖惩建议权也就有了着力点。明确检察机关办案团队基本结构后，反观办案团队与业务部门关系目前还有以下问题需要厘清：第一，办案团队与业务部门的隶属关系。按上述理解，办案团队应隶属于业务部门。但有的地方是将多个业务部门人员甚至不同检察院人员整合为办案团队，业务部门负责人只作为团队成员，实际变成业务部门隶属于办案团队。第二，办案团队负责人与业务部门负责人的关系。办案团队中若赋予检察官对检察官助理的工作分配权、考核评价权、奖惩建议权。这些权力原属部门负责人，与其控制力密切相关。比如考核评价涉及德、能、勤、绩、廉四个方面，考核内容不光有司法办案工作，还有其他工作完成情况、廉洁自律表现。现在部门负责人与办案团队负责人对团队内检察官助理的管理究竟是平行关系，还是"部门负责人—办案团队负责人—检察官助理"的层层把关关系，仍需要加以研究。

（四）如何看待司法行政事务管理权与检察权的关系

目前检察机关业务部门行政性的削弱与行政部门业务性的削弱似乎暗合现在我国司法行政事务管理权改革的方向。《中共中央关于全面推进依法治国若干重大问题的决定》中也提出："改革司法机关人财物管理体制，探索实行法院、检察院司法行政事务管理权和审判权、检察权相分离。"从现在世界各国的司法行政管理权配置现状看，大体有三种模式：一是由政府的司法行政部门来管理；二是由司法机关自身来管理；三是由独立于政府和司法机关的第三方来管理。① 那么，可否专门设立机关负责检察机关的司法行政管理事务？如有学者建议，应当在中央和省级层面设立司法保障委员会，相对独立统筹法院预算拟定编制权。② 检察机关可否如法炮制，会同法院将司法行政事务按"外部剥离"模式管理。其实寄希望于外部专业部门支持司法机关依法独立公正行使权力的设想并没有回答好一些现实性问题，如"外部剥离"效率会更高吗？"外部剥离"能减少不当干预吗？如果没有解决这些问题，改变的只是检察机关对外协调联系的形式，在减轻检察机关行政事务上并无意义。一个例子便是当前全国各省市设立的法官检察官遴选委员会。新成立的人事组织并没有减少各级检察院人事工作量，反而在初任检

① 谢鹏程：《司法行政事务管理模式比较研究——司法委员会制度的宪法文本分析》，载《人民检察》2016 年第 12 期。

② 李志明：《司法行政事务管理权配置——历史沿革、现实困境与发展趋势》，载《甘肃行政学院学报》2017 年第 1 期。

察官遴选、逐级遴选、各级院员额比例调整等程序中法院、检察院还有不少新增工作。[①] 在"去行政化"方面意义也不大，以人事和经费干涉检察权在世界各国检察制度本就是一个比较难解决的问题。对检察机关行政部门可能干涉业务部门的质疑并不能成为"外部剥离"模式合理的理由。在由专门部门负责检察院人事经费管理的国家，同样有质疑司法行政部门利用职权干涉检察权的争议。[②] 其实在我国，无论最终司法行政事务管理权是"内部分离"还是"外部剥离"，只要司法机关（包括检察院和法院）政治地位相当于同级党委政府部门，司法机关主官不是地方核心领导层人员，[③] 在人事经费等重要地方事权上就不会有主导权、话语权。司法机关争取支持的立场必然大于协调沟通立场，因为下级服从上级依然是天然的组织原则。

四、检察机关内设机构设置与运行的法治路径建议

检察制度法治化本就是中国特色社会主义检察制度的唯一选择，其机构设置与运行也必须顺应我国机构管理法治化的大势。根据《机构编制法制建设中长期规划（2009年－2020年）》《中共中央关于深化党和国家机构改革的决定》等文件要求，机构管理法治化目标主要针对几个突出问题：一是编制管理和机构设置的缺乏刚性制约的问题；二是领导职数、机构规格和编制种类不统一问题；三是彻底废除条条干预条款，从上至下解决编制膨胀问题。一旦确立机构管理的法治框架，过去各地超职数配备领导干部、机构升格等管理乱象势必得到根治瓦解。检察机关内设机构的设置与运行也要迅速调整思路，分类调整内设机构设置，规范内设机构的运行。

（一）调整影响业务部门设置的因素

如前文所述，规格、职务、名称、职能、数量共同影响着检察机关内设机构的设置。为将检察官单独职务序列顺利融入业务部门建设，现阶段业务部门的设置因素应做部分调整。一是从职业发展角度，将业务部门规格置换为检察官等级。当前业务部门已难以按行政机构组建。检察官等级与行政职

---

① 2019年修订的《中华人民共和国检察官法》第16条第3款规定："省级检察官遴选委员会的日常工作由省级人民检察院的内设职能部门承担。"

② 施鹏鹏：《司法行政事务管理权与司法权的独立运行——法国模式及其批判性思考》，载《江苏社会科学》2016年第5期。

③ 《全国人民代表大会常务委员会关于地方各级人民法院院长、人民检察院检察长可否兼任各级人民委员会的组成人员问题的决定》（1955年11月10日）。

务职级脱钩后，业务部门已没有按规格设置的意义，部门内检察官交流转任为检察辅助人员或司法行政人员也不可能继续在业务部门担任领导职务，交流至其他国家机关任职比照的也不是担任检察官之前的行政职级。检察官单独职务序列建立后，即便部门有规格也无法限制检察官的等级晋升。比如正科级业务部门内检察官依然可能晋升至四级高级检察官甚至三级高级检察官。反之，三级高级检察官担任基层检察院检察长也不应视为超规格配备干部。从完善检察官单独职务序列角度看，单是明确检察官的法律职务与等级还不够。以突出检察官办案主体地位为导向，至少应建立担任各级检察院业务部门领导职务条件与检察官法律职务、等级的对应关系。比如明确什么等级检察官可以担任省、市、县检察机关业务部门正职或副职。基层院副检察长是否可以担任地市级检察院业务部门负责人等。二是增加考虑人员类别因素，成立检察官专属的业务部门。不同检察人员身份和工作关系的变化将直接影响业务部门的人员配置和职务、岗位、职能的设计理念。从检察官和检察辅助人员配置现状看，除司法警察和检察技术人员大体按部门集中管理外，检察官和检察官助理均分散配置在各业务部门。检察官与检察官助理之间的配置始终难以做到比例均衡，检察官调用人员范围受制于部门检察官助理数量，“官多兵少”“案多人少”等假象再次出现。部门内各类人员关系交叉重叠，不易理顺。上下级关系不够明显，容易降低工作效率。最好的解决办法就是以检察官为主，将各部门人员类别单一化。业务部门按检察官等级高低在业务部门内重新构建“命令—服从”关系，实现部门事务“检察官管检察官，检察官指挥检察官”。同时以不同类别检察辅助人员为基础，分类组建新的检察辅助机构。行政部门不再配置检察官和检察辅助人员。按上述调整，检察机关业务部门将类似于检察官集中管理使用平台，在组织形态上既异于行政机构，又能体现检察一体化精神。

（二）加强检察辅助机构的组织保障

从目前的机构设置趋势看，检察机关内设机构在类别上无疑将按《人民检察院组织法》第 18 条、第 19 条规定分为三类，即业务部门、检察辅助部门、司法行政部门。三类部门中业务部门受检察官单独职务序列影响最大，检察辅助部门和司法行政部门的组织结构基本没有变化。从职业发展角度，在淡化业务部门行政色彩基础上，今后“股、处、科、厅”规格的意义应更多指向检察辅助部门、司法行政部门。但操作时需厘清两个方向。一是内设机构数量与领导职数的关系。原先检察机关内设机构数量与领导职数呈对应关系，内设机构数量少，领导职数就会少。依前文所述，若以检察官类别和等级为核心组建业务部门，在核定领导职数时已没有必要将业务部门数量考虑在内。在未来进行三定时只需建立检察辅助部门、司法行政部门数量与领导职数的对应关系即可。有观点认为，检察机关争取领导职数是一种“官本位”的表现，没有突出检察机关的司法属性。其实“司法管理权 + 检察权”才能真正体现检察机关的政治地位。一个国家的司法体制是由司法管理体制和司法运行体制构成的。[①] 从世界各国经验看，司法管理体制按行政科层模式管理并无不妥，司法管理部门依靠行政职级体现人员地位高低并不会影响检察机关的政治地位。反之在司法管理权与检察权集于一体的国家，如澳大利亚、加拿大、美国等国家，检察机关的政治地位并不低。二是应将检察官助理部门化作为凸显检察机关司法管理权的重点，实现辅助办案事项“集中受理、轮流分配、事随人走、量化评价”。从四类检察辅助人员身份和配置现状看，检察技术人员和司法警察实际已实现单独部门化管理。书记员由于以聘任制为主，只需搭建集中管理平台即可，无须占用机构编制。唯独检察官助理没有单独部门化。其实将检察官助理进行单独部门化管理并无制度障碍，目前检察官助理实际参照综合管理类公务员职务职级确定等级，检察官助理本就具备担任检察辅助部门正副职的资格。无论是司法办案活动还是处理其他事务，组成办案组织时检察官助理与检察官依然是一种上命下从指挥关系。将部门活动与办案组织活动分开，设置检察官助理专门部门并按行政机构模式管理早已在东亚地区盛行。在我国台湾地区，与检察官助理身份、职能类似的检察事务官也是集中运用，并非直接配给检察官。简单来讲，每一个检察官并没有确定的检察事务官，检察事务官也不专属于某一具体检察官。[②] 设立以检察官助理为主的单独部门能在规格、职务、数量上可完美承接原先检察机关业务部门的组织框架，盘活检察机关领导职数存量。在职务设计上能与检察官助理等级序列、公务员管理制度相互对应，有效打破检察官助理职务晋升的“天花板”。在人员流动上能为检察官助理提供更明确、多元的职业预期，引来“一泉活水”。

（三）突出检察机关办案团队的对外协调功能

若套用法院的办案团队组建思路，现阶段检察机关组建办案团队的意义

---

① 莫纪宏：《论我国司法管理体制改革的正当性前提及方向》，载《法律科学》2015年第1期。

② 万毅：《检察事务官：台湾检察系统的“王朝、马汉”》，载《检察日报》2015年4月7日，第3版。

并不大，将“独任检察官＋检察辅助人员”办案模式实行到位即可。按目前检察机关业务部门和行政部门的运行现状，办案团队的组建应立足于磨合处理两类部门之间的交叉性工作。与办案组织不同，办案团队以协调处理综合性事务为主，工作范围可适当超越司法办案活动。与业务部门不同，办案团队结构较为松散、功能较为综合，属于以处理临时性工作为主的工作专班。这样定位好处在于，作为一种协调性组织，办案团队与业务部门、办案组织之间不会产生职能交叉冲突，更多以补位为主。作为一种临时性组织，办案团队也不会凌驾业务部门之上，造成内部组织结构搭床叠架。另外，基于检察工作类别案件和事项兼有的特点，组建办案团队可以摆脱办案活动的束缚，有利于高效调动不同部门的人力。在团队结构上，首先，团队负责人应是经检察长指定的副检察长。《人民检察院组织法》第 36 条明确副检察长协助检察长领导本院检察工作，管理本院行政事务。任何一名副检察长本应同时分管部分司法事务和行政事务，副检察长应具有司法办案能力和行政管理能力。比如某项临时性工作涉及刑事检察工作和计划装备工作，可由检察长指定一名副检察长负责统筹两个部门人员。检察长指定的事务范围不限于该名副检察长的分管范围。其次，团队的组成人员不限类别。涉及多个业务部门、行政部门组成的办案团队在协调处理相关事项时，相关部门人员可自由调度，任何人不得以岗位职责为由推脱。比如某办案团队由民事行政检察部门和办公室人员组成。团队负责人为处理具体事务可直接从民事行政检察部门和办公室抽调检察官、司法行政人员参加。在团队职责上，办案团队负责协调处理的事项不包括办文办会、资产核算、党风廉政建设等党务行政工作，必须兼具行政性和业务性。这类事项一般包括：向党委、人大、政协、上级院汇报检察专项工作开展情况；迎接上级单位的专项督查、检查、督导，配合开展专项调研；本单位需要每年接受上级检察机关、地方党委考核检查的全局性、战略性工作任务，如全面深化改革、检察改革、依法治省（市、县）、综治、平安创建等；以单位名义开展宣传报道工作，包括典型案例发布、涉检舆情应对、接受中央、省级媒体采访等。

（四）人事工作探索派驻管理模式

司法行政事务管理权的独立性与司法权的公正性并不是绝对的正比关系。易受不当干预的司法权（地方各级领导干部利用权力不当干预司法）与专断的司法权（检察长利用权力不当干预下属办案）同样易陷入腐败和不公正。恰恰相反，司法行政事务管理权与司法权之间存在制约关系更有利于司法公正。《2018—2022 年检察改革工作规划》中提出：“完善市地级、基层检察院检察长由省级党委（党委组织部）管理、其他领导人员可委托当地市地级党委管理制度。”在推行人事省级统管或“省级托管+市级统管”过程中应更重视此项改革举措在提高司法管理效率上的作用。不论司法权属于中央还是地方，最关键的是确保各种势力不得干涉司法，不论其是否能够控制司法机关的人财物。[①] 若以效率为导向，人事统管制改革就必须要考虑如何高效地完成倍增的日常工作。比如各基层检察院检察长的选拔任用，省委组织部门或地市党委组织部门如何与省级检察院、地方人大形成常态化的工作机制，确保党管干部原则能落实到位。这里涉及改革的系统性、协调性问题，涉及人事的司法行政管理事务并没有进行大规模体制更新，实际变化的只是部分权力主体，大量的人事制度、组织程序、地方惯例并没有随之调整。如前文所述，基于地方检察院的政治地位，检察院的人事管理体制不可能做脱胎换骨式调整。但可以肯定的是，人事统管制改革越是落实到位，省级或地市级组织部门人事权越是会延伸扩张，省以下检察机关在人事上将越发没有话语权。现在需要考虑的是，如何在人事统管制改革落实后让各级院日常人事工作更高效的流转。可借鉴纪检监察机关的派驻模式，以分散化的方式加强集权，实现集权与分权间的动态平衡。[②] 省级或地市级组织部门要想有效管理基层检察院干部、高效办理日常事务，可设置若干派出组织代表上级单位行使权力。具体可根据统管层级将原先检察机关政工部门人员的编制划转至省级或地市级组织部门，再根据各地工作情况派遣本单位人员或商各级党委政府选调部分组织系统人员调入派驻机构。各地派驻机构与派驻纪检机构一样，专门代表省级或地市级单位开展日常人事工作，行使部分省级或地市级人事权力，有条件的省份或地市还可定期轮换工作人员。这样做的好处在于：第一，地方各级领导干部、各级检察机关检察长利用人事权不当干预司法的可能性会更低。第二，地方各级检察机关人事工作的协调成本大幅降低。第三，便于省级或地市级组织部门与各级检察机关党组沟通，能相对中立客观地了解评估派驻单位的人事状况，便于开展干部日常管理考核工作。

---

① 姚国建：《中央与地方双重视角下的司法权属性》，载《法学评论》2016年第5期。

② 董娟：《当代中国政府行政派出组织研究》，人民出版社2015年版，第286页。

检察官绩效考核的现实困境与出路

刘　练*

自司法体制改革以来，检察机关已逐步完成了对三类检察人员分类管理、司法责任制等改革内容。近期正在推进的检察机关内设机构改革，目标在于实现“四大检察”全面协调充分发展。要实现各类检察业务全面协调充分发展，科学合理的检察官业绩考核机制非常关键。只有紧紧围绕“优、实、强、好”的业务评价标准，构建好绩效考核机制，才能正确评价检察机关各业务条线的工作成效，调动不同业务部门检察官的工作积极性，推动检察业务蓬勃发展。贵州省从省级院到地方各级院在前期司改过程中，均出台了相应的检察官绩效考核办法，但从实际运行来看，受限于各条线业务工作力量配置不均衡、指标设定不科学、考核结果运用不合理等方面的原因，难以发挥检察官绩效考核的预期作用，这些困境不破解，不仅难以适应“四大检察”统筹推进的最新要求，还会影响入额检察官的办案积极性，不利于员额制检察官队伍的成长发展与有序进退，恐产生“劣币驱逐良币”之效应。笔者结合内设机构改革情况，试分析当前检察官绩效考核机制存在的四大困境，对贵州省个别地区在检察官绩效考核机制上的探索与创新情况进行评析，就下一步如何从检察业务工作量测算与考核指标设计角度破解绩效考核困境提出自己的思考，以期对完善检察官绩效考核机制工作有所启发。

一、当前检察官绩效考核机制的现实困境

全省各级检察机关对于员额制检察官的绩效考核每年都会按期进行，通常的做法是由检察官本人每季度或每年度填写《检察官司法业绩考核登记表》，填写的内容包括本人工作完成总体情况、司法办案的案件名称、研修情况、出勤情况、脱产培训情况。然后由案件管理部门填写案件质量评查、

* 作者单位：贵州省遵义市人民检察院。

工作过错情况。检察官所在部门和分管领导参照考核办法中设定的各等次考核标准依次提出考核建议等次，最后由考评委员会和院党组审核通过。考核结论作为年底绩效考核奖金发放的依据。笔者认为，这种绩效考核机制之所以难以发挥有效作用，其原因在于以下五个方面的困境：

（一）绩效考核工作没有建立在各检察官业务工作量基本均衡的基础之上

从考核办法和考核程序来看，似乎对于每一个检察官都是平等的，但这种所谓的平等恰恰忽略了各检察官从事业务种类不一致、工作量不均衡的现实，因而导致绩效评价出现偏差。同一检察机关中，四大检察业务的工作内容差别较大，工作量也相差较大，即使在同一类检察业务中，办理不同类型案件的工作量也不相同。实践中就出现了各部门检察官“忙闲不均”的现状，从正面来看，各检察官面临的工作机会是不一致的，承担的办案任务和办案效果就会不一致；从负面来看，现有考核标准多负面评价指标，导致了工作量越大的检察官出错的概率就越高，绩效考核成绩就越差这种“多洗碗就多打烂碗”的现象，必然产生不良的工作导向。因此，要实现公平的考核，必须要先科学测算各检察业务工作量，优化检力资源配置，实现检察官与检察业务工作在结构和数量上的科学配置，改变工作量“天然不均衡”的现状。在各检察官承担的工作任务量相对一致的基础之上开展的绩效考核方能实现公平公正。

（二）绩效考核标准的设置缺乏科学性与合理性

绩效考核的评价标准是考核机制的核心与标准，标准设置是否科学不仅影响绩效考核结论的合理性，还会影响考核机制引导作用的发挥。然而，现有考核办法中的考核指标设置却存在诸多问题值得反思。

1. 对从事不同业务检察官的考核标准同质化。四大检察业务工作内容区别较大，工作要求不会一致，对各类工作成效的判断标准也应各有区别。如刑事检察业务工作应当以能够将刑事案件做“优”的工作业绩为考核导向，在标准的设计上要突出防范冤假错案、发回检察裁量权、推动认罪认罚等内容；而民事检察业务则应当以能够将民事监督案件做“强”的工作业绩为考核导向，在指标设计上要突出抗诉采纳率等指标上。但现有考核标准却较为笼统模糊，或统一以办案量和办案规范来作为评价标准，以致各业务条线无法横向比较，从办案量来看，从事其他检察业务的检察官，无法与从事刑事检察业务的检察官相比较，从办案规范性上来看，从事刑事检察业务的检察官犯错的概率显然高于其他部门的检察官。因而只能回到各业务条线按人数比例分配各等次名额的传统做法。

2. 将非业务相关指标纳入考核标准。检察官的绩效考核目的在于合理评价检察官的业务能力水平、工作成绩，应突出检察官的实绩导向，防止入额检察官产生懈怠，从而保障入额遴选和员额退出工作的顺利开展，为定期晋升和择优选升提供科学依据。因此，其考核内容应紧紧围绕办案和检察业务工作来开展，这也是三类人员分类管理的应有之义。但在现行的考核办法中，存在诸如劳动纪律遵守情况、对所承担工作（包括非业务工作）的被督办情况等非办案业务指标。笔者认为，绩效考核应当在引导广大检察官"多办案、办好案"上发挥积极作用，而不能代替其他管理手段，过分的扩大其评价范围反而不利于其作用的发挥。至于如何界定"办案"的范围，鉴于检察机关和法院不同，其在办案内容上更加多元化的客观实际，这里的办案应以司法办案为主，兼顾司法办案相关的其他检察业务工作，具体而言，就是员额制检察官参与的具体案件的全流程或者是主要流程而作出的对案件结果有决定作用的一系列决定与措施，还包括在办案流程中的司法廉洁和遵守办案规范的情况，而与办案流程无任何关联性的因素则不应被考虑其中。

（三）现有绩效考核机制无法实现对检察官业绩的精准评价

绩效考核采取"定量与定性相结合，以量化考核为主"的方式应当是目前的共识，但现有的考核标准显然无法实现这一点，导致检察官的绩效考核缺乏精确性，难以实现对检察官的精准评价，更无法实现检察官与检察官之间的横向比较。在现有考核标准中，关于如何量化考核并没有明确具体的方案，采取的是"门槛式""一票否决式"的考核方式，如"业务工作量达到或位于同类别岗位前列"方可进入"优秀等次"绩效评选行列，"存在超过办案时限或被督查催办情形"一律不能进入"优秀等次"绩效评选行列。虽然方便操作，但太过于笼统和片面。一方面，这会导致仅从等次上无法客观全面评价检察官的工作情况，如部分工作不足将就会导致全部工作不足的整体评价印象，难以全面评价；另一方面不能实现定量与定性的有机结合，没有设计各类指标在考核中的权重比例，无法精确体现不同办案流程中的不同阶段及不同的办案内容，以及在各环节流程中的考核权重。从现有的用于考核评价的检察官司法档案表格来看，虽然设计了"司法办案情况""案件质量评查情况""出勤情况""脱产培训情况""研修成果"等多个板块，但各板块的权重比例及评价规则则没有予以明确，年底考核时，采取打

“印象分”的方式进行，严重缺乏精确性。

（四）未能实现检察官绩效考核工作与信息化手段的有效结合

目前的考核工作还是停留在个人手工填报，部门审核，领导建议，会议研究评定的传统阶段，基本没有运用到信息化技术，导致数据不全面且评定不准确。要全面客观地反映被考核对象的工作实绩，必须建立大量的考核指标，这必然就会增加考核工作的烦琐性和复杂性。要使考核数据统计易分析、易处理，运用信息化手段推动考核工作是考核工作走上正规化的必经之路。信息化手段除了可以提高考核工作效率和考核结果的准确度以外，还具备以下优势：一是可以做到全程留痕，结果倒查；二是结果反馈及时，且易于对考核数据进行横向纵向的运算，从而为检察官、业务部门、院领导根据考核数据反映的情况及时调整和改进工作。

（五）考核成果的运用效果较为单一

目前，考核结果基本仅用于年底评选考核等次，然后以此作为检察官绩效奖金的发放依据。在考核成果的运用导向至少存在三个方面的问题。

1. 负面约束有余，而正向激励不足。现有绩效考核指标中，多为规范性、监督性指标，表述方式为“遵守……”“没有发生……”而在激励优秀、引导争先、鼓励创新、发挥检察官主动性方面的指标设计不足，产生了“做得好不一定成绩好，不犯错才会有好成绩”的错误导向。

2. 重考核的结论有余，而对考核信息的运用不足。考核数据是一种非常宝贵的信息资源，其除了作为等级评定依据外，还应当为检察工作提供及时的决策依据，有必要通过业绩考核及时发现、总结、分析当前工作存在的问题，及时调整检力资源，改进工作方法，采取有效措施，同时也可以随时反馈至检察官个人，帮助其有针对性地提高个人能力素质。

3. 与办案规范结合有余，而与实际工作结合不足。现有绩效考核指标针对常规工作，按照常规业务流程设计考核指标，没有与上级院各业务条线考核标准进行结合或结合不足，实际上，就检察业务工作而言，每年的工作侧重点各有不同，按照常规指标进行考核无法有效调动检察官关注并完成重点工作，如2019年推进“认罪认罚从宽”工作，上半年全省各地适用比例远未达到上级领导部门的预期，与认罪认罚从宽适用情况未被纳入检察官个人业绩考核指标不无关系。

二、破解绩效考核困境的路径分析

完善的检察官业绩考核机制，必须以公开、公平、公正为原则，以办案业务实绩为首要评价基准，进而根据检察官岗位职责要求和目标任务，依照一定的考核规则、考核程序和考核标准，采用科学合理的业绩考核方法，对检察官在检察办案工作过程中体现的行为、效率、效果等多项内容进行实事求是的考察认定，作出相应评价，并充分运用考核结果。在司改过程中，各地检察机关对于检察官绩效考核工作中存在的诸多问题都有不同程度的认识，也进行了一些有益的探索和创新。

最典型的是贵州省A市检察院组织开发的司法办案业绩考核系统，该系统克服了传统绩效考核工作的一些弊端，从办案强度、办案质量、办案规范、办案效率、办案效果、办案安全等方面设置了考核指标，并从统一业务应用系统和案件质量评查系统中自动抓取数据进行计算，牢牢抓住了考核指标设计和信息化手段这两个关键，提高了考核工作的精细化和信息化程度，思路和做法都非常值得肯定。但就实际运用情况来看，尚有一些难题需要进一步的破解：一是缺乏工作量测算基础，每个检察官的工作饱和度不一致，考核成绩与所在部门及分案情况有直接关系，考核的基础不公平；二是考核内容覆盖不够全面，缺乏与上级院重点工作考核指标的对应；三是指标考核存在重复性评价问题，如同一事项在办案规范中被规范指标评价后，又被作为办案质量问题被办案质量指标进行了二次评价；四是指标之间的比值设置不合理，如所有类型公诉案件的办案强度都是100分，忽略了不同业务类型工作内容的区别；五是与检察改革情况的契合度不足，未能按照现在推行的捕诉一体、认罪认罚、四大检察工作特殊要求来设置和调整指标；六是未能将与办案有关的业务工作情况纳入考核内容，评价不够全面；七是现有系统尚未实现全部考核依据的自动抓取。

现在各级检察机关开始内设机构的改革工作，笔者认为，检察机关应当牢牢抓住这个契机，结合现有实践经验，进一步探索破解当前检察官绩效考核困境的办法，解决绩效考核工作中面临的问题，完善检察官绩效考核机制，具体而言，要从以下三个方面着手：

（一）精确测算机改后各业务部门工作量，合理配置检力资源，是绩效考核公平性的起点

每个检察官承担的工作量不一样，面对的机会和困难就会不一样，其完成考核指标的机会和能力就会存在客观差异，只有实现“以案定员”，拉平“辛苦指数”，才可以解决“自己考核成绩不好只是因为所在岗位不好”以及“辛辛苦苦到头来考核业绩反而不好”等问题，才能为从事不同业务检察官的绩效成绩进行横向比较，创造更加公平的考核基础。这里涉及两个方

面的问题：

1. 各业务部门的工作量如何测算。要精确测算出不同业务部门的工作量，必须找到一个不同业务类型都能适用的通用参照标准，笔者认为这个标准应该是“工作用时”，即将该部门的所有办案及业务工作量换算成“工作用时”，这个“工作用时”的计算要以机改后该部门承担的办案及业务类型为范围，结合多年该类办案及业务类型的历史数据来进行计算。以市级院的刑事检察业务为例，因机改后实行捕诉一体及以罪名划分部门业务，作为承担经济犯罪办案职能的第四检察部，其业务范围包括了涉《刑法》第三章罪名的一审公诉案件、二审上诉（抗诉）案件、审判监督程序抗诉案件、不起诉复议/复核案件、公诉请示案件、公诉备案审查案件、法院决定再审案件、提前介入侦查案件、审查逮捕案件、不批捕复议/复核案件、立案监督、立案监督复议/复核案件。所有的这些类型的案件名称、人数、罪名、卷宗册数等数据应当作为该部门工作量计算的依据。之后，再按照检察官平均能力和平均办案经验为每一类案件赋予工作时间量的数值，如经济犯罪的一审公诉案件的审查起诉工作包括了阅卷工作、提讯工作、报告及文书撰写工作、开庭工作。每一项工作内容的常规工作用时和变量工作用时均应被计入，如阅卷工作，平均阅卷1小时/册，卷宗册数决定了阅卷工作耗时，若增加了卷宗册数，其工作量相应增加，工作用时相对增加。另外，工作量的计算还需要考虑影响办案用时的其他相关因素，如涉案罪名、罪数、认罪与否等影响件难易度的要素。按照这个方法，我们可以将一审公诉案件的工作时间计算公式的设计如下：基础工作时间 = 【阅卷】（卷数 ×1）+【提讯】[2 +（人数 - 1）×1] +【写报告】[2 +（卷数 - 5）×0.2] +【写起诉书】（1）+【撰写法律文书】[10 +（人数 - 1）×3 ×0.2] +【开庭】[2 +（人数 - 1）×1 +（卷数 - 5）×0.2]，然后再将影响案件难易度的如罪名、罪数、认罪情况等因素设置成不同的系数，对基础工作时间进行调整计算，从而得出最终“工作用时”。如，假设故意杀人罪和抢劫罪的办理难度系数是1.1，即工作总用时是办理其他难度系数为1的罪名案件的1.1倍，另外，每增加一个罪名的总体工作量增加0.5倍，则办理一件3名犯罪嫌疑人涉嫌2个罪名（故意杀人、抢劫）共计12本卷宗的一审公诉案件，其工作量为41.25小时。以此类推，以年度为标准，将计算规则和历史数据相结合，便可合理测算出各部门年均总体业务工作量。

2. 各部门要配置多少检察官才算公平。以部门（或业务条线）为单位将测算出各部门年均总体业务工作量换算成总的“工作用时”后，就要根据具体情况，将一个员额检察官饱和工作后全年能够投入业务工作的总时间计算出来，我们称之为“单个检察官年均有效投入业务工作时间”。然后该部门总“工作用时”除以“单个检察官年均有效投入业务工作时间”，从而得出该部门需配置的合理检察官人数。关于“单个检察官年均有效投入业务工作时间”的计算，除了要将法定节假日、参与教育培训等时间从总工作时间中扣除以外，还要考虑到在实际工作中，检察官的工作内容不仅仅限于办理案件和从事检察业务，还涉及许多一般的行政性工作，例如，参加各类会议、报送工作信息、法治宣传、专项活动等这些无法纳入业绩考核指标的工作所占用的平均时间。如以本院的检察官为例，每个员额制检察官的有效工作时间数要扣除52个星期的公休日104天、法定节假日11天、人均带薪年休假8天、人均值班调休假12天、人均外出培训学习10天、参加各级会议、调研及处理综合事务等安排非业务活动的时间（平均每周1天，即52天）。“单个检察官年均有效投入业务工作时间”为168天×8小时/天=1344小时。若对遵义市院近三年的案件数据进行分析计算后，第一检察部的年均总“工作用时”为2863个小时，则该部门应当配置的员额制检察官为2.13个，其他部门以此类推进行计算。需要说明的是，各层级、各地检察官能力素质、工作实际情况和各类案件具体情况都不尽相同，无论是检察官人均业务工作投入时间的测算，还是各类业务的“工作用时”计算均需要充分考虑本地特殊情况。

（二）科学合理设定绩效考核指标是完善检察官绩效考核机制的核心与关键

1. 科学设定绩效考核指标应当遵循的标准。综观各地检察机关对绩效考核指标的设置，有的地方注重全面，涵盖了检察官的德、能、勤、绩、廉等方方面面，有的地方则更加突出重点，强调实际办理案件的情况；有些以负面清单为主，强调规范，有的则鼓励检察官积极作为，主动监督。虽然每个地方都必须要依照本地工作实际情况设置标准，而不能采用统一模式，但笔者认为，无论如何设置，都应当坚持以下几个判断标准：一是要紧紧围绕检察办案和检察业务的工作情况，不能贪大求全无所不包；二是要量、质并举，不能将绩效成绩简单等同于辛苦指数；三是要围绕检察业务工作目标和重点工作，体现检察官在整体检察业务中的贡献值；四是要考核案件的整体情况，除了考核前程序、中程序，还要考核案件处理结果，全面评价案件质量；五是要尽可能采用可衡量的事实性指标，如办案和业务完成情况、办案质量情况、监督事项完成情况等，尽可能少或不采用如工作总体情况、敬业精神、工作态度、道德品德等抽象型、主观型的指标；六是要指标所对应数据依据具备来源清晰，易统计、易分析的特点；七是要突出核心指标和重要指标，避免重复评价、指标之间相互矛盾。

2. 要将各部门的指标统筹到各业务门类相通的共性模块之下。内设机构改革后，检察业务的专业化分工更加突出，业务种类具体可以分为普通刑事案件批捕起诉及监督、经济刑事案件批捕起诉及监督、重大刑事案件批捕起诉及监督、职务犯罪案件起诉及监督、刑事执行监督、民事检察、行政检察、公益诉讼、未成年人刑事检察、控告申诉、案件管理等，各业务门类的案件类型、案件数量、工作内容均不相同，制定统一适用于各部门的考核指标显然不合理，也不现实。但就整体的检察工作而言，各业务可以抽象出一些共性目标和要求，这就需要在充分考虑不同业务特点和要求分别设立细化考核指标基础上，将各自细化目标统筹于共性目标和要求的模块之下，从而实现各业务部门检察官绩效成绩的跨部门横向比较。笔者认为，这些共性模块可以考虑设置为办案数量、办案质效、监督成效、业务能力、办案纪律五个板块。

（1）办案数量。这个板块主要体现的是工作量，虽然经过测算后，平均配置了办案力量，但仅仅是在各业务种类之间实现了力量的平均，但在同一业务部门中，多个检察官会因为分案的随机性，导致个体之间在办案数量上的差异。这个数量不是单纯的件数，它必须要以件数作为基础，同时考量同一业务种类下不同案件类型在工作量上的区别，同时还要考虑案件难易度系数，如罪名、人数、罪数、卷宗册数等。

（2）办案质效。这个板块主要体现的是办案质量与办案效果。就办案质量而言，办案规范性和处理意见的正确性是一方面，同时还必须仅仅围绕各业务种类的具体特殊考核要求来进行评价，如刑事案件中强调的量刑建议提出率和被法院采纳率等。而对于办案效果，则包括案件处理本身产生的效果，如被告人认罪伏法，也可以是就案件延伸开展工作而产生的社会效果，如就案件中发现的问题发出的检察建议得到采纳和回复。

（3）监督成效。监督属性应当是所有检察业务工作的共性，监督工作的成效也最能体现检察官主动智能和积极作用的发挥。只是不同检察业务种类的监督对象和监督手段不尽相同，各业务门类所面对的监督机会是不一样的，所以在监督板块之下设置的考核指标一方面要考虑自身案件情况，也要将各业务部门的监督机会和监督量进行比值换算，方能确定各指标对应的分值。如某院民事检察部门人均一年抗诉或提抗案件量是2件，而行政检察部门人均一年抗诉或提抗案件量 1 件，那民事检察部门的抗诉指标值对应的是 0.5 分/件；而行政检察部门抗诉指标值对应的是 1 分/件。

（4）业务能力。考虑到绩效考核结果的运用还将涉及员额的进退、调整、等级晋升等，同时也调动检察官不断提高自身素质能力的积极性，故有必要增加业务能力板块，这一模块主要包括检察官的研修成果、承担调研课题、业务竞赛成绩、个人荣誉等。

（5）办案纪律。这一板块的设置在于严明办案规矩，强调依法办案，规范办案、廉洁办案，这是所有检察业务工作的共性要求。该板块下的指标不宜采用印象评价、综合评价，而必须严格按照相关部门的处理意见和结论为准，并分情节轻重扣除相应分值，严重违法情形甚至可以考虑一票否决。

各共享版块的分值比例分配不应平均分配，应当根据本院的工作情况，业务导向要求进行确定，如案件质量不高的院需要在办案质效上激励检察官，则可考虑提高该板块分值比例。

3. 细化指标值设置范例——以刑事检察业务为例。按照前述标准和模块要求，笔者试对本人目前所在的第二检察部（机改前负责职务犯罪和经济犯罪案件审查工作）的考核细目进行设计，具体情况如下（详见表 1 至表 6）（需要说明的是，重点在于对如何设置细化指标项目内容做一个示范，而各指标分值是否合理还有待进一步的实践和论证）。

表 1　各板块分值比重

办案数量	办案质效	监督成效	业务能力	办案纪律
25%	25%	25%	12.5%	12.5% 或一票否决

表 2　办案数量

公诉类	一审公诉案件	二审上诉/抗诉案件	审判监督程序抗诉案件/法院决定再审案件	不起诉复议、复核案件	公诉请示案件	公诉备案审查案件	职务犯罪不起诉审批案件	发回重审案件	没收违法所得/强制医疗案件	指定管辖案件	公诉报请核准追诉案件
	1 分/件	0.5 分/件	0.5 分/件	0.5 分/件	0.4 分/件	0.1 分/件	0.5 分/件	0.5 分/件	0.5 分/件	0.1 分/件	0.2 分/件

续表

<table>
<tr><td rowspan="2">侦监类</td><td>审查逮捕</td><td>不批捕复议/复核案件</td><td>立案监督/立案监督复议/复核案件</td><td>批准延长侦查羁押期限案件</td><td>侦查活动监督案件</td><td>侦监备案案件审查</td><td></td><td></td><td></td><td></td><td></td></tr>
<tr><td>0.6分/件</td><td>0.5分/件</td><td>1分/件</td><td>0.2分/件</td><td>1分/件</td><td>0.1分/件</td><td></td><td></td><td></td><td></td><td></td></tr>
<tr><td rowspan="2">罪名加分</td><td>一类罪名（不加分）</td><td colspan="3">二类罪名（加0.2分/件）</td><td colspan="3">三类罪名（加0.4分/件）</td><td colspan="3">四类罪名（加0.6分/件）</td><td></td></tr>
<tr><td>除二、三、四类罪名以外的其他罪名</td><td colspan="3">1. 生产销售伪劣商品案件（第一节）、知识产权犯罪案件（第七节）</td><td colspan="3">1. 贪贿类（《刑法》第八章）
2. 走私犯罪（第二节）、妨害对公司企业管理秩序罪（第三节）、破坏金融管理秩序罪（第四节）、危害税收征管罪（第六节）</td><td colspan="3">1. 渎职类（《刑法》第九章）
2. 金融诈骗罪（第五节）、扰乱市场秩序罪（第八节）</td><td></td></tr>
<tr><td>罪数加分</td><td colspan="10">单个罪名不加分，每增加1个罪名加0.5分</td><td></td></tr>
<tr><td>犯罪嫌疑人数加分</td><td colspan="10">每增加1名犯罪嫌疑人加0.2分</td><td></td></tr>
<tr><td rowspan="2">卷宗册数加分</td><td>五册以内</td><td colspan="3">五册至十册</td><td colspan="3">十册以上三十册以下</td><td colspan="3">三十册以上</td><td></td></tr>
<tr><td>不加分</td><td colspan="3">加0.5分</td><td colspan="3">加1分/件</td><td colspan="3">加1.5分/件</td><td></td></tr>
</table>

表3　办案质效

防范冤假错案	生效无罪 （经上级院要求或同意不撤诉的不扣分）	扣5分/件
	撤回起诉	扣2分/件
正确适用强制措施	职务犯罪案件未作出适用强制措施决定并交付执行	扣0.2分/人
	主动开展或依申请开展羁押必要性审查，并变更强制措施的	加0.1/人
	对留置对象决定取保或监视居住	加0.1/人
认罪认罚工作、量刑建议工作	适用认罪认罚从宽程序	加0.2分/件
	适用速裁程序办理认罪认罚从宽程序	加0.2分/件
	未提出量刑建议	扣0.1分/件
	量刑建议被法院采纳的	加0.1分/件
	提出固定刑期量刑建议，并得到采纳的	加0.3分/人
出庭指控效果	采用多媒体示证的	加0.1分/件
	被确定为全市观摩庭的	加0.5分/件
	被确定为全省观摩庭的	加1分/件
	院领导陪同出庭的职务犯罪案件	加0.2分/件
	职务犯罪案件判决后被告人未上诉的	加0.2分/件
案件效果	所办理案件作为典型案件报送并编写好典型案例	加0.5分/件
	根据所办案件，向有关单位发出检察建议的	加1分/件
	所办案件受到上级或有关领导批示表扬的	加0.5分/件
案件质量	被流程通报点名的案卡填录不规范被通报的	扣0.2分/次
	案件评查被抽中，分数低于80分或等级在良以下的	扣0.2分/件
	在各类案件评查中被评为二、三类案件	扣2分/件

表 4　监督成效

侦查监督	立案监督	判处 3 年有期徒刑以上	加 1 分/人
		判处不满 3 年有期徒刑	加 0.5 分/人
		正确监督行政机关移送立案发出纠正意见	加 0.2 分/件
		正确监督撤案的，行政机关移送后，公安机关立案	加 0.2 分/件
		正确监督撤案的	加 0.5 分/件
	侦查活动监督	纠正漏捕	加 0.5 分/人
		纠正漏犯	加 0.5 分/人
		纠正漏罪	加 0.5 分/起
		排除非法证据	加 1 分/件
		对公安机关侦查活动违法行为依法发出书面《纠正违法通知书》并得到公安机关书面回复予以纠正的	加 1 分/件
	不批捕	正确不批捕	加 0.2 分/人
		不批捕被上级院纠正，并顺利起诉判决的	扣 0.4/人
	不起诉	正确作出刑事和解不起诉	加 0.4/人
		不起诉决定被上级院撤销，并顺利起诉判决的	扣 0.4/人
审判监督	抗诉工作	提出抗诉	加 1 分/件
		提出的抗诉被上级院支持	加 2 分/件
		法院采纳抗诉意见的	加 2 分
	审判活动监督	对审判机关审判活动违法行为依法发出书面《纠正违法通知书》并得到审判机关书面回复予以纠正的	加 1 分/件

表5　业务能力

承担调研课题	发表调研文章	受指派为他人授课（制作精品课题）	参加各类业务竞赛，获得业务标兵或在专项行动获得先进个人等荣誉称号	参加各类业务培训，并获得优秀学员称号或有相应学习成果体现的
国家级3分/项 省级2分/项 市级1分/项	国家级3分/篇 省级2分/篇 市级1分/篇	省级及以上2分/件 本级2/件	国家级3分/次 省级2分/次 市级1分/次	加0.5分/次

表6　办案纪律

因办理案件或检察业务被本院或上级院或部门通报批评	因违反办案纪律被监察、检务督查部门立案调查，并给予警告及以下处分的	因办案严重违纪违法
扣1分/次	扣5分/次	一票否决

（三）充分运用信息化是推进检察官绩效考核工作的必要手段

一直以来，贵州省的检察改革与检察工作信息化建设都是同步进行的，很多智慧检务项目已经落地并投入运行，作为检察管理工作中的重要一环的检察官绩效考核，必然需要信息化手段的支持。运用信息化手段可以极大地提高绩效考核的可操作性和准确性，排除人为因素，更加公平公正。因此，探索建立信息化绩效考核平台是大势所趋，正如前述贵州省A市机关的尝试。笔者认为，从现有经验和实践情况来看要运用信息化技术手段建设好检察官绩效考核平台，需要重点关注以下三个方面的问题：

1. 考核指标中的自然语言指标与计算机语言的转化。如前所述，考核指标需要量刑结合，摒弃综合型、印象型指标，数量指标可以直接用于计算机计算，其中的定性刑指标属于自然语言指标，无法被计算机用于运算，需要转化为计算机语言，如案件难易程度的系数化评定等。

2. 绩效考核算法规则的完善。除了考虑各模块下分值的加减乘除规则以外，必须要考虑同时从事不同业务种类的检察官的各部分分值权重等特殊情形下运算规则。

3. 基于“案件大数据”的指标动态调整。要逐步实现计算机基于“案件大数据”的变化情况对各指标分值进行自我调整和设置，实行业务工作量和评价标准的动态平衡。

4. 要确保系统对考核数据来源的全面性抓取能力。考核平台系统要通过预留多元数据接口，对接全国统一业务应用系统、检察队伍管理系统、案件质量评查系统，初步实现平台贯通、数据融通。

结　语

在现有实际情况和技术手段下，尚无法构建起完美无缺的检察官绩效考核机制，笔者对于该问题的思考和探索还需要等待实践的检验，尚存在诸多的不完善之处，如对于研究室等业务部门检察官的考核指标与承担办案业务部门检察官的考核指标如何衔接等问题还没有成熟的方案，检察官绩效考核工作虽然迫在眉睫，却又任重而道远，但对实践难题的每一次思考和探索都是助推难题解决的一点点努力，笔者非常期待有更多理论研究和检察实务从业人员贡献出智慧与实践经验，早日形成完整而科学的检察官绩效考核机制。

对司法责任制背景下检察委员会制度的思考

——基于G省N地区的思考

丁永忠*

检察委员会作为与我国政治机构、历史传统、议事习惯高度匹配的制度，在保障人民检察院正确履行职责，维护公平正义方面发挥了重要作用。根据《人民检察院组织法》规定：各级人民检察院设检察委员会，检察委员会由检察长、副检察长和若干资深检察官组成，成员应当为单数。检察委员会履行总结检察工作经验，讨论决定重大、疑难、复杂案件，讨论决定其他有关检察工作的重大问题三项职责职能。《人民检察院组织法》还规定：检察长、检察委员会对案件作出决定的，承担相应责任。长期以来，检察委员会作为检察长主持下，检察院的最高业务决策机构，在提高检察机关议事能力和工作水平、促进民主决策、保障司法公正等方面发挥了重要作用。随着以落实司法责任制为核心的司法改革向纵深推进以来，检察机关改变层层审批的检察权运行模式，不断凸显检察官的办案决策主体地位，"谁办案谁负责"的司法责任制基本落实。在此大背景下，检察委员会必须立足职责，充分运用智慧检务工具，充分、正确履行职责，主动适应检察官办案责任制为核心的司法体制改革。

一、G省N地区检察委员会运行情况

（一）检察委员会会议召开情况分析

通过统一业务系统和检察委员会议事议案子系统的充分运用，实现检察委员会议题提请、审查、审批，会议汇报、发问、表决，决议反馈、督促等流程的动态监控，不断提高规范化建立力度。2016－2018年，G省N地区累计召开检察委员会会议355次，累计审议议题500件，其中，案件类议题

* 作者单位：贵州省黔南州人民检察院。

450件；事项类议题50件；学习113次。案件议题中，刑事案件434件，占案件议题总数的96.44%；公益诉讼类议题1件，占案件议题总数的0.22%；民事案件14件，占案件议题总数的3.11%；行政案件1件，占案件议题总数的0.22%。

按年份来看：2016年，召开检察委员会会议143次，累计审议议题225件。其中，案件类议题212件，占议题总数的94.22%；事项类议题13件，占议题总数的5.78%。案件议题中，刑事案件211件，占案件议题总数的99.53%；民事案件1件，占案件议题总数的0.47%。2017年，召开检察委员会会议119次，累计审议议题153件。其中，案件类议题135件，占议题总数的88.24%；事项类议题18件，占议题总数的11.76%；案件议题中，刑事案件131件；占案件议题总数的97.04%；民事案件4件，占案件议题总数的2.96%。2018年，召开检察委员会会议93次，累计审议议题122件，其中，案件类议题103件，占议题总数的91.96%；事项类议题19件，占议题总数的11.76%。案件议题中，刑事案件92件，占案件议题总数的89.32%；公益诉讼类案件1件，占议题总数的0.97%；民事案件9件，占案件议题总数的8.74%；行政案件1件，占议题总数的0.97%。

从近三年来的数据比对，检察委员会会议召开呈现以下特点：一是召开次数逐年下降，审议的议题数量逐年下降，特别是案件议题数量，下降速度较快。二是审议的议题中，案件议题占比较高，案件议题中刑事案件占绝大多数。三是民事、行政、公益诉讼案件虽然占案件总数比例不高，但是呈现逐年上升趋势。四是事项议题的数量和占比逐年增加。五是基层院事项议题绝大部分都是审议每年向本级人民代表大会报告的事项，对总结本地办案经验方面探索不够。

G省N地区检察委员会会议召开情况统计表

年度	会议次数	案件议题					学习议题	事项议题
		合计	刑事案件	公益诉讼案件	民事案件	行政案件		
2016	143	212	211	0	1	0	41	13
2017	119	135	131	0	4	0	36	18
2018	93	103	92	1	9	1	36	19
合计	355	450	434	1	14	1	113	50

（二）检察委员会委员情况分析

2018年年末，该地区共有委员137人。取得法律职业资的A证的有22人，占委员总数的16.06%，取得法律职业资格C证的有14人，占委员总数的10.22%。检察委员会委员中，出生日期在1960年至1969年（50岁以上）的62人，占委员总数45.26%；出生日期在1970年至1979年（40岁以上）的53人，占委员总数38.69%；出生日期在1980年至1989年（30岁以上）的22人，占委员总数的16.05%。委员中，非员额检察官的有16人，占委员总数的11.68%；20名委员在驻村，占委员总数的15%；18名委员转隶到纪委监察委工作，但尚未依法免去其检察委员会委员职务。

检察委员会委员呈现以下特点：一是取得法律职责资格的委员占比不高，仅为26.28%。二是委员年龄整体偏大，50岁以上委员占比接近50%，尚无“90后”委员。三是驻村委员和转隶调离检察院工作的委员人数较多。

二、G省N地区检察委员会履职中显现的一些问题

（一）检察委员会组织架构不尽合理

1. 检察委员会委员结构不尽合理。主要表现在：第一，部分院检察委员会委员人数不符合要求。有些院检察委员会委员的人数不符合《人民检察院检察委员会组织条例》规定的要求［县级院7－15人，且为单数，市（州）院11－19人］。第二，部分院检察委员会委员非员额检察官，存在“员额检察官不是检察委员会委员，而其助理却是检察委员会委员”的问题。第三，大部分检察委员会委员都是从事刑事检察工作，民事行政检察、公益诉讼领域内的委员占比较低，甚至存在该届检察委员会中没有民事行政检察、公益诉讼领域内的委员的问题。第四，监察体制改革后，部分院未能及时提请人大及其常委会免去转隶人员的检察委员会委员职务，导致转隶人员无法履行检察委员会委员职责。第五，委员年龄结构不尽合理。委员大龄化问题明显，不能形成老中青合理比例。

2. 检察委员会办事机构履职存在结构性矛盾。主要表现在：第一，检察委员办事机构人员配备非常薄弱，配备的工作人员全部为兼职，部分工作人员既要承担部门内勤工作，又要完成驻村工作任务，还要履行检察委会办事机构工作人员职责，工作有时出现履职不到位的问题。第二，因岗位变动频繁，工作压力大等问题，部分检察委员办事机构工作人员工作责任心不够，对检察委员会基本工作要求和目标掌握程度差，对如何推动工作认识不

到位，对检察委员会议事议案子系统、统一业务系统操作不熟练，影响检察委员会及其办事机构正常履职。第三，履职不到位。调查发现，目前大部分院检察委员会办事机构的履职仅限于系统操作、会务保障工作，对于会议议题会前审查主要集中在程序性审查，涉及实体性审查、出具法律适用建议方面较少，对检察委员会议定事项的督促履职方面也存在不足。

3. 专职委员职责不尽充分。主要表现在：第一，有些院因为机构改革和监察体制改革涉及人员变动，未及时设置检察委员会专职委员。第二，专职委员年龄普遍较大，履职积极性、主动性不足，制约了专职委员制度作用的有效功能发挥。第三，年轻的专职委员事务繁杂，既要承担办案工作，又要承担部分管理职责，导致协助检察长管理检察委会工作的职责履行不充分，办理重大复杂疑难案件力度不够。

（二）议事议案工作程序需要进一步规范

1. 检察委员会例会制度执行不严格。部分院未能执行检察委员会例会制，大部分基层院实行“有议题就开会，没有议题就等待”的会议制度，临时动议召开检察委员会会议的情形时有发生，有的议题甚至是承办部门在知晓检察委员会即将召开，以案件即将到期等理由匆忙提交议题，造成委员讨论时缺乏准备，全凭听取承办人的汇报发表意见，影响了审议质量。

2. 承办人汇报案件不规范。部分承办人在审议材料中大量罗列证据材料，对案件事实和证据归纳不够精炼，将委员的精力分散到证据判断和事实认定中，导致对法律适用、案件争议的焦点和需要关注的问题审议得不充分，影响检察委员会决策质量。

3. 审议程序不规范。在调研中发现，有的基层院检察委员会委员发表意见顺序混乱，存在：发问环节和审议环节混同，一些委员已经发问完毕，开始表决，而另一些委员仍旧在发问，尚未进行表决；未能依照次序表决，某些副检察长在承办部门汇报案件情况后，率先发表意见，影响表决效果；有些委员发言时仅表示“同意承办人意见”，对法律适用等内容不进行说明和阐述。

4. 会议纪要、记录不规范。检察委员会会议纪要存在格式不统一、表述不规范、印发范围不正确、备案不及时的问题。部分院检察委员会会议记录过于简单，对于委员的发言，仅记录表态性的意见，没有记录委员阐述的理由，检察长对议题进行总结的情况也记录得过于简单，不能反映会议讨论的全过程和内容。

5. 决议的执行督促不足。有的院没有使用规范的检察委员会决定事项执行、反馈的法律文书，检察委会办事机构对执行检察委员会决议督促不足，没有定期向检察长和检察委员会汇报决定的执行情况。有的院反映，议题承办部门在决议执行完毕以后，不能按照规定及时将执行情况反馈给检察委员会办公室，需要多次催促才能反馈。

（三）检察官办案司法责任制与检察委员会集体责任制之间的冲突显现

根据最高人民检察院《关于完善人民检察院司法责任制若干意见》的规定，完善人民检察院司法责任制的目标是：健全司法案组织，科学界定内部司法办案权限，完善司法办案责任体系，构建公正高效的检察权运行机制和公平正义的司法责任制认定、追究机制，做到“谁办案谁负责，谁决定谁负责”。可以说，推行检察官办案责任制改革，是落实司法改革的核心。实践中，检察官办案司法责任制与检察委员会集体责任制两者之间的冲突却逐步显现。

1. 检察委员会决定事项与检察官决定事项不清晰，导致司法责任制落实不到位。部分检察官因不敢对案件负责，把本应当属于自己决定的案件，以疑难复杂为由，提请检察委员会讨论决定，转嫁办案责任，把检察委员会当作规避责任的“避风港”。另一些检察官滥用检察官决定权，出于多种原因，将本应当提交检察委员会讨论、决定的案件以落实司法责任制为由，自行决定，逃避了检察委员会对检察官办案的监督。

2. 检察委员会对检察业务工作的宏观层面指导决策功能发挥不全面。司法责任制改革要求强化检察委会对检察工作的宏观层面指导决策功能，限缩检察委员会讨论案件范围和数量。从统计情况来看，事项类议题、学习类议题占议题总数的比重仍然比较低，基层检察委员会“重案件、轻事项”的问题并未能从根本上得到解决。从审议的事项议题内容来看，大部分为向人民代表大会报告工作的事项，对本地区检察工作经验总结、规范性文件的审议制定，对重点检察工作、专项工作推进等议案审议得较少，没有充分总结办案经验，一定程度上也影响了检察委员会对本地检察工作的宏观指导作用的发挥。

3. 检察委员会委员审议案件的亲历性不足。司法亲历性，是指司法人员应当亲身经历案件审理的全过程，直接接触和审查各种证据，特别是直接听取诉讼双方的主张、理由、依据和质辩，直接听取其他诉讼参与人的言词陈述，并对案件作出裁判，以实现司法公正。笔者虽然不赞成检察委员会委员在审议案件时必须亲自参与讯问、对每个证据都进行审查、参与庭审等案件办理全过程的观点，但也反对委员在不履行审阅卷宗（关键性部分），不审查议题材料的前提下，直接听取承办人汇报，即作出处理意见的做法。实践中，检察委员会委员如果对每一个审议案件都进行询问当事人、询问犯罪嫌疑人、全案卷宗审阅等办案人员应当履行的职责，那么一定会大大影响办案效率，出现大量超期案件，这与司法公正的出发点是违背的。然而，实践中许多委员在会议召开前对案件的事实不清楚、法律争议点不掌握，完全依靠在承办人对案件的汇报，即作出决定，影响决议质量。

三、对司法责任制背景下完善检察委员会制度的思考

（一）增强检察委员会的履职能力

1. 增强检察委员会委员、专委的履职能力。一是优化检察委员会人员结构。按照《人民检察院组织法》规定，人民检察院检察委员会由检察长、副检察长和若干资深检察官组成。目前，基层检察院“资深检察官”主要是内设机构负责人、部分办案经验丰富的检察官组成。笔者认为，应当加强检察委员会的专业化建设力度，从协调推进“四大检察”工作的角度优化检察委员会构成，尽量保证检察委员会委员所从事的专业，能够涵盖刑事检察、民事检察、行政检察、公益诉讼检察。应当充分考虑检察委员会的年龄结构，合理分配老中青人员结构，注重年轻检察官人才培养和吸纳，可以从业务竞赛成绩、理论文章发表数量质量、所办案件质量评查结果、办理重大疑难复杂案件数量质量等角度评判“资深检察官”的条件，将政治素质强、作风正派、理论功底扎实的员额检察官吸纳进入检察委员会。二是配强检察委员会专职委员。调研发现，部分院存在为解决干部职工的职级待遇，提高干警政治身份而任命检察委员会专职委员的情况，导致检察委员会专职委员年龄偏大，履职不到位的问题出现。笔者认为，改变检察委员会专职委员履职不到位的问题，应当从“去福利化”的出发点进行，避免为解决待遇而任免专委的情况，应当通过考评考核，将委员中履职充分的检察官任职为专职委员，辅助检察长履行职责。

2. 增强检察委员会办事机构的办事能力。基层检察委员会办事机构作为检察委员会制度运转的协调中心，是基层检察委员会工作的枢纽，其作用发挥得好坏直接影响到基层检察委员会议事效率和议事水平。当前，G省检察机关内设机构正在深入推进，从N地区的情况来看，基层院均不设置法律政策研究室，有关检察委员会办事机构的工作职责由第三检察部、第四检察部或综合业务部承担；地市州级院设置法律政策研究室，并承担检察委员

会办事机构职责。笔者认为，新的“三定方案”出台后，基层院可以考虑将1－2名检察委员会专职委员任命为检察委员会办公室主任（及副主任），检察长的助理或检察委员会专职委员的助理配备为检察委员会办公室秘书，协助检察长或专委履职。地市州院法律政策研究室主任可以兼任检察委员会办公室主任，从法律政策研究部门选配1－2名法律功底和政治素养扎实的干警为检察委员会秘书。另外，要从“服务”职责和“督办”职能两个方面做好检察委员会办事机构的工作。做好服务工作：做好检察委员会会议材料的准备，做好会议时间、地点、参会人员、议题通知等事务工作，客观、准确地对会议进行记录，简明扼要地制作会议纪要并按照印发范围要求及时分送，注意工作纪律和保密要求；协助检察长或专委总结工作经验，完善工作制度。履行监督职能：对议题提请的时间、议题材料的质量进行审核，执行例会制度，向本院和下级单位公布会期，有计划、有规矩地召开检委会，有效减少仓促召开会议的问题；对会议纪律、发言顺序、表决程序和发言内容等出现不规范现象的，及时采用适当方式向会议主持人进行提醒，保障议事议案程序规范；充分运用智慧检务系统，对执行检察委员会决议进行动态跟踪，将决议执行情况定期向检察长和检察委员会报告，对执行不严格、不执行、执行打折扣、拖延执行等问题，及时报告并依法依规问责。

（二）规范检察委员会议题审议程序

检察委员会工作程序，从时间上可以分为会前、会中和会后三个阶段。规范检察委员会工作程序，可以从规范这三个阶段进行。

1. 规范会前程序。一是严格执行检察委员会例会制，避免临时启动检察委员会，导致检察委员会委员审议时间不足、准备不充分，出现在检察委员会会议上发表意见质量不高的问题出现。在会议召开前至少三日，应当将会议议程、议题内容和卷宗材料，通过统一业务系统和检察委员会子系统推送检察委员会委员，让委员在充分了解案件的前提下履行职责，提高办案的亲历性。二是做好议题形式审查。对上会审议的事项议题，要求承办部门或承办人从文件制定缘由和依据、起草过程、意见征求过程、专家意见、条文说理和争议点等角度进行说明。对案件事项，要求承办部门或承办人严格按照《最高人民检察院检察委员会议事规则》的规定，围绕案件来源、当事人和诉讼参与人情况、诉讼过程、审查意见、理由及法律依据等方面进行阐述，要注重区分刑事、民事、行政、公益诉讼案件的特点，对提请审议案件进行“程序性审查”和“形式判断”。三是做好议题实质审查，出具审查意见。有意见认为，检察委员会办公室或检察委员会专职委员仅对提交检察委员会审议案件进行形式判断，不进行实体判断和评价。但笔者认为，应当加强检察委员会办公室或检察委员会专职委员对议题的实体审查，发挥“智囊”作用。对提交检察委员会讨论的案件或者事项，在与承办人或承办部门进行充分沟通的基础上，围绕法律适用、学理争议的内容提出法律意见，对提交讨论的有关检察工作的规定、规则等规范性文件提出审核意见。这不仅符合《人民检察院检察委员会组织条例》第17条的要求，也是检察委员会办事机构发挥参谋助手作用，为检察委员会更好履行职责发挥作用的表现。

2. 规范会中程序。承办人应当用平实的语言对案件进行汇报，汇报以口头汇报为主，书面汇报为辅。汇报结束后，主管副检察长可以进行说明解释，但不能表决。然后，委员进行发问和讨论，在此环节不必拘泥于发言顺序，但应当遵守会议纪律。之后，检察委员会办事机构发表法律意见，供检察委员会讨论时参考。进入表决环节，要按照“末位发言”的制度，首先由检察委员会专职委员发言，再由不担任院领导职务的委员发言，再由副检察长、检察长发言。如有列席人员，列席人员应当在委员表决前发言完毕。主持人（检察长或受检察长委托的副检察长）发表个人意见后，要对讨论的情况进行总结、归纳，依据民主集中制原则做出最终处理决定。

3. 规范会后程序。检察委员会办事机构应当尽快形成会议纪要和记录，记录要经过参会委员签字确认，纪要稿须经会议主持人审定后印发。笔者在调查中发现，大部分上会议题存在执行检察委员会决议反馈不及时的问题，需要检察委员会办公室多次催促才能完成执行决议反馈工作。因此，检察委员会办公室应当对执行检察委员会决议进行动态跟踪，将决议执行情况定期向检察长和检察委员会报告，并进行督办。应当严格执行检察委员会决议复议程序，对执行检察委员会决议进行考核，实行一票否决制，对未经允许改变决策，故意拖延执行决议、拒不执行决议的，应当依法追究有关人员责任。

（三）理顺检察官办案司法责任制与检察委员会集体责任制关系

面对司法体制改革的推进，检察官办案的“个人司法责任”和检察委员会集体决策的“集体司法责任制”之间的矛盾也不断显现。虽然有观点认为应当取消检察委员会制度，但主流观点依旧赞成保留检察委员会制度，并建议对检察委员会的功能和定位进行改造。至于改造方法，有观点认为应当提高检察委员会议案的司法化，提高案件办理的亲历性；有观点认为应当将检察委员会向办案组织转型，使其从单纯的业务决策机构向检察机关内部办案组织转型，从仅负责“案件决策”向“案件办理和案件决策”集于一身；还有观点认为检察委员会应当向咨询指导组织转型，也就是从业务决策机构转变为承担咨询、指导职能的业务咨询机构。2018 年 10 月 26 日修订的《中华人民共和国人民检察院组织法》第 31 条明确规定，检察委员会有总结检察工作经验；讨论决定重大、疑难、复杂案件；讨论决定其他有关检察工作的重大问题三项职责职能。这为司法改革大背景下检察委员会履职指明方向，也再次明确了检察委员会的议案和定案职责。在此背景下，笔者认为，要保障检察委员会和员额检察官在司法改革大背景下正确履职，关键是做好以下几点：

1. 明确检察委员会和员额检察官的工作职责，明确权限划分。建议以《人民检察院刑事诉讼规则》修改为契机，总结司法改革经验，将需要检察委员会审议案件的范围，通过司法解释的方式进行规定。笔者建议下列案件经检察长同意后，应当由检察委员会议定：（1）危害国家安全犯罪案件、暴恐案件、邪教组织案件、港澳台及外国人、无国籍人犯罪案件、重大职务犯罪案件等重大疑难复杂案件；（2）信访终结案件、报请核准追诉案件；（3）提请抗诉案件；（4）提请上一级复议案件和审议下一级复议案件。

2. 案件承办检察官要提高对案件审查议题材料的撰写，将需要检察委员会决议的事项进行明确。笔者认为，检察委员会仅应当决议法律适用问题，对案件事实认定、证据判断等内容，由承办检察官负责。如承办检察官将案件事实、证据判断等内容提交检察委员会审议，检察委员会办事机关应当说明理由，并退回承办检察官，并向检察官考核单位（部门）进行通报。

3. 建立检察委员会考核评价机制。充分运用统一业务系统和检察委员会议事议案子系统，建立检察委员会委员履职档案，全面记录委员的参会数量、阅卷情况、发言质量、发言采纳率、调研成果、违纪情况等情形，开展第三方评估，对检察委员会委员发言质量进行中立评估，作为委员考评、晋级晋升、退出的依据。

4. 检察委员会应当在加强对规范性文件制定、总结办案经验、典型案例研究等工作上发力，增加宏观层面的事项议题审议，通过宏观层面履职，指导微观层面工作（具体案件）。

5. 要建立案件互通机制，检察委员会办公室要和案件管理部门建立案件信息通报机制，随时纠正案件不规范提交审委会审议问题。

浅论检察机关落实检察长列席审委会会议制度的创新发展

六盘水市检察机关课题组*

检察机关是国家法律监督机关，检察长列席人民法院审判委员会是法律赋予检察机关的监督职能，是检察机关强化法律监督的重要途径，是具有中国特色的司法制度。为全面落实司法改革责任制，积极顺应司法改革新形势对检察工作提出的新要求，应认真落实检察长列席审委会会议制度。在本文中，笔者重点围绕分析检察长列席审委会会议制度在实施过程中呈现出的一系列问题，提出检察机关应在新形势下进一步正确把握列席审委会讨论案件的范围，在贯彻落实相关规定的基础上创新开展工作，不断推进检察长列席审委会会议制度由“虚设”到“实践”到“卓有成效”，进一步完善检察监督体系。

一、检察长列席审委会会议制度的发展历程和价值定位

（一）检察长列席审委会会议制度的发展历程

1954 年第一届全国人民代表大会第一次会议通过了《人民法院组织法》，其中第 10 条明确规定各级检察机关检察长有权列席同级法院审判委员会，同一次会议上通过的《人民检察院组织法》第 17 条也相应规定各级检察机关检察长有权列席同级法院审判委员会会议，体现了检察长列席审委会会议制度具有一定的强制性。

1979 年第五届全国人民代表大会第二次会议通过的《人民法院组织法》，对 1954 年《人民法院组织法》关于此项制度的规定几乎完全保留下来，只是将“有权列席”改为了“可以列席”，仅两字之差，却在一定程度上弱化了此项制度。同一次会议通过的《人民检察院组织法》对此项制度

---

* 课题组成员：姜正权、王永刚、张英祥、韩琪、苏敏。

并没有保留，之后很长的一个时期内此制度都处于虚置状态。

2004年以后，检察长列席审委会会议制度才又得到关注，经过几年的调研和实践，2010年最高人民法院、最高人民检察院出台了《关于人民检察院检察长列席人民法院审判委员会会议的实施意见》（以下简称《实施意见》），对此项制度予以强化和规范。《实施意见》公布后，检察长列席审委会会议制度在司法实践中得以关注。

2018年修订的《人民法院组织法》对这一规定的主体从“检察长”改为“检察长或者受委托的副检察长”；2018年修订的《人民检察院组织法》也增加了关于此项制度的规定，但仍为“可以列席”，检察长列席审委会会议制度被提到一个重要的高度，是司法改革新形势下司法制度的重要组成部分，至此，对检察长列席审委会会议制度的新一轮贯彻落实和探索完善开启了新的征程。

（二）检察长列席审委会会议制度的价值定位

1. 检察长带头办理重大疑难案件的重要渠道和方式

检察长办理各类案件是各级检察长应履行的一项重要职责。2018年以来，最高检张军检察长对检察长带头办案和列席人民法院审判委员会做了表率，各级检察长纷纷响应。从司法实践上看，检察长办案需要亲自阅卷、亲自听取当事人和律师意见、亲自审查复核证据、亲自收集调取证据。检察长列席审委会发表监督意见，也需要开展阅卷、复核证据等系列工作，因此检察长列席审委会是检察长带头办理重大疑难案件的重要渠道和方式。

2. 检法两家办案风险的一种防控机制

检察长列席审委会有利于检察长及时发现检察环节存在的有关办案质量、办案效果等方面的风险，及时采取变更起诉、撤回起诉等主动纠错措施，以及通过对法院审判委员会一系列活动的监督，及时发现法院办案过程中存在的各类隐患，从而将发现的风险隐患一并在审判环节进行防控，有利于促进案件质量的提升，有助于统一办案标准、防止冤假错案、维护司法公正，达到检察权、审判权独立运行、相互制约、相互配合的效果。

3. 检察监督的一种重要途径

检察长列席审委会不单是发表检察机关关于案件、议题的意见，还包括对法院提交审判委员会讨论的案件或议题范围、案件议题审查程序以及对审判委员会讨论表决过程等环节进行有效监督等，是检察机关通过列席审委会强化检察监督的重要手段。

4. 对“以审判为中心”的诉讼制度改革的重要支持

检察长列席审委会发表的意见，是针对案件的审查意见和审判活动的监督意见，是客观公正的，不是庭审活动中的公诉指控的继续，并且在列席审委会过程中不能参与表决，只是通过参与案件议题讨论，为法院办理案件提供新的切入点和思考角度，保证证据裁判规则贯穿审判活动的始终，保障庭审程序的规范性，以达到化解案件矛盾争议、统一裁判标准的效果，因而，检察长列席审委会会议制度是对“以审判为中心”的诉讼制度的强化和补充。

二、现阶段检察机关落实检察长列席审委会会议制度存在的问题

（一）部分制度执行者认识不到位，实施积极性不高

现实中，部分检察院的检察长、案件承办人以及其他制度执行者对检察长列席审委会会议制度的重要意义认识不到位或存在误区，甚至存在“检察长列席审委会会议制度是否会造成控诉地位不平衡”的质疑，对“可以列席”理解有偏差，认为“可以”是一个缺乏刚性的解释。另外，法律虽然对检察长列席人民法院审判委员会一直都有规定，但对具体内容的几次修改导致这一制度“形同虚设”了相当长的一个时期，2004年中央司法体制改革领导小组提出健全此项制度，才重新审视并开始调研，《实施意见》出台至司法改革全面实行、监察制度的全面铺开，这一制度才又真正被重视并开展实践，个别检察院仍然聚焦于刑事检察案多人少的矛盾，缺位于检察新产品的研究和检察监督权的发展创新，对于检察工作仍然墨守成规，沿用老模式老方法，思想观念未转变，导致检法两院实施的积极性不高，检察机关主动落实检察长列席审委会的情况急剧缺乏。

（二）部分制度执行者对检察长可以列席的案件类型理解不一致，导致出现可以监督而未监督的情况

“两高”2010年出台《实施意见》明确规定，人民法院审委会讨论可能判处被告人无罪、死刑、人民检察机关提出抗诉的案件以及与检察工作有关的其他议题的，同级检察院检察长可以列席，部分制度执行者对制度执行的范围仅限于此条款规定的前三类案件，工作开展范围非常有限，导致出现可以监督而未监督的情况。条款中规定的第四类与检察工作有关的其他议题，由于法律没有对其他议题作明确规定，实践中不能盲目扩大解释。

（三）制度机制不完善，导致实施过程缺乏刚性，降低了检察长列席制度防控风险的有效性

“两高”出台的《实施意见》共十个条款，最高检没有太多对于实施的过程具体细化的规定，各级检察机关也未根据实际情况制定相应的制度机制。在司法实践中，因为制度规定的不具体不细化不具有强制性，导致出现了一系列执行不规范问题，大大增加了检法两院执法办案的风险隐患。

1. 案件质量方面的隐患

就检察机关来说，办案人员的办案经验、知识素养、理论功底参差不齐，可能存在程序不规范、司法行为不规范等现象，也可能存在对案件事实的审查认定有偏差、证据把握不精准等问题，检察长或受委托的副检察长在没有全面调阅案卷，没有充分了解证据材料、案件细节、承办人审查情况的情况下对该案件发表监督意见，不利于检法两家在办理案件过程中解决案件争议、风险矛盾。如果检察长放弃列席审委会，就法院来说，虽然审判委员会表决坚持少数服从多数原则和正确的发言顺序，但也不能排除或完全防止法院行政领导对案件的认定和判决发表的倾向性意见为案件最终研究结论的个别现象，不利于发现可能出现的司法不公正、冤假错案的办案风险，不利于将检察环节发现的案件风险一并纳入审理阶段进行风险防控。

2. 监督意见方面的隐患

作为检察长或受委托的副检察长，其思想深度和全局高度较普通办案人员高，对于案件的审查认定，检察长有丰富的办案经验、深厚的法律功底和较高的政治站位作为支撑，且列席审委会是代表检察机关或者较为中立，若准备不充分而单纯以承办人的审查意见作为列席意见，则可能导致检察机关发表意见不严谨或检察机关审查前后意见不一的问题。还可能出现检法两家意见不一、检察机关意见未被采纳但又无法提出抗诉的情况，从而弱化检察机关法律监督的刚性，不利于良性互动的检法协调关系的构建。

3. 制度执行脱节的隐患

就当前来说，可能存在检法意见分歧而检察机关意见不被采纳的情况，但针对这种情况，《实施意见》规定的后续处理机制不健全，检察机关缺乏预判机制，没有后续处理的相关措施，检察机关若不主动跟踪检察机关意见采纳情况，不了解法院审判委员会审议过程和表决情况，被动等待法院审判，导致法院作出判决后再提出抗诉，存在会前、会中、会后相脱节的隐患，从而增加司法程序负担、造成司法资源的浪费。

三、对落实检察长列席人民法院审判委员会会议制度的建议

（一）合理确定检察长可以列席的案件或议题范围

《实施意见》第3条明确规定了检察长可以列席审委会的四类案件：可能判处无罪案件、可能判处死刑案件、检察机关提出抗诉的案件以及与检察工作有关的其他议题。第四类与检察工作有关的其他议题，可以说是一个兜底条款，赋予检法两家在案件议题的把握上极大的主动权和自由决定权，就是检察机关和法院认为"有必要"的其他议题，都可以启动列席程序。实践中，需要合理把握"有必要"的情况。在民事诉讼法、行政诉讼法相继修改对民事、行政诉讼和公益诉讼提出新要求新任务的形势下，高检院《2018年－2022年检察改革工作规划》的总体目标中提到"全面充分履行宪法和法律赋予检察机关的监督职责，构建以刑事检察、民事检察、行政检察、公益诉讼检察为主要内容的检察机关法律监督职能体系"，可见，高检院将民事、行政、公益诉讼检察监督工作摆在越来越重要的位置，且民事、行政、公益诉讼案件数量日益增长，而检察长列席对此类案件进行监督的情况却很少；2018年－2020年，全国都在开展扫黑除恶专项工作，打击黑恶反腐败势力，是事关社会大局稳定和国家长治久安的重大决策。

综上，笔者认为加强对民事、行政、公益诉讼案件的检察监督应与刑事检察工作齐头并进，故建议把以下几类案件列入检察长可以列席审委会的范围：（1）在辖区内有重大社会影响的案件；（2）上级交办或督办案件；（3）经过检察机关案件承办人评估与预判，法院判决后可能会引起检察机关提出（提请）抗诉的案件，如可能改变定性的案件；关键情节认定、量刑有重大分歧的案件；是否涉黑恶犯罪的认定和审判有重大分歧的案件；其他可能会在判决后提出（提请）抗诉的案件；（4）新形势下打造检察新产品、新时期的工作重点有关的重大监督案件，如重大公益诉讼案件、提出检察建议的民事、行政案件；（5）与检察工作相关的重大决策议题，如讨论通过检法两家联合出台的文件、规定等；围绕同区域相关司法工作、法治建设、联合执法的举措进行研讨决定等；对涉检、涉法的群体性事件、重大信访事件处置化解机制研究等；（6）对发回重审案件、改判案件进行的质量评查审议等。

（二）完善检察长列席发表意见未被采纳的后续处置机制

在司法实践中，检察机关已经得到法院反馈不采纳检察机关检察长发表

的监督意见后不能采取任何措施，只有待法院判决后再研究是否提出（提请）抗诉，一定程度上增加了司法办案的程序，造成了司法资源的浪费，对此，检察机关应完善后续处置机制。

1. 建立审委会会议后续跟踪机制

案件承办人或检察长助手对于检察长列席审委会的案件，要专人负责跟踪法院各级机构的意见，检察机关的监督意见与法院承办人、合议庭、审委会意见有何分歧、是否一致，检察机关发表意见是否为法院审委会提供了新的切入点和思考角度，法院最终是否采纳检察机关发表意见，以及法院审委会的决议等，会后及时跟踪，做好记录，掌握全案各个环节的认识偏差点。

2. 建立上级检察机关预审汇报制度

检察长在作了充分的会前准备后发表的意见仍然未被法院采纳的，应及时向上级人民检察机关相关领导、部门汇报案件审查和办理情况，争取“上下一体”，统一意见，尽量排除检察机关在办理案件中对案件审查认定的误差，获得上级人民检察机关在案件判决前后的支持。

（三）强化会前预判，争议焦点提前掌握

人民检察机关在办理案件的过程中，应根据案件事实的认定、证据采信、法律适用等方面审查情况，预估案件审查起诉与审判过程中可能会产生的争议，要求办案人员严格规范办案程序、司法行为，严守办案纪律，端正司法作风，在办案过程中充分听取被害人、律师等的意见建议，全面审查、排除、采信证据，对案件提起公诉后可能会产生的新情况新变化进行评估，预测检法两家在办理案件过程中可能会产生的分歧，提前与法院承办人或者审委办联系沟通，有必要的，提前提出检察长列席审委会要求。

（四）强化列席程序监督，增强监督意见刚性

检察机关加强检察长列席审委会工作，除了“主动出击”，争取符合条件的案件议题都能列席外，也要对法院不按规定告知或未告知同级检察长进行列席的情况进行监督。检察长或受委托的副检察长在列席审委会时，发现同级法院有该提交审委会讨论而未提交的或不该提交审委会讨论而提交的情况，应建议审委会严格议题审核把关程序。检察机关通过审查后发现符合同级检察长可以列席的案件议题而法院未按规定告知或未告知检察机关的，或未在会议召开 3 日前告知和送达会议材料的，检察机关应向同级人民法院发出检察建议或纠正违法活动通知书，建议同级法院在此项工作上加强与检察机关的沟通协调，调动检法两家实施制度的积极性。

（五）强化会前准备，保证监督意见质量

在检察机关收到法院审委会邀请检察长列席的通知或在检察机关作出检察长列席审委会的决定后，检察长或受委托的副检察长要做好充分的准备，确保列席发表意见客观、公正，真正起到法律监督的作用。必要时，由检察机关办案人员在对案件可能产生的争议分歧进行预判，并通过部室会议、检察官联席会议等进行讨论表决，形成检察机关统一意见；注重列席程序，由检察长决定是否列席、是否委托副检察长列席以及列席的人员类别，提升列席发表监督意见的刚性。

（六）强化列席会议人员类别，完善会前准备和会后保障

“两高”印发《实施意见》第10条规定检察长列席审委会的具体事宜由审委办和检委办负责办理，实践中，会出现检察长或受委托的副检察长和案件承办人进行列席，会前不告知检委办，会后不反馈列席情况，导致列席会前、会中、会后事宜相互脱节。应明确列席会议的人员为检察官、检察官助理、检委办秘书，完善会前准备和会后保障工作，确保会前准备全面充分，会中情况实时记录全程留痕，会后采纳情况及时跟踪反馈，后续措施及时采取。

（七）强化备案审查，确保“有会必备”

从目前情况看，检委办在统一业务应用系统受理检察长列席审委会会议业务后，初步实现了会议情况全程留痕，但未向上级检察机关检委办进行备案审查，下一步工作中，应建立检察长列席审委会会后备案审查机制，将此项工作纳入上级院检委办备案审查范围，做到“有会必备”，确保上级院对案件情况、列席发表意见情况、法院采纳情况及会后措施等进行审查监督，及时发现问题，强化检察机关内部“对口监督”。

图书在版编目（CIP）数据

检察调研指导．2019年：检察理论研究年会专辑／贵州省人民检察院编．
—北京：中国检察出版社，2019.12

ISBN 978－7－5102－2356－3

Ⅰ．①检…　Ⅱ．①贵…　Ⅲ．①检察机关－工作－中国－文集
Ⅳ．①D926.304－53

中国版本图书馆CIP数据核字(2019)第277015号

检察调研指导：2019年检察理论研究年会专辑

贵州省人民检察院　编

出版发行：中国检察出版社
社　　址：北京市石景山区香山南路109号（100144）
网　　址：中国检察出版社（www. zgjccbs. com）
编辑电话：(010)86423703
发行电话：(010)86423726　86423727　86423728
经　　销：新华书店
印　　刷：北京玺诚印务有限公司
开　　本：710 mm×960 mm　16开
印　　张：15
字　　数：256千字
版　　次：2019年12月第一版　　2019年12月第一次印刷
书　　号：ISBN 978－7－5102－2356－3
定　　价：44.00元